Klemens MAI / Manfred WEBER

PC POCHE

Microsoft ®

Works pour Windows® 95

Copyright	© 1995	Data Becker GmbH Merowingerstr. 30 40223 Düsseldorf 1
	© 1996	Micro Application 20-22, rue des Petits-Hôtels 75010 PARIS **Téléphone :** 53 34 20 20 **Télécopie :** 53 34 20 00 **Internet :** microapp@dialup.francenet.fr **CompuServe :** 100270,744
Auteurs		Klemens MAI / Manfred WEBER
Traducteur		Jean-Marc MOSTER

'Toute représentation ou reproduction, intégrale ou partielle, faite sans le consentement de MICRO APPLICATION est illicite (Loi du 11 Mars 1957, article 40, 1er alinéa).

Cette représentation ou reproduction illicite, par quelque procédé que ce soit, constituerait une contrefaçon sanctionnée par les articles 425 et suivants du Code Pénal.

La Loi du 11 Mars 1957 n'autorise, aux termes des alinéas 2 et 3 de l'article 41, que les copies ou reproductions strictement réservées à l'usage privé du copiste et non destinées à l'utilisation collective d'une part, et d'autre part, que les analyses et les courtes citations dans un but d'exemple et d'illustration'.

ISBN : 2-7429-0565-0
REF DB : 441521 / KR

Microsoft, Microsoft Windows 95, Microsoft Works pour Windows 95 et MS-DOS sont des marques déposées de Microsoft Corporation.

Crédit photo : "Images © 1995 PhotoDisc, Inc."

Tous les autres produits sont des marques déposées de leur société respective.

Sommaire

1. Guide rapide - Works pour Windows 95 en 10 minutes 9

    1.1. Les premiers travaux avec Works 9

    1.2. Les Assistants et modèles de Works pour Windows 95 13

    1.3. Créer une nouvelle base de données 30

    1.4. Créer un nouveau tableau 39

    1.5. Travailler avec des documents existants 45

2. Les techniques générales de travail 49

    2.1. Optimiser les options 49

    2.2. Travailler avec la barre d'outils 62

    2.3. Utiliser les différentes formes d'aide 66

    2.4. Travailler avec Glisser-Déplacer 72

    2.5. Zoomer sur un document 75

    2.6. Le vérificateur orthographique 77

    2.7. Les modèles personnels facilitent le travail 81

    2.8. Imprimer des documents 86

    2.9. Le carnet d'adresses 96

    2.10. Composer un numéro de téléphone 99

    2.11. Envoyer des messages 100

    2.12. Quitter Works 101

3. Le traitement de texte 103

- 3.1. Création et mise en forme du texte 103
- 3.2. Autres possibilités d'édition de texte 147
- 3.3. Mise en forme des caractères et des paragraphes 187
- 3.4. Mises en forme particulières de texte 225
- 3.5. Des objets dans des documents texte 273

4. La base de données :
Rassembler et exploiter des informations. 279

- 4.1. Créer une base de données -
  Rassemblement et exploitation des informations 281
- 4.2. La représentation des données dans les champs 306
- 4.3. Mise en forme et impression du formulaire 325
- 4.4. L'agencement de la liste 349
- 4.5. Exploitation des fiches 379
- 4.6. Les requêtes 385
- 4.7. Exploitation de la base de données par les états 398
- 4.8. Lettres types, enveloppes et étiquettes 413

5. Le tableur : des tableaux et des graphiques 433

- 5.1. Création et mise en forme d'un tableau 433
- 5.2 Les entrées de cellule : texte, nombre, formule et fonction ... 441
- 5.3. Autres possibilités d'édition des tableaux 467
- 5.4. Des nombres sous forme de graphiques 495

6.	Travailler avec des objets 503
7.	Communications avec Works 95 513
	7.1. Les conditions de la communication. 513
	7.2. Le déroulement de la communication. 527
8.	Astuces 539
9.	Installation 565
10.	Touches de fonction et raccourcis clavier 575
	10.1. Généralités 575
	10.2. Traitement de texte 576
	10.3. Tableur 578
	10.4. Base de données 579
Index	 581

1. Guide rapide - Works pour Windows 95 en 10 minutes

1.1. Les premiers travaux avec Works

Démarrage de Works

Lorsque vous aurez installé correctement Works, vous trouverez sur le Bureau de Windows un raccourci vers le programme. Un double clic sur ce raccourci charge Works, et l'écran Works apparaît avec la fenêtre de démarrage.

Autre possibilité : faites un clic droit sur le Bureau. Le menu contextuel propose la commande **Nouveau**. Cette commande, dans son sous-menu, permet de créer un nouveau document dans chacun des quatre modules de Works.

Vous retrouverez ce nouveau document, sous forme d'icône, sur le Bureau. Un double clic sur cette icône lance Works et charge le nouveau document.

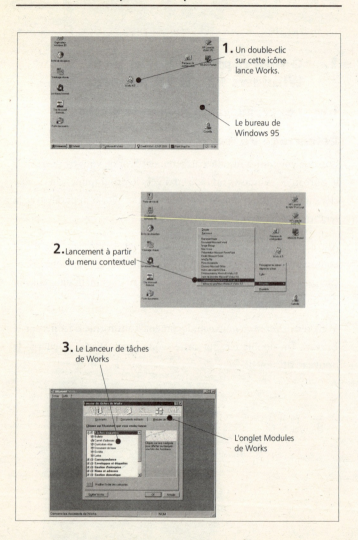

Guide rapide - Works pour Windows 95 en 10 minutes

La fenêtre de démarrage de Works

Dans cette fenêtre de démarrage, appelée *Lanceur de tâches*, Works propose toute une série de possibilités de démarrage. Ces options sont réparties sur trois onglets. L'onglet *Assistants* est le premier, son nom est affiché tout en haut de l'onglet. Un clic gauche sur le nom de l'onglet ou la combinaison de touches **ALT**+Lettre soulignée du titre de l'onglet active l'onglet requis et l'amène au premier plan. Nous commencerons par l'onglet **Modules de Works**.

Pour créer un nouveau document, vous aurez à décider ici du module avec lequel ce document sera conçu. Les options proposées sont le **Traitement de texte**, le **Tableur**, la **Base de données** et les **Communications**. Ces options sont présentées sous forme de boutons, la fenêtre étant complétée dans le bas par trois boutons de commande complémentaires. Celui de gauche sert à fermer la session Works, celui de droite ferme la fenêtre de démarrage de Works tout en gardant le programme actif. Un double clic gauche rappelle le *Lanceur de tâches*. Le bouton **OK** n'a pas de fonction dans cette fenêtre, il est grisé.

Le bouton droit de la souris

Si vous souhaitez des renseignements complémentaires sur les boutons ou les options du Lanceur de tâches de Works, cliquez avec le bouton droit de la souris sur l'élément ou la zone concernée. Une info-bulle vous sera présentée. Un nouveau clic droit sur cette info-bulle ouvre un menu contextuel d'aide.

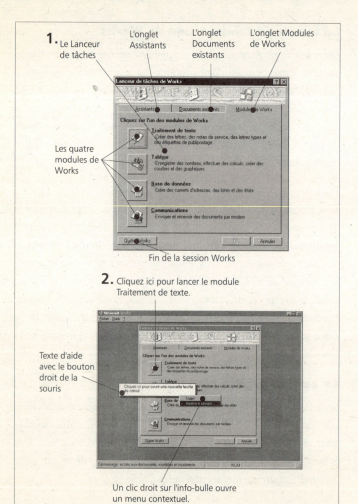

Guide rapide - Works pour Windows 95 en 10 minutes

1.2. Les Assistants et modèles de Works pour Windows 95

Les Assistants de Works facilitent le travail, surtout pour les débutants. Cela dit, les utilisateurs chevronnés ne manqueront pas de recourir eux aussi à ces aides, ne serait ce que pour prendre connaissance de toutes les astuces et trucs pratiques qui y sont révélés.

Dans la fenêtre du Lanceur de tâches, les Assistants sont présentés de diverses manières. Certains se contentent d'ouvrir un modèle prédéfini, d'autres ouvrent de vastes boîtes de dialogue, permettent des interventions personnelles et construisent le document après une procédure plus ou moins détaillée. C'est par exemple le cas de l'Assistant *Curriculum vitae*.

Créer un Curriculum Vitae

Le démarrage de l'Assistant est toujours identique : sélectionnez l'Assistant dans la liste proposée dans l'onglet et cliquez sur **OK**. Apparaît ensuite une boîte de dialogue dans laquelle vous est proposé le lancement de l'Assistant ou l'affichage d'une liste de documents. Dans cette liste, sont présentés tous les documents créés et enregistrés sur la base de cet Assistant. Ceci permet d'ouvrir et d'éditer directement le document concerné. Si vous souhaitez systématiquement lancer l'Assistant, désactivez l'option *Toujours afficher ce message*. Ainsi, à l'avenir, cette boîte de dialogue ne sera plus proposée et l'Assistant sera directement lancé.

1   *Guide rapide - Works pour Windows 95 en 10 minutes*

Dans la boîte de dialogue de la commande **Outils/Options** et l'onglet **Affichage,** vous aurez l'occasion d'activer à nouveau cette option par *Confirmer les assistants.*

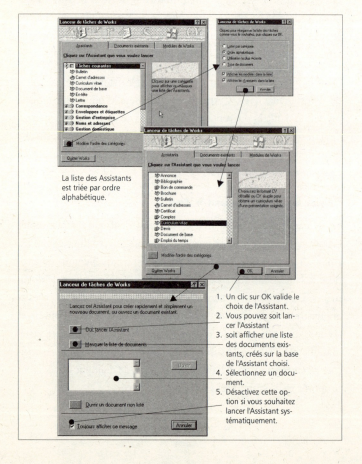

Guide rapide - Works pour Windows 95 en 10 minutes

Le bouton **Suivant >** vous entraîne au travers d'une série de boîtes de dialogue dans lesquelles des questions vous seront posées. Deux types de curriculum vitae sont proposés : cliquez sur le type requis pour voir une brève prévisualisation du type en question, dans la partie droite de la boîte de dialogue. Un clic sur **Suivant >** permet de passer à l'écran suivant, pour saisie des éléments individuels.

En principe, une série de rubriques sont présentées, dotées d'une flèche sur leur côté droit. Un clic sur une de ces flèches permet de faire des saisies personnalisées ou de choisir parmi des options de style prédéfinies. Pour un en-tête personnalisé, il s'agira par exemple de choisir entre plusieurs styles de présentation, puis de compléter par la saisie d'informations vous concernant. Vous constaterez que certaines des informations ne sont pas activées (Raison sociale, par exemple). C'est tout simplement parce que Works estime qu'elles sont inutiles ici. Si vous souhaitez passer outre et définir ces éléments, cochez-les et une zone de saisie sera mise à votre disposition.

Ces informations sont mémorisées par l'Assistant. Il vous les présentera si vous souhaitez ensuite rédiger un courrier. En activant ou désactivant les diverses informations, vous choisirez vous-même les renseignements à faire figurer dans l'en-tête.

A la fin de la création de l'en-tête, Works présente à l'écran une prévisualisation de ce que sera cet en-tête. Si vous n'êtes pas satisfait du résultat, vous pourrez revenir en arrière pas à pas et modifier les éléments individuels.

Lorsque toutes les informations sont saisies, cliquez sur le bouton **Créer !**. Une liste de contrôle est affichée pour une ultime vérification de vos choix. Il est toujours encore temps de revenir sur vos options et de modifier le document. Un clic sur le bouton **Créer le document** met fin à l'Assistant : le document est construit.

Bien sûr, l'Assistant n'est pas en mesure de renseigner votre curriculum vitae, mais il n'empêche que toute la partie "agencement" de votre CV est réglée. Il vous reste à compléter le document.

Guide rapide - Works pour Windows 95 en 10 minutes

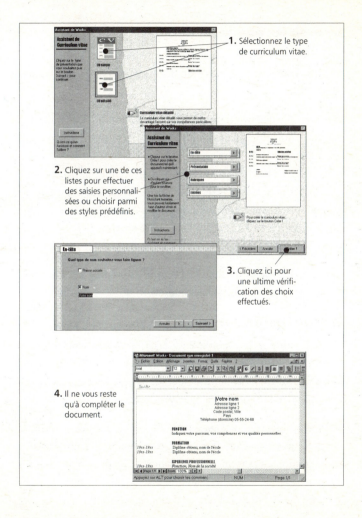

1. Sélectionnez le type de curriculum vitae.

2. Cliquez sur une de ces listes pour effectuer des saisies personnalisées ou choisir parmi des styles prédéfinis.

3. Cliquez ici pour une ultime vérification des choix effectués.

4. Il ne vous reste qu'à compléter le document.

Le premier document de texte

Admettons que vous ayez à écrire un texte : faites un clic sur le bouton **Traitement de texte** du Lanceur de tâches, de l'onglet **Modules de Works**.

Une nouvelle fenêtre est mise en place dans l'espace de travail, c'est elle qui contiendra votre texte. La structure de l'écran n'a pas changé fondamentalement, Works y a simplement rajouté un certain nombre d'éléments. La *barre de menus* a été élargie par des menus spécifiques au traitement de texte et une *barre d'outils* est venue prendre place sous les menus. Cette barre d'outils sert à déclencher rapidement des commandes, à l'aide de la souris.

Pour le moment, contentez-vous de taper votre texte au clavier. Lorsque la saisie est terminée, il est temps d'enregistrer le document : il va falloir lui donner un nom.

Enregistrer un document

Cliquez sur le bouton *Enregistrer* de la barre d'outils. Il porte l'icône d'une disquette et si vous placez le pointeur sur ce bouton, une info-bulle affiche la commande qui lui est affectée. Un clic sur ce bouton ouvre la boîte de dialogue **Enregistrer sous**.

Dans cette boîte de dialogue, vous allez définir à quel endroit le nouveau fichier doit être stocké. Les deux boutons jaunes servent à l'organisation du rangement des documents, les deux boutons bleus permettent de définir la présentation du contenu des dossiers. Dans la partie inférieure de la boîte de dialogue, vous indiquerez le nom

Guide rapide - Works pour Windows 95 en 10 minutes

du document que vous venez de créer. Vous disposerez pour cela de 255 caractères. Lorsque tout est en place, cliquez sur **Enregistrer**.

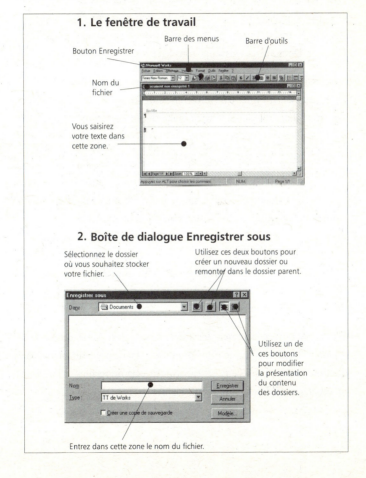

1. Le fenêtre de travail

- Barre des menus
- Barre d'outils
- Bouton Enregistrer
- Nom du fichier
- Vous saisirez votre texte dans cette zone.

2. Boîte de dialogue Enregistrer sous

- Sélectionnez le dossier où vous souhaitez stocker votre fichier.
- Utilisez ces deux boutons pour créer un nouveau dossier ou remonter dans le dossier parent.
- Utilisez un de ces boutons pour modifier la présentation du contenu des dossiers.
- Entrez dans cette zone le nom du fichier.

Documents existants

Pour charger dans Works des documents existants, vous pouvez également passer par le Lanceur de tâches, à condition que ce document figure parmi les 8 derniers que vous avez enregistrés. L'onglet **Documents existants** vous les proposera.

Sous la liste des fichiers les plus récents, Works affiche la localisation du fichier sélectionné. Un simple clic sur **OK** ou un double clic sur son nom charge le document en question.

Si le document requis est plus ancien et n'est pas proposé dans la liste des 8 derniers, cliquez sur le bouton **Ouvrir un document non listé ci-dessus** de l'onglet **Documents existants**. Cette action ouvre la boîte de dialogue **Ouvrir**. Comme dans la boîte **Enregistrer sous**, commencez par définir la localisation du fichier, puis cliquez sur le nom du document et sur le bouton **Ouvrir** ou faites un double clic sur ce nom. Rappelez-vous que par défaut, Works ne présente que les documents créés avec Works pour Windows 95. Si le document cherché a été créé avec une autre application, jouez du *Type* de fichier pour le retrouver.

Works mémorise également les 4 derniers fichiers édités dans le bas du menu **Fichier**. C'est un moyen rapide et facile pour retrouver vos documents les plus récents. Il suffit pour cela de fermer le Lanceur de tâches et de dérouler le menu **Fichier**.

Guide rapide - Works pour Windows 95 en 10 minutes

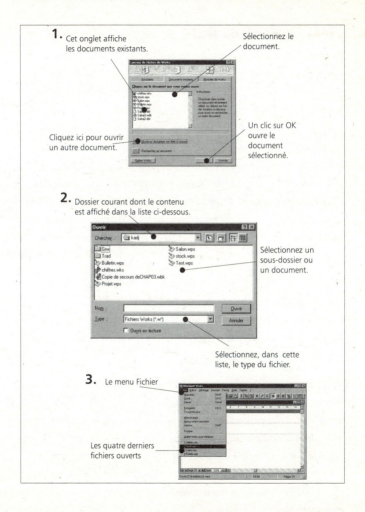

Créer un nouveau texte

Pour créer un nouveau texte, cliquez sur le bouton **Traitement de texte** dans l'onglet **Modules de Works** du Lanceur de tâches. Le programme ouvre une fenêtre de document vierge, incorporée à la fenêtre de Works. Sous la barre de titre se trouve une barre de menus avec tous les menus spécifiques au traitement de texte. La barre d'outils, placée sous la barre de menus, met à la disposition de l'utilisateur des boutons pour les commandes les plus courantes. Un clic gauche sur un de ces boutons correspond trait pour trait à l'activation de la commande de menu correspondante. Si vous placez le pointeur sur un de ces boutons sans faire de clic, une info-bulle affiche une brève explication relative à l'action exécutée par le bouton.

Cette barre d'outils montre clairement que Works a mis en place un certain nombre de paramètres par défaut pour le formatage des textes. Vous y verrez que la police de caractères active est *Times New Roman*, que la taille par défaut est de 12 points et que l'alignement standard est *Aligné à gauche*.

Dans la fenêtre de document, le curseur clignotant indique que Works est prêt à recevoir votre saisie. Ne soyez pas troublé par le symbole (. Lors de la saisie, vous constaterez qu'il se déplace au fur et à mesure de l'affichage des caractères, jusqu'à ce que vous ayez appuyé sur la touche **ENTREE** et créé ainsi un nouveau paragraphe. Ce symbole matérialise une marque de paragraphe, c'est un caractère non-imprimable servant à votre orientation. Il en va de même des petits points matérialisant les espaces.

En-tête et pied de page

Le paragraphe au début du texte permet de définir des lignes d'en-tête, placées au-dessus du texte lui-même. L'en-tête, tout comme le pied de page, sera repris sur chaque page du document. Il vous servira par exemple à mettre en place le titre du chapitre. Cliquez dans la zone de l'en-tête et tapez le texte requis.

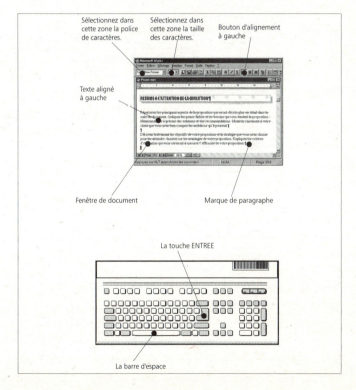

La flèche vers le bas, du côté droit de la fenêtre de document, permet d'accéder au pied de page. Vous arriverez au même résultat en déplaçant le carré de position de la barre de défilement avec la souris.

Modifier un texte

Si vous avez commis des fautes de frappe en cours de saisie, pensez à les corriger. Placez le pointeur de la souris sur le mot à modifier. Il prend la forme d'une barre d'insertion. Cliquez soit devant soit derrière le caractère à changer. Si le curseur est placé derrière le caractère, appuyez sur la touche **RETOUR ARRIERE** pour le supprimer et le remplacer par le caractère correct. Si le curseur se trouve devant le caractère à corriger, utilisez la touche **SUPPR** pour l'éliminer et tapez le caractère voulu.

Couper, Copier et Coller du texte

Pour copier un passage de texte et le placer à un autre endroit du document, vous commencerez par sélectionner ce passage. Pour sélectionner un mot, faites un double clic dessus. Le mot est alors affiché en vidéo inverse, écriture blanche sur fond noir. Cette sélection permet d'indiquer à Works sur quoi portera la commande que vous allez déclencher.

Une copie peut être réalisée de trois façons différentes :

Placez le curseur sur la sélection, faites un clic et maintenez le bouton gauche de la souris enfoncé. Appuyez sur la touche **CTRL** et tirez la sélection avec la souris, jusqu'à sa nouvelle position. Arrivé en bonne place, relâchez le bouton de la souris. Sans l'aide de la touche **CTRL**, vous n'auriez pas effectué une copie, mais un simple déplacement

Guide rapide - Works pour Windows 95 en 10 minutes

de texte. Cette technique s'appelle le *Glisser-Déplacer* (*Drag and Drop*). Autre possibilité : les boutons de la barre d'outils. Après avoir copié ou coupé le passage de texte, placez le curseur à l'endroit voulu et cliquez sur le bouton *Coller*.

La dernière solution consiste à utiliser les commandes du menu contextuel appelé d'un clic droit sur la sélection.

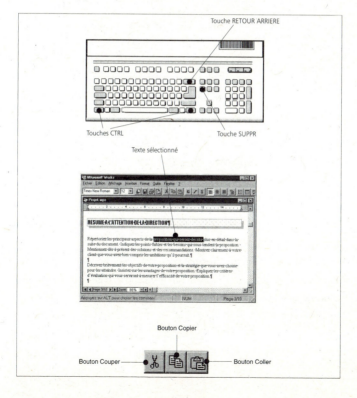

Formatage du texte

La procédure de mise en forme de texte s'appelle le formatage. La mise en forme des caractères permet de modifier la police, la taille et le style des caractères. Elle suppose comme au préalable la sélection d'une chaîne de caractères, en surlignant ce passage avec le bouton gauche de la souris enfoncé. Ceci fait, utilisez les boutons de la barre d'outils pour changer les attributs de format. Cliquez par exemple sur la flèche placée à droite de la zone de la police, de manière à dérouler la liste des polices de caractères disponibles, et faites votre choix d'un clic de souris. Appliquez cette même technique pour changer la taille des caractères. Vous pouvez aussi faire un clic dans la zone de la taille, taper au clavier la taille voulue et valider par la touche *ENTREE*.

Les attributs de style, *Gras*, *Italique* et *Souligné* sont activés par les boutons G, I et S de la barre d'outils. Pensez simplement à sélectionner la chaîne à traiter avant d'activer les boutons.

Pour la mise en forme des paragraphes, la barre d'outils propose aussi un certain nombre d'options. Ici, inutile de sélectionner tout le paragraphe, il suffit de placer le curseur dans le paragraphe à traiter. Si vous souhaitez formater en une seule fois plusieurs paragraphes, sélectionnez-les tous au moins partiellement. La barre d'outils vous permettra de choisir entre l'alignement à gauche, à droite ou centré.

Guide rapide - Works pour Windows 95 en 10 minutes

Mise en page

Pour définir le volume de texte contenu sur chaque page, il est évident que la mise en forme des caractères et des paragraphes intervient. Mais un autre facteur joue à ce niveau : la mise en page. Si le paramètre de taille de page par défaut, DIN A4, ne vous convient pas, appelez la commande **Mise en page** du menu **Fichier**. Définissez les différentes marges, ainsi que toutes les options de source, taille et orientation du papier.

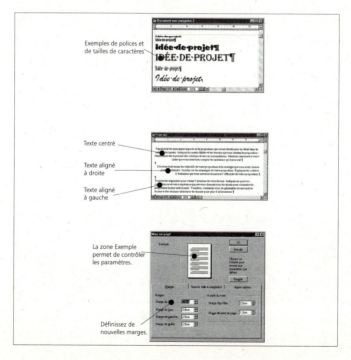

Les affichages possibles d'un document de texte

Au bas de la fenêtre de document, vous trouverez, à côté du contrôle permettant de feuilleter les diverses pages du document, une option *Zoom*. Grâce à cette option, vous pourrez agrandir ou réduire la taille de l'affichage de votre document, en jouant des boutons marqués + et -. Cette option est également proposée dans le menu contextuel affiché par un clic droit sur le mot *Zoom*.

Si vous optez pour *Largeur de la marge*, vous aurez à l'écran la représentation des marges mises en place dans la commande **Mise en page**. Avec *Largeur de page*, vous verrez l'intégralité de la largeur de la feuille à l'écran.

Imprimer un texte

Lorsque le texte est au point et enregistré sur le disque, vous aurez certainement à cœur de l'imprimer. Si vous n'avez besoin d'aucune option particulière pour cette opération, cliquez sur le bouton Imprimer de la barre d'outils. L'impression sera automatiquement lancée, sans que vous ayez à intervenir. Par contre, pour fixer des options d'impression, appelez dans le menu **Fichier** la commande **Imprimer**.

Dans la boîte de dialogue ainsi ouverte, vous disposerez de tous les paramètres liés à l'impression des documents. Dans la zone *Etendue*, vous choisirez entre l'impression du document complet ou seulement de certaines pages. Vous pourrez également définir le nombre d'exemplaires et leur ordre de sortie. Validez vos options par un clic

Guide rapide - Works pour Windows 95 en 10 minutes

sur le bouton **OK** ou cliquez sur le bouton **Aperçu** pour visualiser à l'écran ce que sera le résultat de l'impression.

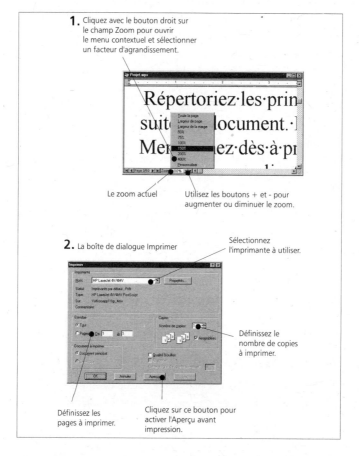

1.3. Créer une nouvelle base de données

En général, la première application d'une base de données est la collecte d'adresses. Si les premières expériences de bases de données sont souvent laborieuses, soyez persévérant et faites-en l'essai. Une fois votre fichier d'adresses en place dans Works, vous pourrez y recourir en de multiples occasions.

L'Assistant construit le carnet d'adresses

Le plus simple pour créer votre carnet d'adresses est à nouveau de faire appel à un assistant spécialisé. Dans la fenêtre du Lanceur de tâches, activez l'onglet **Assistants** et sélectionnez dans la liste de détail des tâches courantes la mention *Document de base*. Cliquez sur **OK** et confirmez dans la boîte de dialogue suivante que vous souhaitez bien lancer l'Assistant. A partir de là, vous avez possibilité de créer un texte, une feuille de calcul ou une base de données. Cliquez sur l'icône de la base de données. La zone de prévisualisation de droite change et présente la structure standard d'un fichier. Cliquez sur le bouton **Suivant >**.

Deux options sont proposées : par *Champs*, vous pourrez définir les types de champs, par *Style de texte* vous en définirez la présentation.

Sélection des champs

Si vous cliquez sur la flèche placée à droite de *Champs*, une fenêtre propose deux possibilités : des champs de noms et d'adresses ou des groupes de champs génériques. Choisissez la première option.

Guide rapide - Works pour Windows 95 en 10 minutes

En ce qui concerne *Style de texte*, faites de même. Pour notre part, nous avons choisi le style *Contemporain*.

Construction de la base de données

Après ces choix, cliquez sur le bouton **Créer !**. Une fenêtre récapitule les options sélectionnées, un clic sur le bouton **Créer le document** lançant la construction de la base de données.

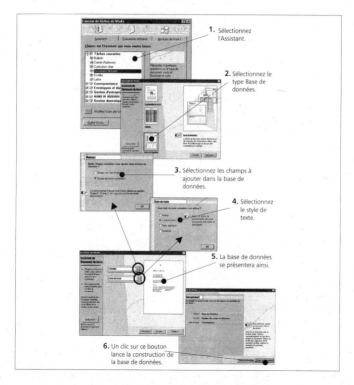

Composants et manipulation de la base de données

Vous voici devant le formulaire de la base de données. Pour le moment, son nom est *Base de données non enregistrée 1*. En fonction de la taille et de la résolution de votre moniteur, vous verrez tout ou partie de ce formulaire. Voici les éléments qui le composent.

Titre

Le titre du formulaire vous permettra de donner un nom explicite à ce document, pour savoir par exemple dans quel but la base de données a été créée.

Noms de champs et champs de données

Pour enregistrer des informations dans la base, elle doit être composée d'un certain nombre de champs. Pour créer un champ, tapez le nom suivi d'un double point. Prenez exemple sur les champs déjà en place, par exemple Titre:, Nom:, etc. Derrière le nom du champ se trouve une zone grisée : il s'agit du champ proprement dit. C'est dans ces champs que vous saisirez les informations de la base de données. L'ensemble des informations saisies dans un formulaire forme ce qu'on appelle un *enregistrement*. Pour rajouter une deuxième adresse après la saisie de la première, il vous faut un formulaire vierge.

Commutateur de fiches

Dans le bas de la fenêtre du document, vous attendent une série de boutons fléchés. Ces boutons servent à feuilleter les diverses fiches

Guide rapide - Works pour Windows 95 en 10 minutes

ou enregistrements formant la base de données. Entre les flèches, une zone indique le numéro de la fiche active, celle affichée à l'écran.

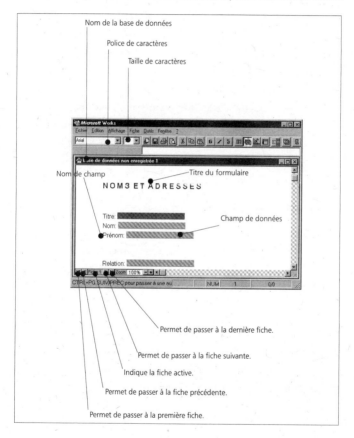

Saisie des données

Pour qu'un champ accepte une information, il doit d'abord être sélectionné. Avec la touche **TAB**, vous pourrez sauter de champ en champ au travers de la fiche. Le champ sélectionné change de couleur. Les touches **MAJ** + **TAB** permettent de revenir au champ précédent. Si vous tapez un texte au clavier, celui-ci vient prendre place dans la barre de formule, sous la barre d'outils, et dans le champ actif. Par la touche **ENTREE** ou le bouton marqué d'une coche dans la barre de formule, la saisie est validée. Si elle ne vous convient pas et si vous souhaitez la modifier, appuyez sur **F2** ou cliquez dans la barre de formule. Ceci fait, vous pourrez éditer le contenu du champ comme d'ordinaire.

Mise en forme du formulaire

Pour entreprendre des changements dans le formulaire, il vous faudra d'abord passer en mode Edition du formulaire, par la commande **Modèle de formulaire** du menu **Affichage**. Vous verrez toujours les informations contenues dans les champs, mais ne pourrez pas les modifier dans ce mode.

Pour modifier un élément du formulaire, sélectionnez-le d'un clic. Vous pourrez ensuite en changer la police, la taille, etc. Dans notre exemple, nous avons appliqué aux titres NOMS et ADRESSES la police Times New Roman et l'avons souligné.

Guide rapide - Works pour Windows 95 en 10 minutes

Ce mode permet aussi de modifier les noms de champ ou la présentation des informations contenues dans les champs. Ainsi, nous avons estimé que le titre de champ Adresse Ligne 1 n'était pas très expressif. Nous avons appelé la commande **Format/Champ** pour arriver à la boîte de dialogue de mise en forme de la rubrique. Cette commande est également proposée par le menu contextuel du champ. Dans le premier onglet de cette boîte de dialogue, vous remarquerez que le nom du champ est sélectionné. Il vous suffit de taper le nouveau nom que vous souhaitez attribuer à ce champ et de valider par **OK**.

Ordre d'entrée

Pour une saisie efficace, il est important que les champs soient activés dans un ordre logique par les appels de la touche **TAB**. Grâce à la commande **Ordre d'entrée** du menu **Format**, vous accéderez à une fenêtre présentant la liste de tous les champs de la base de données. Elle permet de sélectionner un de ces champs d'un clic de souris et de le déplacer par les boutons **HAUT** et **BAS**, dans la liste. C'est l'ordre de cette liste qui servira de base aux effets de la touche **TAB** lorsque vous serez en saisie.

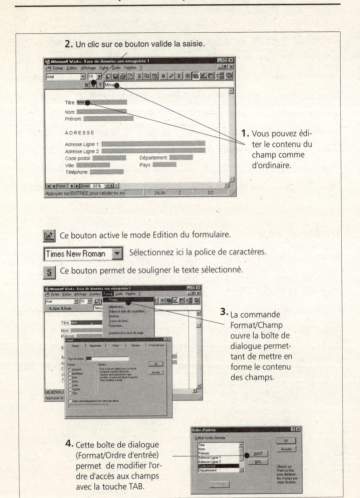

Guide rapide - Works pour Windows 95 en 10 minutes

Enregistrement du carnet d'adresses

Lorsque vous aurez saisi quelques adresses, vous aurez à cœur d'enregistrer votre fichier de manière à pouvoir le réutiliser par la suite. De toute façon, même si vous fermiez, par mégarde, la fenêtre du document en cliquant sur le bouton placé dans son coin supérieur droit, vous ne risquez pas de perdre vos informations. Works remarquera que vous n'avez pas encore enregistré la base de données et vous en donnera l'occasion. Une fenêtre vous sera présentée, dans laquelle vous indiquerez le nom de la base et sa localisation. Dans notre illustration, nous l'avons enregistrée sur le Bureau.

Carnet d'adresses

Works pour Windows 95 permet, par l'intermédiaire d'une icône, d'accéder en permanence à un carnet d'adresses, donc à une base de données. Cette icône est à votre disposition lorsque vous travaillez sur les textes. Vous venez d'écrire une lettre et avez besoin de l'adresse du destinataire. Faites un clic sur l'icône du carnet d'adresses et sélectionnez l'adresse voulue. Pour qu'un carnet d'adresse soit affiché, il vous suffit de définir quelle base de données doit servir de carnet.

Pour ce faire, appelez la commande **Outils/Carnet d'adresses**. Cette commande affiche une liste de toutes les bases de données que vous avez créées avec Works. Sélectionnez celle que vous désirez employer comme carnet et validez par **OK**. Le document sélectionné est ouvert, vous permettant ainsi de vérifier que vous avez fait le bon choix. Le changement de carnet d'adresses peut se faire par la commande **Outils/Options**, de l'onglet **Carnet d'adresses**.

Guide rapide - Works pour Windows 95 en 10 minutes

Guide rapide - Works pour Windows 95 en 10 minutes

1.4. Créer un nouveau tableau

Le troisième outil de Works pour Windows 95 est le **Tableur**. Nous allons vous le présenter rapidement. Comme avec la base de données, nous allons prendre comme point de départ l'Assistant **Document de base**. Là aussi, nous allons faire quelques choix préalables en matière de présentation et d'agencement. Mais à l'inverse de la base de données, nous disposerons ici de la possibilité de définir un en-tête et un pied de page pour le tableau. Ces éléments seront reproduits automatiquement sur toutes les pages de notre feuille de calcul.

En-tête et pied de page

Dans la fenêtre **En-tête & Pied de page**, vous commencerez d'abord par définir si vous avez à utiliser ces éléments. Si vous cliquez sur l'option *Votre propre en-tête*, une zone de saisie est ouverte dans laquelle vous pourrez insérer le texte voulu. Pour activer le pied de page, définissez les informations que vous souhaitez y positionner. Ceci fait, vous pouvez passer à la construction de la feuille de calcul.

Lors de la prochaine étape vous constaterez qu'un tableau a été créé. Le facteur important est le titre de ce tableau, de manière à retrouver ultérieurement à quoi correspondent les chiffres qui s'y trouvent.

Au départ, la cellule A1 est sélectionnée. Vous le remarquerez au cadre gras entourant cette cellule, mais aussi à la référence dont il est fait état au-dessus du tableau, dans la barre de formule. A1 signifie tout simplement que vous vous trouvez dans la cellule placée à l'intersection de la colonne A et de la ligne 1.

Calcul de somme

La cellule B5 montre comment faire un calcul de somme. Activez cette cellule puis cliquez sur le bouton *Somme automatique* de la barre d'outils. La formule de somme est mise en place dans la barre de formule, avec sélection par le programme de la plage de cellules qu'il se propose d'additionner. Cette proposition ne sera cependant faite que si la cellule, placée au-dessus ou à gauche de la cellule contenant la formule de somme, contient une valeur numérique. Dans le cas contraire, vous définirez vous-même cette plage à l'aide de la souris, en surlignant les cellules avec le bouton gauche enfoncé.

Guide rapide - Works pour Windows 95 en 10 minutes

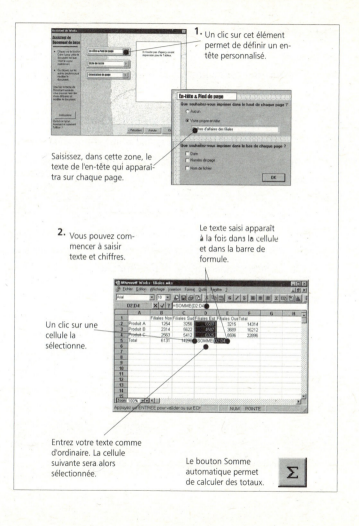

1. Un clic sur cet élément permet de définir un en-tête personnalisé.

Saisissez, dans cette zone, le texte de l'en-tête qui apparaîtra sur chaque page.

2. Vous pouvez commencer à saisir texte et chiffres.

Le texte saisi apparaît à la fois dans la cellule et dans la barre de formule.

Un clic sur une cellule la sélectionne.

Entrez votre texte comme d'ordinaire. La cellule suivante sera alors sélectionnée.

Le bouton Somme automatique permet de calculer des totaux.

Aide à la saisie du tableau

Dans un tableau, il vous arrivera fréquemment d'avoir à saisir la même information dans plusieurs cellules ou à créer des séries de chiffres, de dates ou de mois.

Remplir des cellules d'une même information

Dans l'exemple, nous avons calculé au bas d'une colonne, la somme des contenus des cellules. Si vous avez à rajouter de nouvelles colonnes à côté de la colonne totalisée et - si vous souhaitez également en calculer la somme, inutile de refaire dans chacune d'elles la formule de calcul. Il est beaucoup plus rapide de copier la première vers la droite. Le contenu de la première cellule sera intégralement recopié dans les cellules voisines, qu'il s'agisse d'un texte, d'une valeur numérique ou d'une formule.

Créer une série

Une série est une suite de valeurs différants les unes des autres d'une valeur d'incrément identique. Il pourra s'agir d'une série de nombres, d'heures, de jours, de mois ou d'années. L'important est que les deux premières valeurs soient définies et saisies. Works définit lui-même l'incrément séparant ces deux premières valeurs et calcule automatiquement la suite de la série. Dans notre exemple, les deux premières valeurs sont des noms de mois et Works en a déduit que les cellules suivantes devaient contenir les autres mois, avec un incrément de 1 mois entre deux cellules adjacentes.

Guide rapide - Works pour Windows 95 en 10 minutes

Mise en forme d'un tableau

Un tableau sera plus clair et plus lisible si les titres, les valeurs numériques et les totaux sont présentés dans des styles différents. Il est très facile et très rapide de mettre en forme un tableau, si vous optez pour la commande **Format automatique** du menu **Format**. Si le tableau est déjà saisi, Works pour Windows 95 s'en rendra compte et sélectionnera l'ensemble de vos données. Dans le cas contraire, sélectionnez une plage de cellules à l'aide de la souris avant d'appeler la commande. Dans la liste des formats automatiques, de nombreuses mises en forme vous sont proposées, avec un aperçu du format sélectionné, à droite de la boîte de dialogue.

Si votre tableau ne contient pas de totaux en bas des colonnes ou en bout de ligne, désactivez l'option *Afficher les totaux dans la dernière ligne et/ou colonne*.

Remplir des cellules

3	Jardin	50	
4	Loisirs	315	
5	Total	485	
6			

3	Jardin	50			
4	Loisirs	315			
5	Total	485			
6					

3	Jardin	50			
4	Loisirs	315			
5	Total	485	0	0	0
6					

1. Cliquez sur la cellule contenant le calcul du total.
2. Amenez le pointeur de la souris sur le coin inférieur droit de la cellule.
3. Appuyez sur le bouton gauche de la souris et, tout en maintenant cet appui, sélectionnez les autres champs.
4. Le contenu de la première cellule est intégralement recopié dans les cellules voisines.

Créer une série

	A	B	C	D	E
1	Dépenses	janvier	février	mars	avril
2	Cuisines	120			
3	Jardin	50			

1. Les deux premières valeurs de la série sont saisies dans les cellules B1 et C1.
2. Sélectionnez ensuite les deux cellules avec la souris.
3. Amenez ensuite le pointeur sur le coin inférieur droit de la cellule C1.
4. Appuyez sur le bouton gauche de la souris et, tout en maintenant l'appui, sélectionnez les cellules voisines de droite.
5. Works insère les mois suivants dans les cellules adjacentes.

La commande Format automatique permet de mettre en forme un tableau très rapidement.

Guide rapide - Works pour Windows 95 en 10 minutes

1.5. Travailler avec des documents existants

Pour travailler avec des documents créés précédemment, il faut bien sûr avoir pensé à les enregistrer.

Enregistrer les documents

Un document peut être enregistré soit sur le disque dur soit sur une disquette. Chaque enregistrement reprend tous les caractères que vous avez saisis au clavier, mais aussi tous les autres éléments de mise en forme. C'est ainsi que Works pour Windows 95 reconnaît ses "oeuvres" et vous permet de les charger ultérieurement pour modification.

Nom de fichier

Pour enregistrer un document, il vous faudra lui affecter un nom. Avec Windows 95, il est possible d'utiliser des noms contenant jusqu'à 255 caractères et Works pour Windows 95 supporte cette possibilité. N'hésitez pas à employer des noms expressifs, rappelant le contenu du document et permettant une identification aisée.

Utilisation de dossiers

Si vous procédez à un enregistrement sur le disque dur, travaillez impérativement avec des dossiers. Dans le cas contraire, ce serait un peu comme si vous entassiez tous vos documents au fond d'une armoire, sans classement d'aucune sorte. Les recherches n'en seraient que plus difficiles, voire impossibles. Si les dossiers déjà en place ne suffisent pas, la procédure d'enregistrement vous permettra d'en créer de nouveaux, directement depuis Works.

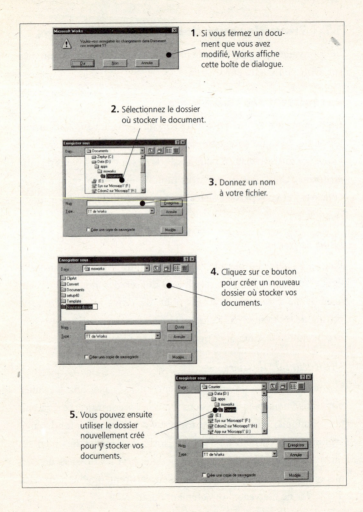

Guide rapide - Works pour Windows 95 en 10 minutes

Réutiliser des documents enregistrés

Works permet un accès aisé aux documents que vous avez créés par son intermédiaire. Plusieurs solutions s'offrent à vous pour cela.

Les documents récents

Dans le Lanceur de tâches de Works, l'onglet **Documents existants** présente la liste des 8 derniers documents utilisés. C'est la solution la plus rapide pour vos documents courants.

Les documents plus anciens

Les documents plus anciens ne sont pas affichés dans cette liste. Dans ce cas, activez le bouton **Ouvrir un document non listé ci-dessus**, dans le bas du Lanceur de tâches de Works. C'est ce même bouton que vous emploierez également pour ouvrir un document placé sur une disquette ou sur une machine à distance. Dans la fenêtre **Ouvrir**, définissez d'abord le lecteur dans le champ *Rechercher dans*. La fenêtre du milieu présente les dossiers et documents contenus sur ce lecteur. Un double clic sur un dossier permet de l'ouvrir et d'en voir le contenu. Lorsque vous aurez localisé le document requis, faites un double clic sur son nom ou sélectionnez son nom et cliquez sur le bouton **Ouvrir**.

Les documents créés par les Assistants

Si vous avez créé des documents à l'aide des Assistants et si vous rappelez par la suite ce même Assistant, il peut être intéressant de cliquer sur le bouton **Afficher une liste des documents**. Ce bouton présente la liste des fichiers créés par cet Assistant, liste dans laquelle vous sélectionnerez le document voulu.

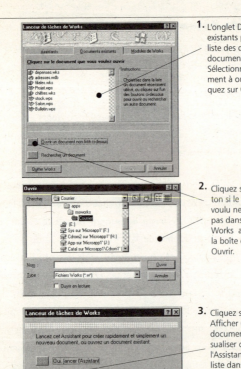

1. L'onglet Documents existants présente la liste des derniers documents utilisés. Sélectionnez le document à ouvrir et cliquez sur OK.

2. Cliquez sur ce bouton si le document voulu ne se trouve pas dans la liste. Works affiche alors la boîte de dialogue Ouvrir.

3. Cliquez sur le bouton Afficher une liste de documents pour visualiser ceux créés par l'Assistant sélectionné, liste dans laquelle vous choisirez le document voulu.

2. Les techniques générales de travail

2.1. Optimiser les options

Dans Works, un certain nombre de préférences ou d'options sont paramétrables ou modifiables. Ouvrez pour cela la boîte de dialogue de la commande **Outils/Options**. Cette boîte de dialogue est composée de 6 onglets :

L'onglet Généralités

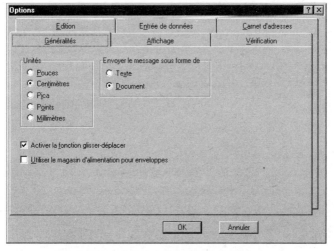

L'onglet Généralités de la boîte de dialogue Options

Les options de cet onglet s'appliquent à tous les modules de Works pour Windows 95.

Unités

Works est conçu pour utiliser par défaut les unités françaises courantes. Ainsi, vous constaterez que l'unité de mesure standard est le *Centimètre*. Cela dit, rien ne vous empêche de choisir une autre unité, par exemple Pouces ou Millimètres. Il suffit de cliquer sur la case d'option placée devant l'unité à employer. L'unité ainsi définie sera utilisée dans toutes les boîtes de dialogue demandant des mesures, par exemple pour la fixation de taquets de tabulation. Cette unité servira de base à la règle.

Envoyer le message sous forme de

Cette option présente un intérêt si vous travaillez dans le cadre d'un réseau et si vous utilisez la messagerie. Si vous envoyez un message sous forme de texte, le destinataire recevra votre message comme une suite de caractères ASCII, alors qu'avec l'option *Document*, il recevra un fichier.

Activer la fonction Glisser-Déplacer

Si vous désactivez cette case à cocher, vous ne pourrez plus recourir au Glisser-Déplacer pour les déplacements et copies de passages de documents ou d'objets.

Utiliser le magasin d'alimentation pour enveloppes

Cette option ne sera disponible que si l'imprimante installée sur votre machine dispose d'une alimentation spécifique aux enveloppes. Dans le cas contraire, l'option est grisée.

Les techniques générales de travail

L'onglet Affichage

Les options de cet onglet s'appliquent elles aussi à l'ensemble des modules de Works pour Windows 95.

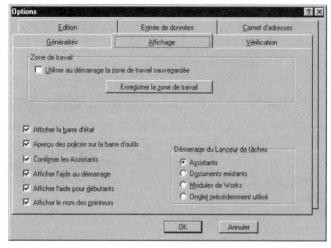

L'onglet Affichage

Zone de travail

Works offre à l'utilisateur la possibilité d'enregistrer la zone de travail telle qu'elle se présente. Pour ce faire, il suffit de cocher l'option *Utiliser au démarrage la zone de travail sauvegardée* et de cliquer sur le bouton **Enregistrer la zone de travail**. Dans ce cas, Works mémorise les documents ouverts et les rouvre automatiquement lors de la prochaine session de travail. Si vous désactivez ultérieurement cette option, vous verrez à nouveau apparaître le Lanceur de tâches au début de chaque session.

2 — Les techniques générales de travail

Cela dit, Works ne supprime pas la zone de travail sauvegardée, au cas où vous souhaiteriez la réactiver.

Afficher la barre d'état

Works dispose par défaut d'une barre d'état tout en bas de la fenêtre. Cette barre affiche des informations sur les procédures en cours et sur les commandes et boutons. Elle présente également l'état du clavier.

La barre d'état de l'écran Works

La mention *NUM* indique que le clavier numérique est activé. *RFP* indique l'activation du *mode Refrappe*, une insertion de texte venant remplacer les caractères déjà en place.

Aperçu des polices sur la barre d'outils

Cette option a pour effet de demander à Works d'afficher des exemples des diverses polices proposées dans la liste des polices de la barre d'outils.

Les polices avec exemple

Les techniques générales de travail 2

Cet affichage est bien sûr beaucoup plus expressif que les seuls noms de polices, mais il demande un effort considérable à votre PC, d'où possibilité de ralentissement de votre machine. Au besoin, désactivez l'option si les effets secondaires deviennent trop gênants.

Confirmer les Assistants

Works dispose d'un grand nombre d'Assistants servant à automatiser la création de documents. Cette option a pour effet, à l'appel d'un Assistant, de permettre la définition d'options complémentaires.

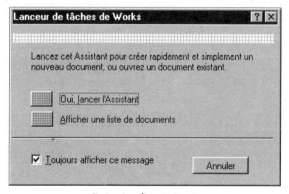

Exécution d'un Assistant

Dans cette boîte de dialogue, vous confirmerez le lancement de l'Assistant ou demanderez l'affichage des documents déjà créés par son intermédiaire.

Afficher l'aide au démarrage

Définissez si vous souhaitez voir apparaître au lancement de Works pour Windows 95 une fenêtre d'aide du côté droit de l'écran. Si cette option est activée, vous disposerez en permanence de l'aide sous forme réduite, un clic sur le bouton marqué d'un point d'interrogation agrandissant à nouveau la fenêtre.

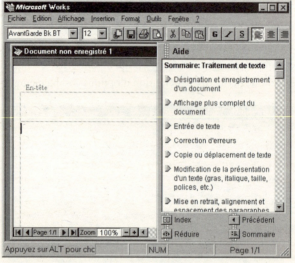

Aide agrandie

Un nouveau clic sur le bouton réduit à nouveau l'aide. Cette aide permanente peut être activée et désactivée également par les commandes correspondantes du menu ?.

Afficher l'aide pour débutants

Vous définirez ici si Works pour Windows 95 doit afficher, pour tout appel d'une nouvelle commande, l'aide correspondante ou une brève démonstration.

Les techniques générales de travail

Démonstration ou rubrique d'aide ?

Cette option est certainement une bonne solution pour les débutants. Mais un utilisateur averti aura à cœur de refuser cette offre et de désactiver l'option.

Afficher le nom des pointeurs

Cette option sert à afficher une aide graphique pour certaines actions, par exemple pour les opérations de Glisser-Déplacer. Elle ne concerne cependant pas l'affichage des info-bulles de la barre d'outils. Pour les désactiver, vous serez obligé de passer par la commande **Personnaliser la barre d'outils** du menu **Outils** pour enlever la coche devant la case *Activer les Info-bulles*.

L'onglet Vérification

C'est avec cet onglet que vous déterminerez les fichiers que Works pour Windows 95 devra employer pour la correction automatique des documents.

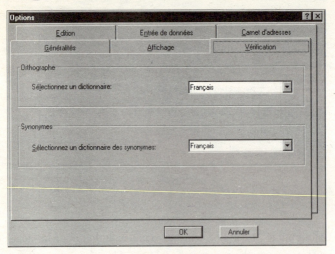

L'onglet Vérification

Orthographe

Vous y fixerez la langue utilisée par Works pour la vérification de l'orthographe.

Synonymes

Il s'agit d'une fonction de Works pour Windows 95 proposant des synonymes pour les mots les plus courants. A cet effet, Works doit recourir à un fichier spécial, le dictionnaire des synonymes. Ce fichier est, lui aussi, spécifique à une langue.

L'onglet Edition

Ces options ne concernent que le traitement de texte.

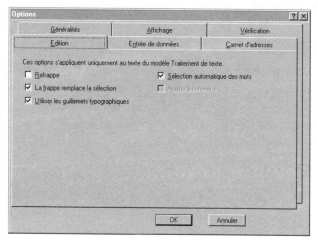

L'onglet Edition

Refrappe

Cette option a pour effet que le texte placé à la droite du curseur soit remplacé par les nouvelles saisies. Cette option est aussi activable ou désactivable par la touche **INSER**. Le mode Refrappe est indiqué dans la barre d'état par l'affichage des trois lettres *RFP*.

La frappe remplace la sélection

Dans ce cas, la saisie de nouveaux caractères et l'insertion d'objets (par exemple un tableau, un dessin) remplacent les caractères précédemment sélectionnés.

Utiliser les guillemets typographiques

Works connaît deux types de guillemets : les guillemets typographiques et les guillemets droits. Choisissez ici la version à employer.

Sélection automatique des mots

Cette fonction est intéressante pour les sélections effectuées à l'aide de la souris. Admettons que vous cherchiez à sélectionner une suite de trois mots dans votre texte pour lui affecter un autre format. Si l'option *Sélection automatique des mots* est active, il ne sera pas nécessaire de sélectionner tous les caractères de ces mots avant d'appeler la commande de formatage. Il suffira de placer le curseur dans le premier mot, à un endroit quelconque, de tirer la souris en gardant le bouton enfoncé et d'arriver au début du dernier mot. Automatiquement les mots seront tous intégralement sélectionnés.

Ajuster à la fenêtre

Cette option demande à Works de procéder aux sauts de ligne de manière à adapter la largeur des lignes à celle de la fenêtre. L'avantage est qu'en cours de saisie, il n'y a pas de déplacement latéral de la fenêtre en bout de ligne, même si la fenêtre est plus petite que la ligne effective. Rappelez-vous cependant que le document imprimé sera présenté différemmment de ce que vous avez à l'écran.*

Les techniques générales de travail **2**

L'onglet Entrée de données

Ce groupe d'options ne concerne que les modules Tableur et Base de données de Works.

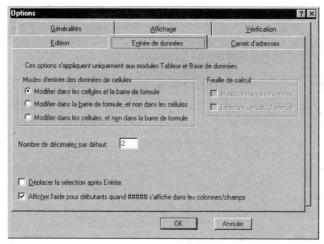

L'onglet Entrée de données

Mode d'entrée des données de cellules

Les trois options de ce groupe sont exclusives. Vous y choisirez d'éditer les données soit dans les cellules, soit dans la barre de formule, soit encore dans les deux. Ce n'est qu'une question de goût personnel et d'habitude. Dans les versions précédentes du programme, l'édition n'était possible que dans la barre de formule. Les personnes habituées à cette technique n'auront ainsi pas à changer leur façon de travailler.

2   *Les techniques générales de travail*

Feuille de calcul

L'option *Masquer les valeurs nulles* fait en sorte de présenter les cellules ou les champs nuls comme étant vides. Dans le cas contraire, Works affichera un 0. La case à cocher *Effectuer un calcul manuel* fait en sorte que Works pour Windows 95 n'effectue le calcul d'une formule que si vous lui en donnez expressément l'ordre. Si l'option est désactivée, le calcul est automatique.

Nombre de décimales par défaut

Définissez ici le nombre de décimales que Works mettra en place pour toute valeur numérique saisie dans une cellule ou un champ.

Déplacer la sélection après Entrée

Si vous voulez que Works saute automatiquement dans la cellule placée en dessous après validation d'une saisie par la touche **ENTREE**, activez cette case à cocher. Dans le cas contraire, la cellule sélectionnée sera conservée.

Afficher l'aide pour débutant quand #### s'affiche dans les colonnes/champs

Si la saisie effectuée dans une colonne ou un champ est plus longue que la place disponible, cette option affiche l'aide pour débutant.

Les techniques générales de travail **2**

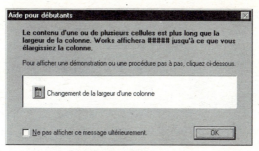
Aide pour débutants

Décidez ici si vous souhaitez bénéficier de cette aide. Après quelques jours, il y a fort à parier que vous vous en passerez aisément.

L'onglet Carnet d'adresses

Ce carnet d'adresses est une fonction permettant d'accéder rapidement et dans chaque module de Works, aux adresses les plus importantes. Si vos adresses sont disséminées dans plusieurs carnets, définissez, dans cet onglet, celui qui deviendra le carnet d'adresses par défaut. Vous pourrez l'ouvrir en toute circonstance d'un clic de souris dans la barre d'outils.

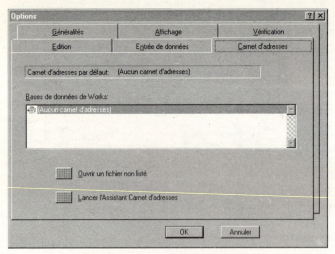

Le Carnet d'adresses par défaut est sélectionné

Dans la ligne du haut de l'onglet, vous trouverez le nom du carnet par défaut. Si vous souhaitez en changer, sélectionnez le nouveau carnet parmi les bases de données de Works. Si le carnet n'est pas affiché, cliquez sur le bouton **Ouvrir un fichier non listé**. Ce bouton ouvre une fenêtre dans laquelle vous aurez l'occasion de localiser le fichier voulu. Le bouton **Lancer l'Assistant Carnet d'adresses** démarre un Assistant qui vous aidera à créer un nouveau carnet.

2.2. Travailler avec la barre d'outils

Grâce à la barre d'outils, vous pourrez lancer bon nombre de commandes et de fonctions de Works d'un simple clic de souris. Ce sera le cas du vérificateur d'orthographe, du dictionnaire des synonymes, de l'aperçu avant impression, de l'impression, etc. Cette barre d'outils s'avère aussi très utile pour la mise en forme des documents et leur formatage. Par l'intermédiaire du Glisser-Déplacer, la barre d'outils peut être adaptée individuellement à chaque module de Works.

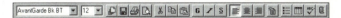

La barre d'outils du module Traitement de texte

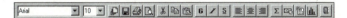

La barre d'outils du module Tableur

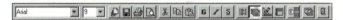

La barre d'outils du module Base de données

La barre d'outils du module Communications

Works est paramétré de telle manière que la barre d'outils apparaît après ouverture d'un document. Si ce n'est pas le cas, ouvrez le menu **Affichage** et activez la commande **Barre d'outils**.

La barre d'outils standard

La barre d'outils standard regroupe les commandes les plus courantes des divers modules de Works. Si vous placez le pointeur de la souris sur un des boutons de la barre d'outils, sans rien faire d'autre, une info-bulle affichera une courte explication de l'action exécutée par le bouton. Les actions entreprises par Works après un clic sur un bouton dépendent en fait de la fonction associée au bouton. Il s'agira soit d'une action directe, par exemple la mise en caractères gras d'une sélection de texte, soit l'ouverture d'une boîte de dialogue permettant de définir des paramètres complémentaires.

Personnaliser la barre d'outils

La barre d'outils peut être personnalisée et même individualisée pour chaque module de Works. Dans ce dernier cas, la barre d'outils spécifique au module s'appliquera à tous les documents relevant de ce module. A la fin de la session Works, la barre d'outils est enregistrée et vous la retrouverez à la prochaine session de travail. Pour personnaliser la barre d'outils, activez la commande **Outils/Personnaliser la barre d'outils** ou faites un double clic sur l'arrière plan grisé de la barre d'outils.

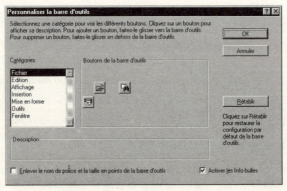

La boîte de dialogue de personnalisation de la barre d'outils du traitement de texte

Les techniques générales de travail **2**

S'ouvre alors la boîte de dialogue de l'illustration. Commencez par définir la catégorie à partir de laquelle vous souhaitez rajouter une commande sous forme de bouton, dans la barre d'outils. Puis cliquez sur le bouton voulu. Dans la zone *Description* de la boîte de dialogue, vous pourrez en lire l'explication. Maintenez le bouton de la souris enfoncé et faites glisser le bouton de commande dans la barre d'outils affichée en haut de la fenêtre.

Vous définirez vous-même la position que prendra ce bouton dans la barre. Si vous le faites glisser entre deux boutons, ces derniers s'écarteront pour lui faire place.

Supprimer des boutons

Si certains boutons de la barre d'outils vous sont inutiles, faites-les glisser hors de la barre avec la souris et relâchez le bouton de la souris. Ils seront retirés de la barre, mais vous pourrez les réinstaller à tout moment à partir de la boîte de dialogue **Personnaliser la barre d'outils**. Rappelez-vous que la suppression de bouton n'est possible que si cette boîte de dialogue est ouverte. A la fin de l'opération, validez vos choix par le bouton **OK**.

En bas de la boîte de dialogue **Personnaliser la barre d'outils**, deux options sont à votre disposition. Activez *Enlever le nom de police et la taille en points de la barre d'outils* si vous souhaitez retirer ces deux options pour gagner de la place sur la barre. *Activer les Info-bulles* permet de voir un descriptif des boutons de la barre si vous placez le pointeur sur l'un d'entre eux. Le bouton **Rétablir** permet de retrouver la barre d'outils standard.

Les modifications apportées à la barre d'outils seront enregistrées en fin de session et vous retrouverez votre barre dans l'état où vous l'avez laissée, lors de votre prochaine session Works.

2.3. Utiliser les différentes formes d'aide

Comme toutes les applications Windows, Works dispose d'un système d'aide extrêmement vaste. Il se compose d'une part d'une aide systématique relative aux commandes et aux procédures, d'autre part d'une aide contextuelle, liée au bouton droit de la souris, et pour finir d'une introduction à Works. Par défaut, vous trouverez une aide en ligne affichée sur le côté droit de l'écran.

Présentation de Works

Pour une courte présentation de Works, activez la commande correspondante dans le menu ?. Une visite guidée de 10 minutes vous entraîne dans un tour complet des possibilités de Works pour Windows 95. Pour l'utilisateur, la seule action possible est de feuilleter en avant ou en arrière les divers écrans de cette introduction. Il n'y a pas de possibilité d'interaction. Un clic sur **Terminer** met fin à l'introduction.

Les techniques générales de travail

L'écran de démarrage de la présentation

Le système d'aide systématique

Sommaire

Si vous activez la commande **Sommaire** dans le menu **?**, vous serez confronté à la fenêtre du système d'aide. Dans l'onglet **Sommaire**, divers dossiers et sous-dossiers vous proposeront les sujets d'aide les plus divers.

2 — Les techniques générales de travail

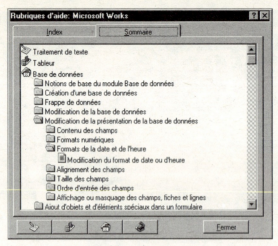

Sélectionner le sujet voulu

Parcourez les dossiers et sous-dossiers jusqu'à trouver le sujet qui vous intéresse; Vous reconnaîtrez les rubriques d'aide à leur icône de page de texte. Lorsque vous aurez sélectionné une rubrique, elle vous sera présentée du côté droit de l'écran. Grâce aux boutons du bas de la fenêtre d'aide, vous pourrez sélectionner le module de Works pour Windows 95 concerné par votre demande d'aide.

Index

L'index liste l'ensemble des rubriques d'aide, par ordre alphabétique. Dans la zone de saisie du haut, vous avez possibilité de taper le sujet recherché. Ceci fait, Works liste toutes les rubriques et tous les dossiers afférents au sujet énoncé.

Les techniques générales de travail

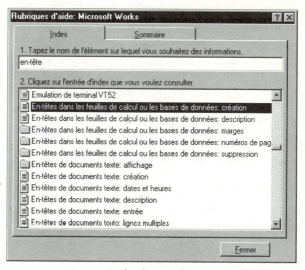

Recherche sur index

Après sélection d'une rubrique, le texte correspondant est affiché du côté droit de l'écran ou dans une fenêtre individuelle.

L'aide en ligne

Par défaut, cette aide en ligne est affichée en permanence du côté droit de l'écran. Si à la fin de la dernière session Works elle n'était pas affichée, vous la retrouverez sous forme de deux boutons, en bas à droite de l'écran Works.

2   *Les techniques générales de travail*

Les boutons de l'aide en ligne

Pour agrandir l'aide en ligne, cliquez sur le bouton marqué d'un point d'interrogation. Selon le module Works dans lequel vous travaillez, vous serez confronté à un menu d'aide ou à une table des matières.

Utilisez les boutons pour trouver le sujet d'aide qui vous intéresse. Notez également la possibilité d'imprimer une rubrique de l'aide. Si vous rencontrez des passages de texte en vert et soulignés, cliquez dessus pour obtenir une aide directe sur le mot ou le concept.

Le bouton **Précédent** au bas de l'aide en ligne permet de revenir à la rubrique précédente. Par **Sommaire**, vous reviendrez directement au sommaire de l'aide du module concerné. Le bouton **Index** permet de revenir à l'aide systématique.

Aide dans des boîtes de dialogue

Dans chaque boîte de dialogue de Works, vous disposez d'une aide contextuelle liée au bouton droit de la souris. Il suffit pour cela de faire un clic droit sur la zone de la boîte de dialogue qui vous pose problème.

Les techniques générales de travail

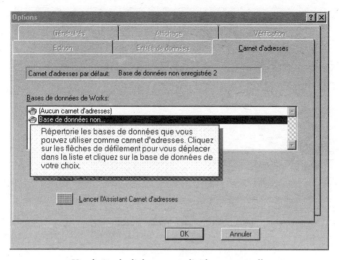

Une boîte de dialogue avec l'aide contextuelle

La touche F1

Dans les boîtes de dialogue, le même effet est obtenu en activant la touche **F1**. Par contre, si vous faites appel à cette touche dans le module de Works, vous arriverez à l'aide systématique.

Le forum Works

Dans le menu ?, vous trouverez la commande **Lancer le Forum Works**. Si vous activez cette commande, Windows 95 vous reliera à Microsoft Network, ou MSN, et au forum traitant des problèmes relatifs à Works.

2 — Les techniques générales de travail

Et si vous alliez faire au tour au Forum Works ?

Cette option n'est bien évidemment possible que si vous possédez un modem branché sur votre ligne téléphonique.

2.4. Travailler avec Glisser-Déplacer

La technique du Glisser-Déplacer ou Drag and Drop est une fonction purement "souris" permettant de copier ou de déplacer facilement des parties de document. Le Glisser-Déplacer ne fonctionne qu'après sélection d'une partie de document ou d'un objet. Si vous cliquez, après sélection, sur l'objet, vous pourrez le déplacer avec la souris. Le pointeur se transforme et propose deux types de Glisser-Déplacer.

Le Glisser-Déplacer dans les documents

La première possibilité est le déplacement, en l'occurrence une espèce de Couper/Coller, mais sans l'intervention du Presse-papiers. Admettons que dans un texte, vous ayez interverti deux mots : le premier doit venir prendre place derrière le second. Sélectionnez le premier mot d'un double clic, c'est la solution la plus rapide. Puis faites un nouveau clic sur la sélection, maintenez le bouton de la souris enfoncé, et tirez la sélection à sa nouvelle position. Vous remarquerez que les déplacements du pointeur sont matérialisés dans le texte par une barre d'insertion. Lorsque cette barre est positionnée au bon endroit, relâchez le bouton de la souris : la sélection est déplacée.

Copier par Glisser-Déplacer

La deuxième technique applicable par Glisser-Déplacer suppose l'utilisation conjointe de la touche **CTRL**. Les manipulations sont exactement les mêmes que précédemment, sauf qu'il vous faut enfoncer en plus la touche **CTRL** avant de relâcher le bouton de la souris. Dans ce cas, il s'agira d'une espèce de Copier/Coller, mais toujours sans intervention du Presse-papiers.

Pour déplacer le contenu d'un champ dans une base de données, sélectionnez le champ, cliquez sur la bordure du cadre de sélection et tirez jusque sur le champ voulu. Enfoncez la touche **CTRL** et relâchez le bouton de la souris si vous souhaitez effectuer une copie.

Le Glisser-Déplacer hors du document

Si vous avez activé la fonction Glisser-Déplacer en effectuant une sélection, il est également possible de tirer, de déplacer cette sélection ou cet objet en dehors de la fenêtre de document. Ici, il s'agira systématiquement d'une opération de copie, sans intervention d'une touche complémentaire. Si vous souhaitez effectuer un déplacement, et non pas une copie, vous devrez enfoncer la touche **MAJ** avant de relâcher le bouton de la souris.

Lors d'un Glisser-Déplacer en dehors de la fenêtre de document, il est évident que les deux documents doivent être ouverts, il n'est pas possible d'employer des documents réduits en icône. Cela dit, dans le traitement de texte et dans le tableur, il est possible de faire un Glisser-Déplacer "dans le vide". Dans ce cas, Works ouvre automatiquement une nouvelle fenêtre de document dans laquelle la sélection sera copiée. Cette nouvelle fenêtre sera ouverte dans le même module que celui du document source.

Le Glisser-Déplacer n'est pas seulement possible dans le cadre de Works pour Windows 95. Faites l'essai : là où le Glisser-Déplacer est interdit, vous serez confronté à une icône d'interdiction.

Liaison par Glisser-Déplacer

Le Glisser-Déplacer permet de mettre en place des liaisons entre des documents. Une liaison signifie que les modifications effectuées dans le document source sont automatiquement mises à jour dans le

Les techniques générales de travail **2**

document cible. Pour qu'un Glisser-Déplacer aboutisse à une liaison, utilisez conjointement les touches **CTRL + MAJ**.

2.5. Zoomer sur un document

Dans les trois modules Traitement de texte, Tableur et Base de données de Works, vous disposerez d'une fonction de zoom. Vous la trouverez dans le bas de la fenêtre de document.

Le Zoom au bas de la fenêtre de document - Menu contextuel actif

Vous activerez le zoom par la commande de même nom du menu **Affichage**.

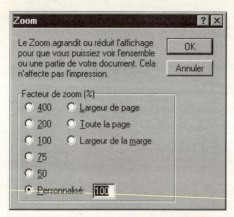

La boîte de dialogue Zoom

Ce zoom agrandit l'affichage de la fenêtre de document active, mais pas le document en lui-même. Il ne s'agit pas d'une commande de mise en forme, le zoom est simplement une fonction de présentation à l'écran. Il peut être adapté à chaque type de fenêtre de document.

Le zoom d'un document s'étend d'une réduction au quart jusqu'à l'agrandissement avec un coefficient de 10x. Works propose également de jouer du zoom par les boutons marqués du signe + ou -. Dans le menu contextuel ou la boîte de dialogue, vous choisirez les valeurs d'un clic de souris ou définirez une valeur personnalisée par saisie au clavier. Validez votre choix par le bouton **OK**.

Si vous choisissez l'option *Largeur de la marge*, Works adapte la largeur de la fenêtre de document à la largeur du texte. Avec *Largeur de page*, vous verrez en plus les marges que vous aurez définies par la commande **Fichier/Mise en page**. Si vous optez pour *Toute la page*, vous afficherez la page entière.

2.6. Le vérificateur orthographique

Works met à votre disposition un vérificateur orthographique pour les documents. Soyez conscient que ce n'est pas la panacée à toutes les fautes. Ce vérificateur ne vérifie les mots qu'en fonction de critères formels. En fait, il compare chacun des mots avec le contenu de son dictionnaire (celui livré par Microsoft ou votre dictionnaire personnel).

Works est livré avec un dictionnaire, ou plutôt un fichier contenant des mots, et c'est avec ce dernier qu'il compare le contenu de votre document. Il se peut parfaitement que des mots correctement orthographiés soient absents du dictionnaire Works. Vous les intégrerez alors dans un dictionnaire personnel qui sera utilisé lors des prochaines vérifications.

Effectuer la vérification orthographique

Pour lancer cette opération, commencez par placer le curseur au tout début du texte. Ouvrez le menu **Outils** et activez la commande **Vérifier l'orthographe**. Plus simple : faites un clic sur le bouton correspondant de la barre d'outils.

La boîte de dialogue du correcteur s'ouvre et présente le premier mot inconnu de Works. Ce mot apparaît dans le champ *Absent du dictionnaire*.

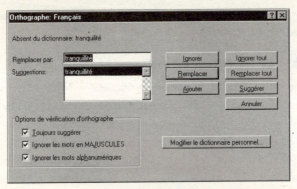

La vérification orthographique

A vous ensuite de modifier ce mot inconnu et d'en indiquer l'orthographe correcte dans le champ *Remplacer par*. Cette action active le bouton **Remplacer**. Puis le correcteur passe au mot inconnu suivant.

Ce correcteur permet également de demander au programme d'afficher un certain nombre de suggestions quant à l'orthographe correcte du mot inconnu. Vous disposez pour cela d'un bouton **Suggérer** ou demanderez des suggestions systématiques pour chaque mot inconnu. Dans ce cas, activez l'option *Toujours suggérer*.

Quel que soit le mode d'activation, le bouton **Suggérer** a toujours pour effet d'afficher dans la fenêtre des suggestions une liste de mots.

En principe, Works reprend automatiquement le premier mot de la liste dans le champ *Remplacer par*. A vous ensuite d'accepter ce mot, de le modifier dans le champ en question, ou encore de sélectionner une autre suggestion dans la liste.

Le bouton **Remplacer tout** permet de remplacer toutes les occurrences du mot inconnu dans le document par le mot sélectionné.

Ignorer et **Ignorer tout** sont deux commandes permettant de sauter une ou toutes les occurrences d'un mot inconnu de Works, mais que vous souhaitez conserver en l'état.

Par défaut, Works s'arrête systématiquement sur les mots écrits en capitales. Dans ce cas, vous n'y couperez pas de cliquer sur **Ignorer** ou **Tout ignorer** si le mot est correct. Autre solution : activez l'option *Ignorer les mots en MAJUSCULES*. Il en va de même des mots contenant des chiffres et de l'option *Ignorer les mots alphanumériques*.

Ajouter des mots au dictionnaire personnel

Les mots inconnus de Works sont très nombreux. Il s'agit d'abord des noms propres, des termes techniques et de beaucoup de mots composés. C'est pourquoi, vous pouvez rajouter tous ces mots dans votre dictionnaire personnel et ainsi enrichir la fonction de vérification orthographique de vos propres termes les plus courants. Si le programme butte sur un mot inconnu et que celui-ci est correctement écrit, cliquez sur le bouton **Ajouter**. Works enregistre ce mot et poursuit la vérification.

A la fin de l'opération, le programme crée un nouveau fichier dans le répertoire WINDOWS\MSAPPS\PROOF, nommé PERSO.DIC.

Ce fichier sera utilisé conjointement au dictionnaire par défaut lors des vérifications d'orthographe.

Modifier le dictionnaire personnel

Cliquez sur le bouton de même nom de la boîte de dialogue du correcteur si vous souhaitez rajouter manuellement de nouveaux mots au dictionnaire personnel ou vérifier des mots personnels durant la correction.

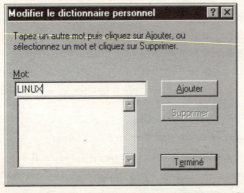

La boîte de dialogue Modifier le dictionnaire personnel

Sélectionnez les mots à rajouter et cliquez sur **Ajouter**. Un double clic sur le mot a le même effet.

Les techniques générales de travail 2

2.7. Les modèles personnels facilitent le travail

On appelle *Modèle* un document créé à partir d'un des trois modules Works, Traitement de texte, Tableur ou Base de données, et ayant un contenu et une présentation déjà définis. Si vous avez à créer un nouveau document proche du modèle, vous ferez appel à celui-ci comme base de travail. Vous pourrez ainsi créer vos propres modèles.

Créer un modèle

Lorsque les grands axes d'un texte ou d'un courrier sont en place et que la mise en forme est au point, vous chercherez certainement à réutiliser ce document à d'autres occasions. C'est la raison pour laquelle Works propose les modèles. Ces modèles serviront de base à la création de nouveaux documents, textes, tableaux ou bases de données dont la structure se rapproche de celle du modèle.

Définir un modèle

Admettons que vous utilisiez en règle générale du papier continu sur votre imprimante. En guise de marge, il vous suffit d'une marge uniforme de 1 cm tout autour de la feuille. Vous apprécierez tout particulièrement la police Modern 10 points, italique, le texte étant aligné à gauche. Vous utilisez en principe des paragraphes avec un retrait de première ligne de 1 cm et une tabulation alignée à gauche, placée à 2 cm de la marge de gauche. Il ne s'agit là bien sûr que d'un exemple.

Lancez Works et ouvrez un document de texte. Ne faites aucune saisie. Ouvrez d'abord la boîte de dialogue **Mise en page**, par la commande de même nom du menu **Fichier** et définissez les marges et la longueur du document. Puis, utilisez la barre d'outils pour choisir la police, la taille et le style des caractères. Placez la tabulation et paramétrez le retrait de première ligne.

Appelez ensuite la commande Enregistrer sous du menu Fichier. Le nom du document n'a pas d'importance ici, l'essentiel est de le sauvegarder sous forme de modèle. Cliquez pour cela sur le bouton Modèle, en bas de la boîte de dialogue, pour ouvrir la boîte suivante :

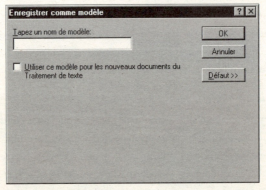

Enregistrer comme modèle

Indiquez ici le nom du modèle et validez. Vous retrouverez par la suite ce modèle dans la boîte de dialogue du Lanceur de tâches, dans l'onglet **Assistants,** dans la catégorie *Modèles définis par l'utilisateur*.

Les techniques générales de travail **2**

Si un modèle de même nom existe déjà, le programme vous demandera si vous souhaitez ou non le remplacer par la nouvelle version.

Utiliser les modèles

Pour utiliser un des modèles enregistrés, activez l'onglet **Assistants** de la boîte de dialogue **Lanceur de tâches de Works** et déroulez la famille des *Modèles définis par l'utilisateur*.

Sélectionnez celui qui vous intéresse et cliquez sur **OK**. L'icône placée devant le nom du modèle permet d'identifier le module concerné.

Les modèles dans l'onglet Assistants du Lanceur de tâches

Le module en question est ensuite ouvert et le modèle y est chargé comme nouveau document non enregistré. Il vous reste à compléter le modèle et à effectuer la saisie selon vos besoins.

Utiliser systématiquement un modèle

Au moment de la création d'un nouveau document dans un module de Works, il est possible de demander au programme de charger à chaque fois un modèle personnalisé précis. Il suffit pour cela de cocher l'option *Utiliser ce modèle pour les nouveaux documents du Traitement de texte*, dans la boîte de dialogue **Enregistrer comme modèle**.

Ceci a pour conséquence de forcer Works à recourir systématiquement à ce modèle pour toute création d'un nouveau document avec le module en question. Pour changer de modèle par défaut, il suffit de modifier le paragraphe dans la boîte de dialogue **Enregistrer comme modèle**.

Modifier un modèle

Commencez par définir le document devant servir de modèle. Appelez la commande **Enregistrer sous** et cliquez sur le bouton **Modèle**. Donnez un nom au modèle et cochez l'option *Utiliser ce modèle pour les nouveaux documents du Traitement de texte*, puis validez par OK.

Restaurer les modèles par défaut

Si vous souhaitez revenir aux modèles par défaut de Works, repassez dans la boîte de dialogue **Enregistrer comme modèle** et cliquez sur le bouton **Défaut >>**. La fenêtre s'étend vers le bas.

Les techniques générales de travail

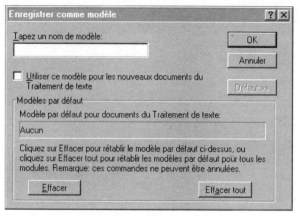

Restaurer les modèles par défaut

Activez **Effacer** si vous souhaitez simplement restaurer le modèle par défaut du module en cours, ou **Effacer tout** pour traiter à l'identique tous les modules de Works.

Renommer et supprimer un modèle

Les modèles personnalisés peuvent bien sûr être renommés et supprimés. Appelez pour cela la commande **Ouvrir** du menu **Fichier**. Allez dans le dossier *Template*, il s'agit d'un sous-dossier du dossier Msworks.

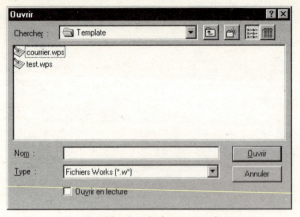

Les modèles dans le dossier Template

Sélectionnez le modèle requis d'un clic de souris. Pour en modifier le nom, cliquez sur le nom et éditez-le. Pour supprimer un modèle, sélectionnez le modèle et activez la commande **Supprimer** du menu contextuel. Rappelez-vous cependant qu'un modèle en cours d'utilisation ne peut être ni renommé ni supprimé.

2.8. Imprimer des documents

Le point final d'une session de travail est en principe matérialisé par une impression. Du côté logiciel, l'impression est prise en charge par le gestionnaire d'impression de Windows 95. Il s'agit d'un programme indépendant, livré avec Windows et chargé de piloter toutes les impressions des applications Windows.

Les techniques générales de travail

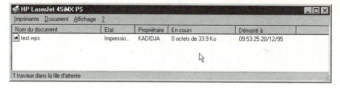

Le gestionnaire d'impression

Mais avant d'attaquer l'impression proprement dite, il y a quelques éléments à paramétrer.

Mise en page et numérotation

Vous définirez d'abord la zone de la feuille que vous souhaitez imprimer, le format de vos feuilles et l'orientation de cette impression. Pour régler ces points, appelez la commande **Mise en page** du menu **Fichier**. Cette boîte de dialogue dispose de trois onglets : **Marges, Source, taille & orientation** et **Autres options**. A l'ouverture de la boîte de dialogue, vous retrouverez toujours au premier plan le dernier onglet activé.

2 — Les techniques générales de travail

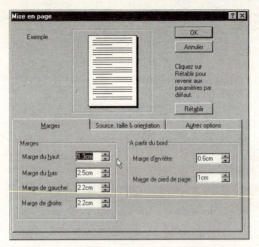

La boîte de dialogue Mise en page, onglet Marges

Du côté gauche de l'onglet, des champs de saisie permettent de définir les marges gauche, droite, haut et bas. Ces marges correspondent aux zones non imprimées de la feuille. Chaque champ contient des valeurs par défaut faisant référence à un format de page DIN A4. A droite, fixez les marges d'en-tête et de pied de page. Un clic sur le bouton Rétablir, dans le haut de la boîte de dialogue, permet de retrouver les marges par défaut de Works pour Windows 95.

REMARQUE *Le format de page s'applique toujours à l'ensemble du document. Il n'est pas possible de définir plusieurs mises en page pour un même document.*

Les techniques générales de travail **2**

Pour définir des marges personnalisées, tapez dans les champs concernés les valeurs requises. Si vous ne spécifiez pas d'unité de mesure, Works reprend l'unité définie dans la boîte de dialogue **Outils/Options**.

L'onglet Source, taille & orientation

Le second onglet de la boîte de dialogue Mise en page est **Source, taille & orientation**.

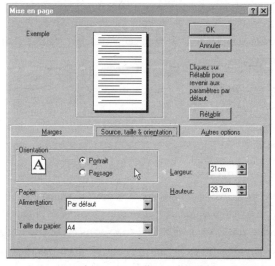

L'onglet Source, taille & orientation

En fonction de votre imprimante, vous pourrez y définir l'alimentation en papier du périphérique, en l'occurrence le bac à utiliser. Cliquez sur le bouton marqué d'une flèche pour découvrir les options disponibles sur votre modèle d'imprimante. Si vous optez par ce biais pour une alimentation manuelle, Works attendra avant l'impression de chaque page que l'utilisateur ait placé une feuille dans l'imprimante.

En ce qui concerne la taille du papier, Works propose un certain nombre de formats prédéfinis, sous forme d'une liste. Ces formats sont eux aussi fonction de votre modèle d'imprimante.

Le format par défaut de Works est DIN A4. Si vous optez pour un autre format prédéfini, vous constaterez que Works modifie les valeurs contenues dans les deux champs de saisie de droite, *Largeur* et *Hauteur*.

Papier en continu

Si vous utilisez du papier en continu, choisissez une longueur de 30,48 cm. En effet, le papier continu est composé de feuilles plus longues que la norme DIN A4.

Taille personnalisée

Comme vous l'avez certainement remarqué, dès que vous modifiez la valeur du champ *Hauteur*, le champ à liste *Taille du papier* affiche la mention *Taille personnalisée*. Il en va de même si vous sortez des normes pour la largeur de papier. Ces deux champs permettent de définir des formats personnalisés. La taille maximale est de 55,8 cm, en longueur et en largeur.

Les techniques générales de travail

Orientation

Ces deux options permettent d'intervertir longueur et largeur de la feuille. Si vous avez opté pour un format DIN A4 avec une orientation *Paysage*, le document n'aura plus 21 cm de large mais 29,7 cm. La longueur, elle, passe de 19,7 à 21 cm.

L'onglet Autres options

L'onglet **Autres options** permet de définir le numéro qui apparaîtra sur la première page du document. Cette option est particulièrement intéressante si un texte est composé de plusieurs documents.

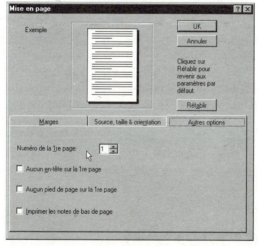

L'onglet Autres options des documents de traitement de texte

Notes de bas de page en fin de document

L'option *Imprimer les notes de bas de page* du traitement de texte a pour effet de désactiver l'option par défaut de Works, qui consiste à imprimer les notes en bas de page. Dans ce cas, les notes seront toutes rassemblées en fin de document.

Pour les tableaux ou les bases de données, vous trouverez à la place l'option *Imprimer le quadrillage*.

En-tête et pied de page

Le formatage de l'en-tête ou du pied de page dans le document est établi en fonction des marges ou du nombre de colonnes. Il s'applique à l'ensemble du document et se retrouve sur chaque page. La seule exception possible est la première page du document.

Dans la boîte de dialogue **Mise en page**, nous avons déjà parlé de ces deux champs. Ils servent à déterminer la distance entre le bord supérieur ou inférieur de la feuille et l'en-tête ou le pied de page.

REMARQUE *Si les marges d'en-tête ou de pied de page sont plus larges que la marge du haut ou du bas, Works les réduit automatiquement et reprend les valeurs de la marge du haut et du bas. En général l'en-tête et le pied de page ne contiennent pas plus d'une ou deux lignes.*

Aperçu avant impression

Avant de lancer l'impression définitive, pensez à la fonction d'aperçu avant impression de Works. Elle permet de visualiser à l'écran le résultat de ce que sera l'impression sur papier. Au besoin, vous

Les techniques générales de travail

pourrez encore modifier certaines mises en forme ou lancer l'impression par un bouton.

Pour activer cet aperçu avant impression, appelez la commande de même nom dans le menu **Fichier** ou faites un clic sur le bouton *Aperçu* de la barre d'outils. Il faut bien sûr qu'un fichier soit ouvert à l'écran. L'aperçu avant impression monopolise tout l'écran de Works.

Déplacements dans l'Aperçu avant impression

Une fois l'Aperçu ouvert, Works affiche l'ensemble de la page à partir de laquelle vous avez appelé la commande. Le numéro de la page est affiché en haut à droite. Par les boutons **Précédente** et **Suivante**, vous pourrez ainsi feuilleter toutes les pages composant votre document.

Si le zoom a été activé, vous vous déplacerez dans une page par la barre de défilement verticale placée à droite de l'écran.

Agrandissement et réduction

Les boutons Zoom avant et Zoom arrière servent respectivement à agrandir ou à réduire l'affichage du document. Un clic sur Zoom avant agrandit de 50 %, un autre clic de 100 %. Le bouton Zoom arrière ne devient actif qu'après un agrandissement. Un clic sur le bouton Imprimer referme l'Aperçu et déclenche l'impression directe.

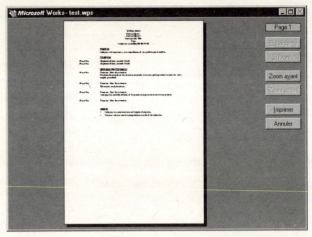

L'Aperçu avant impression

Options d'impression

Si vous ne souhaitez pas imprimer toutes les pages de votre document, ouvrez la boîte de dialogue Imprimer. Elle apparaît après activation de la commande **Fichier/Imprimer**. Vous pourrez par exemple y définir l'imprimante à utiliser, la qualité d'impression et l'étendue de l'impression.

Impression sélective

Si votre document comporte plusieurs pages, la boîte de dialogue **Imprimer** permet de choisir celles qui doivent être imprimées. Activez pour cela l'option *Pages* et indiquez la plage de pages à traiter.

Qualité brouillon

Cette option demande à Works d'imprimer le document le plus rapidement possible. En fonction de votre modèle d'imprimante, vous risquez cependant de subir des pertes au niveau de la qualité.

Copies

La valeur par défaut est de 1, ce qui correspond à une copie papier du document. Si vous souhaitez plusieurs exemplaires de ce document, modifiez cette valeur.

Propriétés de l'imprimante

La boîte de dialogue contient en haut à droite une zone *Imprimante* permettant de choisir le périphérique à employer grâce à une liste déroulante. Une fois le périphérique choisi, le bouton **Propriétés** vous servira à le configurer ou à modifier son paramétrage. Si vous n'avez installé qu'une seule imprimante sur votre machine, ce bouton ne présente pas d'intérêt.

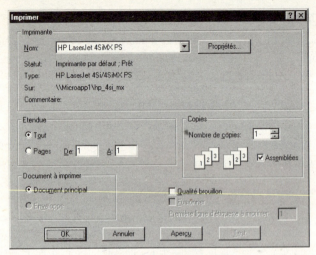

La boîte de dialogue Imprimer

2.9. Le carnet d'adresses

Dans chaque module de Works, vous disposez de la fonctionnalité **Carnet d'adresses**; Vous en trouverez l'icône dans la barre d'outils. Ce carnet d'adresses est fondé sur une base de données personnelle que vous avez choisie. Au premier appel du carnet, Works demande s'il doit ouvrir l'Assistant Carnet d'adresse.

La demande

Les techniques générales de travail

N'oubliez pas, sur la dernière boîte de dialogue de cet Assistant, d'activer l'option faisant du nouveau carnet le carnet d'adresses par défaut, avant de lancer la création du document.

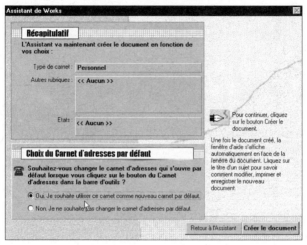

Cliquez ici pour définir le carnet d'adresses par défaut

Prendre une base de données existante comme carnet d'adresses par défaut

Pour déclarer une base de données existante en guise de carnet par défaut, appelez la commande **Outils/Options** et son onglet **Carnet d'adresses**.

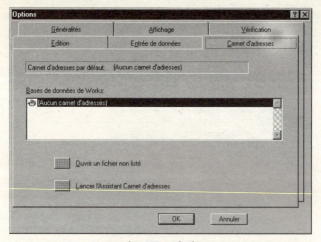

L'onglet Carnet d'adresses

Si la base requise est affichée dans la liste, cliquez dessus puis sur le bouton **OK**. Si elle n'est pas présentée dans la liste, cliquez sur le bouton **Ouvrir un fichier non listé**. Il ouvre une boîte de dialogue dans laquelle vous aurez l'occasion de localiser la base voulue.

Les techniques générales de travail **2**

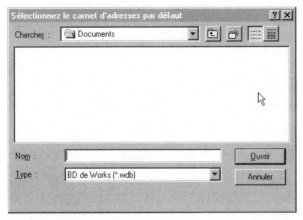

Recherche de la base de données pour le Carnet d'adresses par défaut

Lorsque le fichier est localisé, cliquez sur **Ouvrir** pour que le document soit repris dans la liste des bases de données. Cliquez ensuite dessus et sur le bouton **OK**.

2.10. Composer un numéro de téléphone

Cette commande ne présente d'intérêt que si vous disposez d'un modem compatible Hayes. Dans ce cas, Works est en mesure de composer les numéros à votre place.

Cette commande est intéressante si vos documents contiennent les numéros de téléphones de vos partenaires. Il suffit alors de sélectionner le numéro et d'appeler la commande **Composer ce numéro,** dans le menu **Outils** ou de cliquer sur le bouton correspondant de la barre d'outils. Le numéro en question devra être en tout point identique à celui que vous composez manuellement.

Faites en sorte que le bon procédé de numérotation, en général par impulsion, soit sélectionné dans **Outils/Options**. Si votre modem est trop lent à réagir et qu'il n'est pas en mesure de composer correctement le premier chiffre du numéro, placez simplement une virgule devant le numéro et intégrez-la dans la sélection. Cette virgule force le modem à effectuer une courte pause avant de composer la numérotation.

2.11. Envoyer des messages

Si vous travaillez avec Works en réseau, vous disposerez d'une fonction de messagerie électronique. La condition préalable est bien évidemment la connexion de votre machine à d'autres postes ou stations du réseau. Si cette condition est remplie, vous disposerez de la commande **Envoyer** du menu **Fichier**.

Envoyer des messages sous forme de document

Par défaut, Works envoie les messages sous forme de documents. Cela consiste à rédiger un bref texte de message dans lequel vous incorporerez le document sous forme d'icône. Le destinataire, après réception, pourra faire un double clic sur cette icône et ouvrira ainsi le document. Il doit cependant lui aussi disposer de Works. Après lancement de la commande **Envoyer**, vous verrez s'ouvrir la boîte de dialogue du programme Microsoft Exchange de Windows 95. L'icône s'y trouve déjà, il vous reste à compléter par quelques mots d'explication et à appeler la commande **Fichier/Envoyer**.

Les techniques générales de travail **2**

Envoyer un message sous forme de texte

Pour envoyer des messages sous forme de texte, vous devrez d'abord paramétrer cette fonction dans la boîte de dialogue **Outils/Options**. Le document à partir duquel vous appellerez la commande **Envoyer** se retrouve sous forme de texte dans la boîte de dialogue. Là encore, rajoutez un bref commentaire et lancez la commande **Envoyer** par le menu **Fichier** ou la barre d'outils.

2.12. Quitter Works

Lorsque vous en aurez fini avec Works pour Windows 95, n'ayez aucune crainte quant à la pérennité de vos informations. Comme vous le savez, seuls les éléments non enregistrés sur le disque dur ou la disquette sont perdus. C'est pourquoi Works vous demande, après appel de la commande **Quitter Works pour Windows** du menu **Fichier**, si vous souhaitez enregistrer les documents non encore sauvegardés.

Demande de confirmation avant de quitter Works pour Windows

La procédure de sortie

Parallèlement à la commande **Quitter Works pour Windows** du menu **Fichier**, vous pouvez également abandonner Works par un double clic sur la case de menu **Système** ou encore par la combinaison de touches **ALT + F4**. Quelle que soit la technique, la demande d'enregistrement vous sera systématiquement proposée.

Enregistrer l'espace de travail

Comme nous l'avons déjà évoqué précédemment, vous avez possibilité d'enregistrer l'espace de travail de la session en cours, donc l'ensemble des documents ouverts. Pour cela, activez l'option correspondante dans la boîte de dialogue **Outils/Options**, onglet **Affichage**. Dans ce cas, lors de la prochaine session, Works chargera exactement les mêmes documents que ceux ouverts au moment de cette fermeture.

3. Le traitement de texte

Un traitement de texte permet de créer toute sorte de texte : courriers, livres, formulaires, etc., et de les agencer à loisir. En-tête et pied de page, paragraphes avec retraits, tabulations, ou bordures, grand choix de polices et de styles, la panoplie des possibilités est vaste.

Mais le traitement de texte sait aussi collaborer avec une base de données pour la création de publipostages et d'étiquettes ou avec le tableur pour intégrer des diagrammes ou des graphiques de gestion. Tous ces éléments vous donnent peut-être le vertige, aussi allons-nous progresser pas à pas. Dans la première partie de ce chapitre, nous parlerons du traitement de texte proprement dit et aborderons les principes de base qui vous permettront de créer et de mettre en forme des documents simples. Puis nous aborderons les techniques avancées dans un second stade.

3.1. Création et mise en forme du texte

Si vous créez votre texte avec un traitement de texte au lieu d'une machine à écrire, vous avez certainement constaté une différence majeure : vous pouvez enfin vous concentrer sur le contenu du texte, et régler l'aspect "mise en forme" dans un deuxième stade. Ici, le terme "mise en forme" ne concerne pas seulement le formatage de l'écriture, il va jusqu'à la structure même du texte, le positionnement des paragraphes ou des sections, les titres et les notes de bas de page. Même après la saisie, vous pourrez à tout moment changer le format des pages, déplacer les sauts de page ou modifier la numérotation.

Vous découvrirez également comment créer en un tour de main un texte à partir de textes déjà existants.

La fenêtre de document de texte

Lancer le traitement de texte

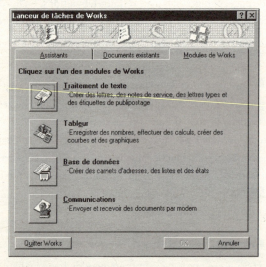

Pour créer un texte, il faut tout d'abord ouvrir une fenêtre de document de texte. Works 95 s'en charge automatiquement, lorsque, dans le Lanceur de tâches, vous cliquez sur le bouton **Traitement de texte** ou appuyez sur la touche **T**.

Le traitement de texte 3

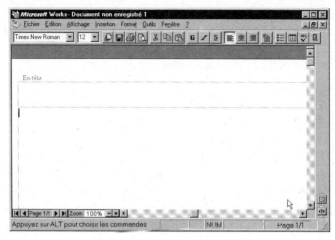

Une fenêtre de document de texte vide

Structure de l'écran

Cette structure n'a pas changé fondamentalement après la fermeture de la fenêtre du Lanceur de tâches. Works 95 s'est contenté de rajouter un certain nombre d'éléments. Il s'agit en l'occurrence de menus complémentaires dans la barre de menus. Ces menus contiennent toutes les commandes relevant du module de traitement de texte. Autre nouveauté, juste sous la barre des menus : la barre d'outils.

La barre d'outils standard du traitement de texte

Cette barre d'outils sert à mettre rapidement le texte en forme ou à déclencher les commandes les plus fréquentes du traitement de texte sans avoir à passer par les menus. Les fonctions telles que la vérification orthographique, le dictionnaire des synonymes, l'aperçu avant impression ou encore l'impression sont ainsi accessibles par la barre d'outils. Par Glisser-Déplacer, cette barre d'outils peut être personnalisée et ainsi s'adapter avec précision à vos propres besoins.

Fenêtre de travail

Dans la fenêtre, un espace de travail a été installé. Il est surmonté comme d'ordinaire par la barre de titre bleue des applications Windows 95, dotée des trois boutons à droite, de la case de menu Système à gauche et du texte *Document non enregistré 1*. C'est le titre par défaut que Works 95 donne à ses nouveaux documents texte. C'est dans cette fenêtre que vous allez saisir votre texte. Le chiffre 1 placé en fin du titre indique qu'il s'agit là du premier document texte créé au cours de la session Works 95 actuelle.

Sous la barre de titre, vous attend la règle, avec son origine à 0 et des subdivisions en centimètres. Notez qu'un centimètre représenté à l'écran n'a pas forcément un centimètre, tout dépend de l'affichage. Par contre, à l'impression, les centimètres de la règle correspondront bien à de véritables centimètres sur le papier.

La règle

La longueur visible de la règle dépend de plusieurs facteurs. Le premier est la résolution définie dans Windows 95 pour les programmes. Si vous avez opté pour 640x480, vous verrez une zone plus petite qu'en 800x600, à coefficient de zoom égal. Le second facteur est la taille de la fenêtre de document. Par défaut, Works 95 n'affecte pas l'intégralité de sa fenêtre aux fenêtres de document (ce serait le mode Plein écran). Faites un double clic sur la barre de titre de la fenêtre de document ou un clic simple sur la case d'agrandissement (le deuxième bouton, en partant de la droite) de cette fenêtre pour passer en plein écran.

Zone de texte

La fenêtre du traitement de texte peut être considérée comme une feuille de papier, sur laquelle vous allez écrire au stylo. Vous n'écrivez bien sûr pas en partant du bord gauche de la feuille jusqu'à l'extrême limite droite du papier : vous laissez de chaque côté une marge. Dans la règle, les triangles de gauche et de droite matérialisent la largeur de la zone de saisie du texte.

Si vous ne voyez pas de triangle à droite, c'est tout simplement que Works est paramétré de telle manière que la marge de droite se trouve en dehors de l'écran. Dans cette zone de saisie, vous allez pouvoir taper des caractères, Works 95 se chargeant d'éviter que ces caractères ne débordent la marge de droite.

Barres de défilement

A droite et au bas de la fenêtre de travail, vous trouverez des barres de défilement. Ces barres sont servies par la souris. Elles permettent de feuilleter un texte dépassant le cadre de l'écran et de déplacer la fenêtre de la zone de travail. Pour ce faire, cliquez sur les boutons marqués d'une flèche, cliquez directement dans la barre ou déplacez à l'aide de la souris le carré de position se déplaçant dans la barre.

La barre de défilement horizontale

Pour le moment, nous allons régler la fenêtre de travail pour que les carrés de position des barres de défilement soient en place tout en haut ou tout à gauche. Ainsi aurez-vous l'assurance d'être au début du document et de voir la barre d'insertion dans le coin supérieur gauche de la zone de saisie.

La barre de défilement horizontale, au bas de la fenêtre, contient un certain nombre de boutons à gauche. Ces boutons, dans de longs documents, permettent de feuilleter successivement les diverses pages. Ils sont marqués de triangles pointant à gauche ou à droite.

La barre de défilement horizontale, avec ses boutons

Activez le bouton marqué d'un triangle pointant vers la gauche pour revenir vers le début du document. Celui marqué d'un triangle simple revient à la page précédente, celui marqué d'un triangle et d'une barre verticale saute sur la première page. Les boutons marqués d'un triangle pointant vers la droite ont le même effet mais en sens inverse.

Le traitement de texte **3**

A l'inverse des déplacements par les barres de défilement, les déplacements par ces boutons marqués de triangles pointant vers la gauche ou la droite déplacent également la barre d'insertion.

Zoom

Cliquez sur les boutons marqués des signes + ou - pour agrandir ou réduire l'affichage. Le menu contextuel du bouton droit de la souris offre des options complémentaires. Vous les découvrirez en lisant le chapitre 2.

Le bouton de Zoom

La barre d'état

Tout en bas de l'écran de Works 95 se trouve la barre d'état. Elle présente des informations sur l'état du clavier ou sur les commandes et fonctions de Works 95.

La barre d'état

Tout à droite de la barre d'état, vous voyez affichés les mots *Page 1/1*, indiquant ainsi que vous êtes sur la première page d'un ensemble de deux pages.

NUM signifie que le pavé numérique de votre clavier est activé. RFP correspond au mode Refrappe, activé par la touche **INSER** du clavier.

Les paramètres de Works 95 pour le texte

Avant de commencer la saisie du texte, assurez-vous que le traitement de texte est bien paramétré selon vos besoins. Ouvrez le menu **Outils** et activez la commande **Options**.

Une boîte de dialogue s'ouvre, dotée de plusieurs onglets, dans lesquels vous attendent des groupes de paramètres.

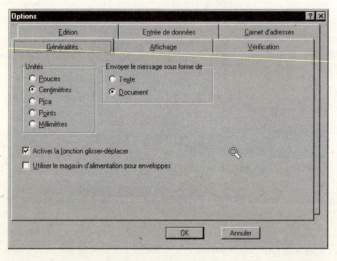

Les paramètres de Works 95 dans la boîte de dialogue Outils/Options, Onglet Généralités

Unités de mesure

Dans l'onglet **Généralités**, vous aurez à choisir les unités de mesure à employer. En principe, il s'agira des centimètres. Pour preuve, la règle de la fenêtre de traitement de texte est subdivisée en centimètres.

Dans certaines boîtes de dialogue, vous rencontrerez des unités de mesure différentes. Le *Point* est la seule unité que Works 95 utilise absolument en toute circonstance, c'est aussi la plus petite. En principe, Works 95 utilisera l'unité ainsi définie pour chaque saisie de valeur brute dans une boîte de dialogue, sans indication spécifique d'unité. Il existe cependant des exceptions, par exemple dans la boîte de dialogue du format de paragraphe. Si vous tapez une valeur dans le champ *Interligne*, sans préciser d'unité, Works 95 utilisera *li* (Ligne) comme unité.

Unité de mesure	Abréviation dans Works 95
Pouce	"
Centimètre	cm
Ligne	li
Point	pt
10 Pitch	p10
12 Pitch	p12

Activez l'édition par Glisser-Déplacer

Si vous désactivez cette option, vous n'aurez plus la possibilité de déplacer ou de copier des passages de texte ou des objets sélectionnés vers d'autres endroits du document ou même vers d'autres documents.

Utiliser le magasin d'alimentation pour enveloppes

Cette option n'est bien évidemment disponible que si votre imprimante est dotée d'un bac pour enveloppes. Si elle est grisée, c'est que votre imprimante ne supporte pas cette fonction.

Sélectionner un dictionnaire

Nous voici de retour aux options du traitement de texte, sur l'onglet **Vérification**. C'est là que vous choisirez le dictionnaire à employer pour la correction orthographique.

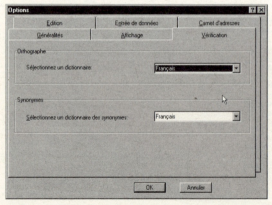

Sélectionnez le dictionnaire ainsi que le dictionnaire des synonymes

Le traitement de texte

Vous y choisirez également le dictionnaire des synonymes.

Afficher la barre d'état

Cette option vous attend dans l'onglet **Affichage**. Désactivez-la si vous souhaitez utiliser un espace de travail maximum. L'option *Aperçu des polices sur la barre d'outils* a pour effet de demander à Works 95 d'afficher le nom des polices dans la police en question, plutôt qu'une présentation uniforme. En ce qui concerne les autres options de l'onglet **Affichage**, vous en trouverez tous les détails au chapitre 2.

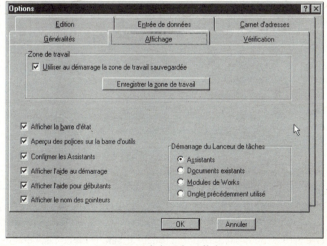

Les options de l'onglet Affichage

L'onglet Edition

Dans cet onglet, vous rencontrerez des options importantes en matière de traitement de texte.

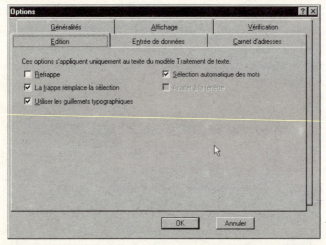

Les options de l'onglet Edition

Refrappe

Cette option a pour effet de remplacer le texte placé à la droite de la barre d'insertion par les caractères nouvellement saisis. Ceci ne concerne cependant pas les objets insérés. Cette option peut aussi être activée ou désactivée par la touche **INSER**. Dans ce cas, l'état de la fonction est affiché dans la barre d'état.

Exemple : vous constatez que les trois derniers mots que vous venez d'écrire ne vous conviennent pas. Déplacez le curseur devant le premier de ces trois mots, appuyez sur la touche **INSER** et saisissez une nouvelle formulation. L'ancienne est automatiquement remplacée. Si la nouvelle formulation contient moins de caractères que la première, la fin de la première reste en place. La suite de la saisie en viendra à bout.

> **REMARQUE** *Il est important de noter que le mode Refrappe ne reste actif que jusqu'à la ligne ou le paragraphe suivant et ceci en guise de protection des utilisateurs.*

La frappe remplace la sélection

Si vous activez cette option, la saisie de nouveaux caractères ou l'insertion d'un objet vient en remplacement de la sélection de caractères ou d'objet en place.

Exemple : vous avez mal orthographié un mot dans une phrase. Au lieu de le corriger, vous préférez le remplacer intégralement par un autre mot. Sélectionnez le mot erroné d'un double clic et tapez directement le nouveau mot. Le premier mot disparaît, remplacé par les caractères du second. A l'inverse du mode Refrappe, seule la sélection est éliminée.

Et pourquoi ne pas combiner le mode Refrappe et la frappe remplaçant la sélection ?

Sélection automatique des mots

Cette option est utile pour les sélections effectuées à l'aide de la souris.

Exemple : vous découvrez deux ou plusieurs mots dans votre texte que vous souhaitez sélectionner pour modifier leur mise en forme. Grâce à l'option *Sélection automatique des mots*, vous n'aurez pas à sélectionner avec exactitude tous les caractères de la chaîne de caractères à traiter. Il suffit de placer le curseur dans le premier mot et de tirer jusque dans le dernier.

Utiliser les guillemets typographiques

Works 95 connaît deux types de guillemets : les guillemets droits et les guillemets typographiques. A vous de décider ceux que vous utiliserez.

Ajuster à la fenêtre

Cette option a pour effet que Works 95 coupe les lignes de manière à adapter la largeur de ces lignes à celle de la fenêtre de document. Avantage : vous n'aurez pas à faire défiler le contenu de la fenêtre de travail dans le sens horizontal. Attention cependant, cette présentation à l'écran ne correspondra pas forcément au résultat imprimé. Par mesure de sécurité, passez par l'Aperçu avant impression avant de lancer l'impression.

Si vous validez ces options par **OK**, la boîte de dialogue des options se referme, vos choix deviennent actifs et le restent jusqu'à une prochaine modification.

Le traitement de texte 3

Les affichages du document de traitement de texte

Le menu **Affichage** du traitement de texte propose plusieurs commandes importantes pour le travail avec Works 95. Il est recommandé de passer par ce menu avant même de démarrer la saisie.

Le menu Affichage

Dans ce menu, les commandes actives sont marquées d'une coche. Notez que la commande **Zoom** est suivie de trois points de suspension : c'est le signe que cette commande ouvre une boîte de dialogue.

Normal

L'affichage *Normal* est une représentation WYSIWYG du document, c'est-à-dire que Works 95 affiche le texte tel qu'il sera imprimé. C'est le mode d'affichage recommandé pour la saisie, car le plus rapide.

L'affichage Normal

Si vous écrivez en plusieurs colonnes, ce mode Normal n'affichera cependant qu'une colonne unique et ne correspondra pas à la véritable présentation du texte.

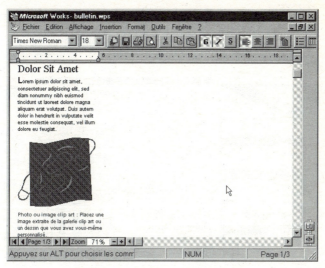

Colonnes multiples en affichage Normal

Le début d'une nouvelle page est matérialisé en affichage Normal par une double flèche pointant vers la droite », dans la marge gauche du document.

Page

En mode *Page*, le document est affiché tel qu'il sera imprimé. Vous distinguerez les différentes pages à l'arrière-plan du texte, si vous réduisez suffisamment l'affichage. En multicolonnage, les colonnes sont présentées les unes à côté des autres.

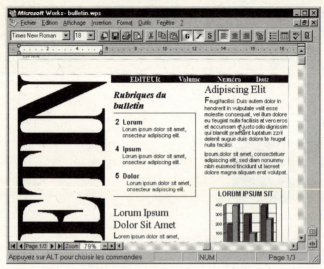

Les colonnes en affichage Page

Afficher la barre d'outils et la règle

Comme nous l'avons déjà signalé, la barre d'outils sert avant toute chose à faciliter les manipulations de texte à l'aide de la souris. Il en va de même de la règle : elle sert à positionner taquets de tabulation et retraits de paragraphe.

Barre d'outils et règle

Le traitement de texte **3**

Ne désactivez la barre d'outils et la règle que si vous êtes absolument certain de ne vouloir effectuer qu'une simple saisie de texte. Dans ce cas, la zone de travail s'en trouvera agrandie. La règle peut être affichée et masquée par le bouton ci-dessus.

ASTUCE *Espace de travail plus vaste*
*L'espace de travail est maximal si vous agrandissez en plein écran la fenêtre de Works 95 et celle du document, si dans l'onglet **Affichage** de la boîte de dialogue **Outils/Options** vous désactivez l'affichage de la barre d'état et si vous masquez la barre d'outils et la règle.*

Afficher tous les caractères

La commande suivante de ce menu **Affichage** permet d'afficher ou de masquer les caractères non-imprimables, par exemple les marques de tabulation, les sauts de paragraphe, les sauts de ligne, etc.

A vous de décider si ces caractères non-imprimables vous sont utiles pour la saisie ou non. Leur rôle est de faciliter votre orientation, surtout au moment de l'édition du texte.

En-tête et pied de page

Ces deux commandes affichent ces zones et y placent le curseur. Vous pourrez ainsi saisir le texte qui sera repris sur toutes les pages de votre document. En mode Normal, les deux zones sont affichées en haut du document, matérialisées par deux lignes marquées "E" (pour En-tête) et "P" (pour Pied de page) dans la marge. En mode Page, les deux zones sont placées là où elles apparaîtront à l'impression, en haut et en bas de la page. Dans ce cas, elles sont éditables sur n'importe quelle page, sachant qu'il n'y a qu'un en-tête et un pied de page possibles par document.

Notes de bas de page

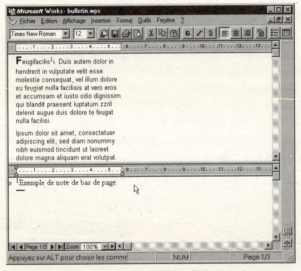

La fenêtre des notes de bas de page, affichée sous le texte

Nous aurons l'occasion de traiter en détail des notes de bas de page. Cette commande du menu **Affichage** n'a PAS pour effet d'insérer une note dans le document ! Pour ce faire, vous utiliserez la commande **Note de bas de page** du menu **Insertion**. La commande du menu **Affichage** sert seulement à ouvrir la zone dans laquelle ces notes viendront prendre place. Au moment de l'insertion effective d'une note, le curseur sautera dans cette zone et vous pourrez y saisir le texte de la note. L'intérêt essentiel de cette commande est de permettre l'affichage des notes en mode Page.

La fenêtre des notes de bas de page peut être redimensionnée par sa bordure supérieure ou supprimée par un double clic sur la barre de fractionnement, en haut du volet des notes de bas de page, au-dessus de la règle. Le même effet est obtenu en désactivant la commande **Notes de bas de page** dans le menu **Affichage**.

Zoom

La boîte de dialogue **Zoom** est présente dans les trois modules Traitement de texte, Tableur et Base de données de Works 95, mais pas dans le module Communication.

La boîte de dialogue Zoom

A noter que le coefficient de zoom défini ne s'applique qu'au document affiché. Le zoom peut aussi être manipulé par les boutons + et - dans le bas de la fenêtre de document. Le chapitre 2 vous donnera tous les détails du zoom.

Saisie du texte et correction

Assurez-vous de la fermeture de tous les menus déroulants en appuyant sur la touche **ECHAP**. C'est le moment de commencer la saisie dans l'espace de travail de la fenêtre de document. Chaque action au clavier est matérialisée par l'affichage d'un caractère à l'écran, hormis la barre d'espace, la touche de tabulation et la touche **ENTREE**. Ces touches sont représentées par des caractères non-imprimables que vous ne verrez que si vous avez activé la commande **Affichage/Tous les caractères**.

Le clavier

Pour la saisie, vous utiliserez le clavier comme s'il s'agissait d'une machine à écrire. Sans la touche **MAJ**, vous taperez toutes les minuscules et les caractères placés en bas à gauche des touches (si elles portent plusieurs caractères). Certaines portent également un symbole en bas à droite. Pour y accéder, vous utiliserez conjointement la touche **ALT** ou **CTRL** + **ALT**.

En enfonçant la touche **MAJ**, vous accéderez aux capitales et aux symboles placés en haut des touches. La touche au-dessus de la touche **MAJ** permet le verrouillage des majuscules, ayant pour effet d'écrire en continu en capitales.

Cet état vous sera indiqué par une diode sur le clavier et par la mention *MAJ* dans la barre d'état de Works 95.

Pour annuler cette fonction, activez-la une seconde fois. La barre d'espace, la longue barre placée tout en bas du clavier, permet de mettre en place des espaces. Ils sont représentés par un caractère non-imprimable ayant la forme d'un point.

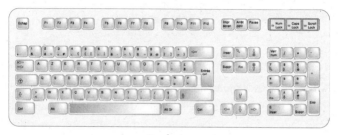

Le clavier

Saut de ligne automatique

La principale différence entre un traitement de texte et une machine à écrire se situe au niveau des sauts de lignes. Avec un ordinateur, vous n'utiliserez la touche **ENTREE** que pour commencer un nouveau paragraphe. Pour mettre en place un saut de ligne sans commencer de nouveau paragraphe, utilisez la combinaison **MAJ** + **ENTREE**.

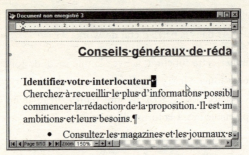

Saut de ligne au lieu de saut de paragraphe

Touches RETOUR ARRIERE et SUPPR

Si vous commettez une faute de frappe en cours de saisie, utilisez la touche RETOUR ARRIERE. Elle permet de supprimer le caractère placé à gauche du curseur . Si vous activez cette touche en même temps que la touche **CTRL**, la suppression concernera les caractères placés à droite du curseur. Le même effet est obtenu par la touche **SUPPR**.

Pavé numérique

Parallèlement au clavier alphanumérique, vous disposez également d'un pavé numérique. Pour accéder aux chiffres de 0 à 9 et à la virgule, n'oubliez pas d'activer ce clavier par la touche **NUM**. Vous reconnaîtrez l'activation de ce pavé numérique par la mention *NUM* dans la barre d'état de Works 95 et par une petite diode sur le clavier. Les touches des opérateurs, +, -, *, / ne sont pas concernées par l'activation du pavé numérique. Si le pavé numérique n'est pas activé, les touches numériques ont la même action que les touches flèches de direction, en l'occurrence déplacer le curseur dans le texte.

REMARQUE *Si le texte de l'exercice ne tient pas intégralement à l'écran malgré le mode Plein écran, activez l'option Ajuster à la fenêtre dans l'onglet Edition de la boîte de dialogue Outils/Options.*

Modifier un texte

Le curseur

En principe, toute insertion ou saisie de texte a lieu à l'emplacement du curseur (appelé aussi barre d'insertion). Lorsque vous commencez la saisie d'un nouveau texte, vous constaterez que ce curseur se déplace en fonction de l'avancement de votre saisie. A ce stade des opérations, il n'a aucun intérêt pour vous. Par contre, ce curseur prend tout son sens dès qu'il est question de corriger ou de modifier un texte saisi.

Modification ou édition

En fait, l'édition ou modification regroupe l'ensemble des opérations que nous allons appliquer au texte, à part la saisie de départ. Prenons l'exemple courant de la faute de frappe que vous n'avez pas détectée immédiatement. Vous avez écrit "Wörks" au lieu de "Works". Cette faute doit être corrigée.

Si vous avez remarqué l'erreur de suite et si le curseur est placé juste après le caractère à corriger, la solution est simple : activer la touche **RETOUR ARRIERE** pour effacer le caractère et taper le caractère correct.

Déplacer le curseur

Mais dans notre cas d'espèce, la situation est différente. Nous n'avons pas remarqué la faute, le curseur est déjà beaucoup plus loin. Plutôt que de supprimer tous les caractères jusqu'à la faute, nous allons déplacer ce curseur. Plusieurs solutions sont proposées :

...Avec la souris

Déplacez la souris, positionnez le pointeur, qui a pris la forme d'une barre verticale, à droite du caractère à corriger et cliquez. Vous venez de positionner le curseur à l'endroit voulu et pouvez maintenant appuyer sur **RETOUR ARRIERE** et taper le caractère correct.

Il est également possible de placer la barre d'insertion à gauche du caractère erroné et d'appuyer sur la touche **SUPPR**.

La touche **SUPPR** a la même action que la commande **Supprimer** du menu **Edition**. Il est possible de placer cette commande dans la barre d'outils sous la forme d'un bouton.

Vue d'ensemble de l'édition de texte

Supprimer des caractères

- Placer le curseur à gauche du caractère et appuyer sur **SUPPR**.
- Placer le curseur à droite du caractère et appuyer sur **RETOUR ARRIERE**.
- Placer le curseur à gauche du caractère et appeler la commande **Supprimer** du menu **Edition**.

Insérer de nouveaux caractères
➤ Placer le curseur à l'endroit de l'insertion et taper les caractères.

Refrappe

Autre possibilité de correction : le mode Refrappe. Ce mode est activé et désactivé par la touche **INSER** ou par l'option correspondante de l'onglet **Edition** de la boîte de dialogue **Outils/Options**. Par mesure de sécurité, ce mode est indiqué dans la barre d'état, par la mention *RFP*. A l'inverse de l'option *La frappe remplace la sélection*, le mode Refrappe remplace tous les caractères placés à droite du curseur par les nouveaux caractères saisis. Soyez prudent avec le mode Refrappe.

Vue d'ensemble de la Refrappe

Remplacer un caractère, un mot, une phrase ou un paragraphe

➤ Activer l'option *La frappe remplace la sélection*, puis sélectionner le caractère, le mot, la phrase ou le paragraphe et taper la chaîne de remplacement.

Supprimer un mot, une phrase ou un paragraphe

➤ Sélectionner la chaîne à supprimer et appuyer sur **SUPPR**.

➤ Sélectionner la chaîne à supprimer et appeler la commande **Supprimer** du menu **Edition**.

Sélection

Si une sélection est en place, vous le remarquerez par sa présentation en vidéo inverse, caractères blancs sur fond noir. Il peut s'agir d'un caractère individuel, d'un mot, d'une phrase, d'un paragraphe, voire de l'ensemble du document. Cette sélection indique à Works 95 à quoi doit s'appliquer la commande que vous allez déclencher. Mais comment effectuer une sélection ?

Sélection avec la souris

La sélection avec la souris est une technique toute simple. Admettons que vous souhaitiez supprimer ou remplacer un mot. Placez le pointeur dans le mot en question et faites un double clic. Le mot est entièrement sélectionné et vous pouvez désormais le supprimer par la touche **SUPPR** ou, si vous avez activé l'option *La frappe remplace la sélection*, le remplacer par une autre saisie.

ASTUCE *La souris permet aussi d'effectuer une sélection en surlignant le texte tout en maintenant le bouton de la souris enfoncé. En avançant lentement, vous sélectionnerez caractère par caractère, en allant plus vite vous sélectionnerez des lignes complètes ou des paragraphes entiers. La sélection s'étend toujours à partir de la position de départ jusqu'au moment où le bouton de la souris est relâché. Si le point de départ était un mot sélectionné d'un double clic, la sélection progressera mot à mot.*

Sélection automatique de mots

Si l'option *Sélection automatique des mots* est activée dans l'onglet **Edition** de la boîte de dialogue **Outils/Options**, il n'est pas nécessaire de commencer la sélection à la souris par le premier caractère du premier mot. Il suffit de cliquer n'importe où dans ce mot. Il sera automatiquement intégré dans la sélection. Il en va de même du dernier mot de la sélection.

Pour sélectionner une ligne complète, la solution la plus simple est de cliquer dans la marge de gauche, en face de cette ligne. Si vous gardez le bouton de la souris enfoncé et si vous tirez vers le bas ou le haut, la sélection s'étend aux lignes adjacentes.

Sélection d'un paragraphe

Un double clic dans la marge de gauche a pour effet de sélectionner l'ensemble du paragraphe. Si vous gardez le bouton de la souris enfoncé et si vous tirez vers le bas ou le haut, la sélection s'étend aux paragraphes adjacents.

Avec la touche MAJ et la souris

Si vous enfoncez la touche **MAJ** puis faites un clic avec la souris, la sélection initiale est étendue jusqu'à l'endroit du clic. Pour faire une sélection allant du troisième caractère de la cinquième ligne jusqu'à l'avant dernier caractère de la huitième ligne, placez le curseur à gauche du premier caractère de la future sélection. Enfoncez **MAJ** et faites un clic derrière le dernier caractère de la sélection. Tout ce qui se trouve entre les deux est pris dans la sélection.

Modifier une sélection

Aussi longtemps que vous maintenez enfoncée la touche **MAJ**, vous pouvez modifier la sélection en l'étendant ou en la réduisant. Cette méthode fonctionne également en marche arrière, donc de la fin de la sélection vers le début. Si vous cliquez dans la marge de gauche en maintenant la touche **MAJ** enfoncée, la sélection sera étendue jusqu'à hauteur de la ligne face au clic.

Annulation d'une sélection

Pour annuler une sélection, faites un simple clic à un endroit quelconque de la zone de saisie. S'il s'agit d'une partie du texte, le curseur sera placé à l'endroit de ce clic.

...Avec CTRL + Souris

Avec **CTRL** + clic de souris dans le texte, vous sélectionnerez une phrase complète. Pour Works 95, une phrase est constituée de tous les caractères placés entre deux points. Si le programme ne trouve pas de point, par exemple pour un titre, il considère comme phrase tous les caractères entre deux marques de paragraphe ou deux sauts de ligne. Si vous enfoncez **CTRL**, maintenez en même temps le bouton de la souris enfoncé et déplacez la souris, la sélection est étendue phrase par phrase. Si vous cliquez dans la marge de gauche en enfonçant la touche **CTRL**, vous sélectionnerez tout le texte du document. Cette action correspond à la commande **Sélectionner tout** du menu **Edition**.

Le traitement de texte

Vue d'ensemble : sélection avec la souris

Sélectionner un mot
➤ Placer le pointeur sur le mot et faire un double clic.

Sélectionner une ligne
➤ Placer le pointeur dans la marge de gauche, devant la ligne et faire un clic.

Sélectionner un paragraphe
➤ Placer le pointeur dans la marge de gauche, devant le paragraphe et faire un double clic.

Sélectionner une zone de texte
➤ Placer le curseur au début de la zone à sélectionner, enfoncer et maintenir le bouton gauche de la souris. Surligner le passage jusqu'à la fin de la chaîne. Relâcher le bouton de la souris.

Sélectionner tout le texte
➤ Enfoncer la touche **CTRL** et cliquer dans la marge de gauche.

...Avec F8 + souris

Une autre possibilité de sélection est la combinaison de la touche **F8** et de la souris. La touche **F8** active le mode Extension. Dans ce mode, Works 95 attend de votre part la sélection d'une zone de texte. Le mode Extension est indiqué dans la barre d'état par la mention *EXT*. Ce mode est désactivé dès que vous tapez un caractère au clavier. Si vous faites appel à la souris ou aux touches de direction durant le mode Extension, la zone de texte concernée est sélectionnée.

Commençons par la souris : Si **F8** est activé, la sélection s'étendra depuis l'emplacement du curseur jusqu'à l'endroit de votre prochain clic. Vous pouvez librement poursuivre vos clics pour étendre ou réduire la sélection. Si vous enfoncez la touche **CTRL** pendant les clics, ces modifications se feront phrase par phrase. Pour annuler le mode Extension, appuyez sur la touche **ECHAP**.

...Avec F8 + touches de direction

Si la touche **F8** est activée, vous pourrez utiliser toutes les touches servant au déplacement du curseur, en l'occurrence les touches ←, →, ↓, ↑, **Origine**, **Fin**, **PgSuiv** et **PgPréc**. Toutes ces touches gardent leur fonction initiale, sauf qu'elles agissent également sur la taille de la sélection. La touche **CTRL** peut aussi être employée dans ces circonstances. Si vous souhaitez sélectionner le passage allant de la position active du curseur jusqu'à la fin de la ligne, appuyez sur la touche **F8** puis sur la touche **Fin**. Pour une sélection depuis la position du curseur jusqu'à la fin du fichier, appuyez sur **F8** puis sur **CTRL + Fin**.

...Uniquement avec F8

La touche **F8** a aussi une autre fonction bien pratique : si vous appuyez une fois sur la touche, rien n'est sélectionné. Si vous appuyez une seconde fois, l'ensemble du mot où se trouve le curseur est sélectionné.

Le traitement de texte

A la troisième activation de **F8**, c'est toute la phrase qui est sélectionnée, la quatrième sélectionne le paragraphe et la cinquième sélectionne tout le texte du document (identique à **Edition/Sélectionner tout**).

ASTUCE *Annuler l'extension*
Si vous avez étendu une sélection en appuyant plusieurs fois sur **F8**, *vous avez possibilité de revenir sur vos pas en appuyant sur* **MAJ** + **F8**.

Vue d'ensemble : sélection de texte au clavier

Activation de la fonction Extension

➤ Appuyer sur **F8**. Chaque déplacement du curseur étend la sélection.

Sélection d'un mot

➤ Placer le curseur dans le mot et appuyer deux fois sur **F8**.

➤ Placer le curseur en début de mot par **CTRL** + → ou **CTRL** + →, puis sélection du mot par **CTRL** + **MAJ** + →.

Sélection d'une phrase

➤ Placer le curseur dans la phrase et appuyer trois fois sur **F8**.

Sélection d'un paragraphe

➤ Placer le curseur dans la phrase et appuyer quatre fois sur **F8**.

➤ Placer le curseur en début de paragraphe par CTRL + ←
ou CTRL + ←, puis sélection du paragraphe par CTRL + MAJ + ↓.

Sélection de tout le texte

➤ Appuyer 5 fois sur **F8**.

➤ Appeler la commande **Sélectionner tout** du menu **Edition**.

➤ Placer le curseur en début de texte par **CTRL + Origine** puis sélection par **CTRL + MAJ + Fin**.

Désactiver la fonction Extension

➤ Appuyer sur la touche **ECHAP**.

Annuler sélection

➤ Désactiver la fonction Extension, puis activer une touche de direction.

Couper, Copier, Coller

Pour le moment, nous n'avons évoqué la suppression de caractères ou d'un passage de texte que sous l'angle d'une correction. Avec la touche **RETOUR ARRIERE**, vous pouvez supprimer individuellement les caractères placés à gauche du curseur ou une sélection. Avec **SUPPR**, la suppression concerne les caractères placés à droite du curseur ou une sélection.

Le traitement de texte **3**

Annuler

Si vous avez supprimé une chaîne de caractères par mégarde ou si vous changez d'avis, vous pourrez annuler l'opération par la commande **Annuler** du menu **Edition**. Mais attention, ceci n'est valable que si vous n'avez appelé aucune fonction ou commande depuis la suppression. Le texte supprimé est remis en place.

Une autre possibilité pour récupérer le texte consiste à utiliser la commande **Couper** du menu **Edition**, ou la combinaison de touches **CTRL + X**. ou encore le bouton correspondant de la barre d'outils.

Copier un document dans le Presse-papiers

La sélection que vous avez effectuée dans le document est supprimée du document, mais une copie est placée dans le Presse-papiers. Elle y restera aussi longtemps que vous ne rappellerez pas la commande **Couper** ou **Copier**. Cette fonction est intéressante si vous vous apercevez, lors de la vérification de votre texte, qu'un paragraphe est devenu inutile, tout en sachant que vous pourrez le réutiliser quelques pages plus loin. Il suffit alors de sélectionner ce passage, de le couper par la commande de menu, le bouton correspondant de la barre d'outils ou la combinaison de touches **CTRL + X**.

Sélectionnez par exemple la première phrase de notre texte d'exercice. Le plus simple est de faire un **MAJ** + clic dans la phrase, après y avoir placé le curseur. Cliquez ensuite sur le bouton de la barre d'outils marqué d'une paire de ciseaux. Déplacez le curseur à la fin du document (par **CTRL + Fin**, par exemple).

Coller le contenu du Presse-papiers

Pour coller le contenu du Presse-papiers, cliquez sur le bouton *Coller* de la barre d'outils, appelez la commande de même nom du menu Edition ou activez **CTRL + V**.

Si vous souhaitez connaître le contenu du Presse-papiers, il vous faudra repasser à Windows et appeler le programme Gestionnaire de Presse-papiers. Ce contenu peut être collé aussi souvent que nécessaire.

Copier dans le Presse-papiers

Comme le nom le laisse entrevoir, si vous utilisez la fonction **Copier** à la place de **Couper**, la sélection initiale reste en place dans le document et une copie est déposée dans le Presse-papiers.

Cette commande **Copier** se trouve également dans le menu **Edition** et sous forme de bouton de la barre d'outils standard. La combinaison de touches correspondante est **CTRL + C**. Pour le reste, les manipulations sont identiques à la fonction **Couper**.

Comme vous vous en doutez, vous pourrez coller l'élément copié par la commande **Coller** du menu **Edition**, le bouton *Coller* de la barre d'outils standard ou la combinaison **CTRL + V**.

La fonction **Copier** est intéressante si vous avez à faire plusieurs saisies identiques de texte complexe. Les fonctions **Copier** et **Coller** peuvent aussi être appliquées à des objets intégrés dans vos documents.

Résumé Copier/Couper

La commande **Couper** sera utilisée pour supprimer la sélection ou l'objet du texte, si vous n'êtes pas certain de ne plus en avoir besoin, que ce soit dans le même document, dans un autre document Works 95 ou même dans une autre application Windows.

Il en va de même pour **Copier**, sauf que la sélection ou l'objet source reste en place dans le document. C'est simplement un moyen d'échanger ou de transporter cette sélection ou cet objet vers une autre destination. Rappelez-vous cependant qu'une nouvelle opération **Copier** ou **Couper** remplace le contenu du Presse-papiers par la nouvelle sélection. Cela dit, vous pouvez parfaitement activer le Presse-papiers et en enregistrer le contenu dans un fichier.

Vue d'ensemble : Copier

Copier du texte

- ➤ Sélectionner le texte
- ➤ Appeler la commande **Copier** du menu **Edition**, ou activer **CTRL + C**.
- ➤ Déplacer le curseur à l'endroit où le texte copié doit être inséré.
- ➤ Insérer le texte par **Edition/Coller** ou **CTRL + V**.

Formater

La procédure de mise en forme du texte est appelée le formatage. C'est également un facteur important de différence avec l'ancienne machine à écrire.

Pour souligner un mot, vous tapez le mot puis le complétez par les traits de soulignement. Dans un traitement de texte, cette technique n'est pas applicable. La saisie ne se compose que de caractères individuels, alignés les uns à côté des autres. Le caractère de soulignement est lui-même un de ces caractères. Les changements de présentation, dont fait partie le soulignement des caractères, seront appliqués au texte par l'intermédiaire d'attributs de formatage.

Le caractère

La mise en forme des caractères permet de choisir la police, la taille et le style (gras, italique, souligné, etc.).

La plupart des formats de caractères sont appliqués à l'aide de la souris et de la barre d'outils. Dans la boîte de dialogue **Police et style de caractère** du menu **Format**, vous disposerez de l'ensemble des attributs de formatage de caractères. La première des choses pour mettre en forme une chaîne de caractères est de la sélectionner. Si rien n'est sélectionné et si vous modifiez les attributs de caractères, la commande n'aura absolument aucun effet.

Comme exemple, vous allez mettre en place un titre au début du texte, en le formatant en gras et souligné. Déplacez le curseur au début du texte d'un clic de souris ou par **CTRL** + **Origine**. Tapez le texte du titre et appuyez sur la touche **ENTREE**. Cette touche fait du titre un paragraphe à part entière.

 Sélectionnez ce paragraphe de titre. Cliquez sur le bouton *Gras* de la barre d'outils, puis sur le bouton *Souligné*. Cliquez ensuite sous la sélection pour l'annuler.

Police et taille dans la barre d'outils

Il se peut que la police et la taille des caractères du titre ne vous conviennent pas. Pas de problème, nous allons y remédier en un tour de main, à l'aide de la barre d'outils. Sélectionnez à nouveau le titre, puis cliquez sur le bouton marqué d'une flèche, à droite de la zone des polices. Une liste se déroule, présentant l'ensemble des polices disponibles sur votre système. Faites votre choix d'un clic de souris.

Gardez la sélection en place et modifiez la taille des caractères en cliquant sur le bouton marqué d'une flèche, à côté de la zone des tailles. Là encore, une liste s'ouvre, présentant les diverses tailles possibles. Faites un clic sur la taille voulue.

Police et taille dans une boîte de dialogue

Dans la boîte de dialogue **Police et style de caractères**, tous les attributs de caractères sont rassemblés. Elle est subdivisée en plusieurs thèmes que vous combinerez à loisir.

En haut à gauche sont listées les polices disponibles, telles que vous les connaissez déjà de la barre d'outils. Déplacez-vous dans cette liste par le biais des touches flèches de direction. Si vous sélectionnez une des polices, vous en verrez, à droite, les tailles disponibles, exprimées en points. Dans cette zone, vous pourrez aussi vous déplacer à l'aide des touches de direction. Si vous placez le curseur dans la zone de police ou de taille, vous pourrez même y saisir une valeur au clavier.

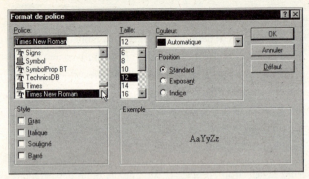

La boîte de dialogue Format de police

Position

Cette zone permet de jouer de la position des caractères ou des mots par rapport à la ligne de base du texte. C'est ici que vous opterez pour les positions *Exposant* (par exemple M^2) ou *Indice* (par exemple H_2O). Fermez la boîte de dialogue par un clic sur **OK**.

Le paragraphe

Le formatage de paragraphe est lié à la commande **Paragraphe** du menu **Format**. Cette mise en forme peut aussi se faire en partie par les boutons de la barre d'outils, particulièrement en ce qui concerne l'alignement et les retraits à gauche. Par paragraphe, Works 95 comprend tout ce qui se trouve placé entre deux marques de paragraphes.

Le concept de paragraphe

Au début du corps du texte, vous ne trouverez bien évidemment pas de marque de paragraphe, mais c'est là la seule exception à la règle. Grâce aux caractères non-imprimables, vous verrez parfaitement les sauts de paragraphes.

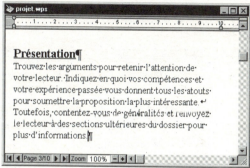

Exemple présentant 3 blocs de texte, mais ne formant que deux paragraphes

Le formatage des paragraphes permet de jouer des espaces autour du paragraphe, de l'espace entre les lignes et de l'alignement de ce paragraphe (gauche, justifié, etc.).

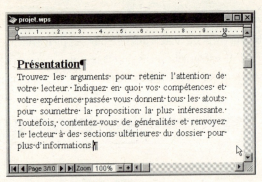

Paragraphe justifié

Pour formater un paragraphe, vous commencerez d'abord par placer le curseur dans le paragraphe à traiter. Les effets du formatage s'appliqueront à l'ensemble du paragraphe.

Alignement

L'alignement compte parmi les attributs importants d'un paragraphe. Un paragraphe peut être aligné à gauche, à droite, centré ou justifié. Pour les trois premières options, vous trouverez des boutons correspondants dans la barre d'outils.

Commencez par définir un alignement à droite pour le paragraphe du texte d'exercice. Pensez à placer d'abord le curseur dans ce paragraphe, puis cliquez sur le bouton d'alignement à droite de la barre d'outils. Toutes les lignes viennent se coller le long de la marge de droite.

Essayez ensuite les deux autres boutons d'alignement. Si vous optez pour un alignement centré, chaque ligne sera centrée entre la marge de gauche et de droite. L'alignement à gauche est celui activé par défaut dans Works 95.

Retraits

Les retraits servent à mettre un espace entre le texte et la marge de gauche ou de droite. Ces retraits sont possibles à gauche, à droite ou des deux côtés.

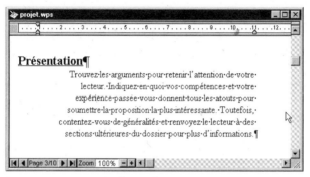

Paragraphe aligné à droite, avec un retrait

Paragraphes présentés sous forme de listes à puces

Pour créer une liste de ce type, vous disposez d'un bouton spécifique dans la barre d'outils. Ce bouton a pour effet de mettre en place un retrait à gauche de la valeur d'une tabulation et de faire précéder le paragraphe d'un symbole (ou puce). En voici un exemple :

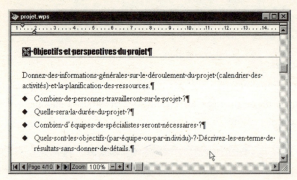

Liste à puces

Retraits par la souris

Si vous avez affiché la règle, donc si la commande **Règle** du menu **Affichage** est cochée, vous avez également la possibilité de créer des retraits de paragraphe à l'aide de la souris. A cet effet, la règle dispose, à gauche et à droite, de petits triangles matérialisant par défaut les marges. Ces triangles peuvent être déplacés par la souris.

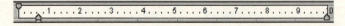

La règle avec les triangles de définition des retraits

Celui de droite est d'un seul tenant. Vous pourrez le déplacer vers la gauche pour créer un retrait à droite pour le ou les paragraphes sélectionnés. Bien sûr, le déplacement vers la droite est limité par la position de la marge de droite.

Le traitement de texte

A gauche, vous trouverez deux triangles distincts. Si vous déplacez celui du bas, le déplacement affectera en fait les deux triangles et créera un retrait à gauche du paragraphe.

Les triangles de définition des retraits

Si vous ne déplacez que le triangle du haut, sur le côté gauche, le retrait ne concernera que la première ligne du paragraphe. Si le triangle du bas est en position 0 sur la règle, celui du haut ne peut être déplacé que vers la droite. Par contre, si le triangle du bas a été déplacé vers la droite, celui du haut pourra être déplacé vers la gauche, créant ainsi ce qu'on appelle un retrait de première ligne négatif.

3.2. Autres possibilités d'édition de texte

La mise en page

La mise en page consiste d'abord à définir la zone de la feuille que vous souhaitez imprimer. Ceci est réalisé en indiquant à Works 95 le format du papier utilisé, en fixant son orientation, puis en définissant les marges. Pour cela, appelez la commande **Mise en page** du menu **Fichier**.

Cette boîte de dialogue se compose de trois onglets : **Marges**, **Source, taille & orientation** et **Autres options**. A l'ouverture de la boîte de dialogue, vous retrouverez toujours le dernier onglet activé au premier plan.

Les marges

Du côté gauche de l'onglet, des champs de saisie affichent les marges par défaut du document, en haut, en bas, à gauche et à droite. Ces marges correspondent aux zones qui ne seront pas imprimées.

Chaque champ contient des valeurs par défaut fondées sur une feuille au format DIN A4. Si vous cliquez sur **Rétablir**, ces valeurs par défaut sont remises en place après une modification.

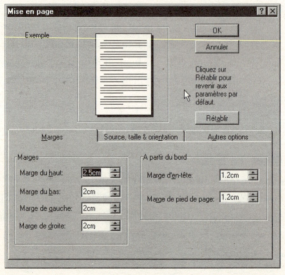

L'onglet Marges

REMARQUE *La mise en page concerne l'ensemble du document. Il n'est pas possible de définir plusieurs mises en pages dans un même document.*

Le traitement de texte

Les marges que vous définirez ne dépendent pas seulement de l'espace que vous souhaitez imprimer sur la feuille de papier. Si vous mettez en place des retraits de paragraphes, ceux-ci seront calculés à partir des marges. De même, les tabulations sont calculées à partir des marges. N'oubliez pas que la position 0 de la règle correspond en fait à la marge de gauche.

Espace de travail

La zone effective de saisie du texte, le véritable espace de travail est défini de manière fixe pour bon nombre de documents. Ainsi, si vous avez à rédiger un document de thèse, il y a fort à parier que vous devrez respecter des marges impératives. Il en va de même pour certains courriers, les Curriculum Vitae, et autres documents. C'est dans cette boîte de dialogue **Mise en page** que vous fixerez ces marges.

Procédure

Pour définir des marges différentes des valeurs par défaut, ouvrez la boîte de dialogue **Mise en page** par la commande de même nom du menu **Fichier** et activez l'onglet **Marges**. Indiquez les valeurs requises dans les quatre champs de marge.

Source, taille et orientation

Le second onglet de cette boîte de dialogue sert à définir les paragraphes d'alimentation en papier et d'orientation des feuilles.

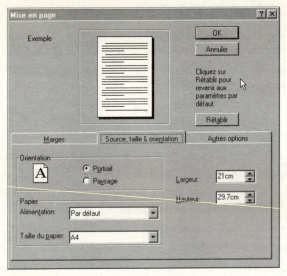

Source, taille & orientation

Alimentation

En fonction de l'imprimante connectée à votre PC, diverses solutions vous seront offertes. L'alimentation permet de choisir le bac à partir duquel seront prises les feuilles de papier. Cliquez sur le bouton marqué d'une flèche pour visualiser les options proposées et faire votre choix. Vous y trouverez en standard la mention *Par défaut*. Si vous optez pour une alimentation manuelle, Works 95 attendra pour l'impression de chaque feuille que vous ayez placé une nouvelle page dans le périphérique. Pour bien maîtriser ces options, il vous faudra peut-être recourir au manuel de l'imprimante.

Taille du papier

En matière de taille, Works 95 propose au départ un certain nombre de formats normalisés et prédéfinis. Là encore, les options dépendent du modèle de votre imprimante.

Papier en continu

Si vous utilisez du papier en continu, choisissez une longueur de 30,48 cm. En effet, le papier continu est composé de feuilles plus longues que la norme DIN A4.

Taille personnalisée

Comme vous l'avez certainement remarqué, dès que vous modifiez la valeur du champ *Hauteur*, le champ à liste *Taille du papier* affiche la mention **Taille personnalisée**. Il en va de même si vous sortez des normes pour la largeur de papier. Ces deux champs permettent de définir des formats personnalisés. La taille maximale est de 55,8 cm, en longueur et en largeur.

Orientation

Ces deux options permettent d'intervertir longueur et largeur de la feuille. Si vous avez opté pour un format DIN A4 avec une orientation Paysage, le document ne sera plus large de 21 cm mais de 29,7 cm. La longueur, elle, passe de 19,7 à 21 cm.

L'onglet Autres options

L'onglet **Autres options** permet tout d'abord de définir le numéro qui apparaîtra sur la première page du document. Cette option est particulièrement intéressante si un texte se compose de plusieurs documents.

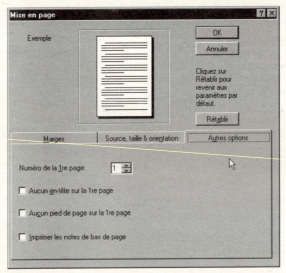

L'onglet Autres options

Notes de bas de page en fin de document

L'option *Imprimer les notes de bas de page* a pour effet de désactiver l'option par défaut de Works 95, qui consiste à imprimer les notes en bas de page. Dans ce cas, les notes seront toutes rassemblées en fin de document.

Pour les tableaux ou les bases de données, vous trouverez à la place l'option *Imprimer le quadrillage*.

REMARQUE *Toutes les options que vous activerez dans la boîte de dialogue* **Mise en page** *ne concernent que le document actif. Ces informations sont enregistrées par Works 95 dans le document lui même. Lorsque vous rechargez le document ultérieurement, vous retrouverez tous vos paragraphes en l'état, tels que vous les aviez définis.*

Par contre, si vous créez un nouveau document de texte, Works 95 reprend l'ensemble de ses paragraphes par défaut.

Vue d'ensemble : Format du papier

Marges de gauche et de droite

➤ Ces marges déterminent les bandes, à gauche et à droite du texte, qui ne seront pas imprimées.

Marges du haut et du bas

➤ Ces deux marges ne sont en principe pas occupées par le texte normal. Vous y retrouverez les lignes d'en-tête et de pied de page.

Marges d'en-tête et de pied de page

➤ Définissent à quel endroit commence l'en-tête et où se termine le pied de page.

Numéro de première page (valeur entière)

➤ Vous indiquerez ici le numéro que devra porter la première page du document. Il est également possible d'indiquer des valeurs négatives.

Sauts de page

Le format de page permet le calcul de l'espace disponible pour le texte et les objets placés sur la page. Lorsque vous arriverez au bas d'une page en cours de saisie, vous constaterez que Works 95 passe automatiquement à la page suivante. Selon le mode d'affichage utilisé, vous remarquerez ce saut de page par un chevron » dans la marge de gauche en mode Normal ou par le changement de page en mode Page.

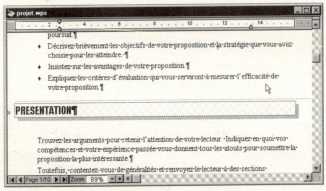

Saut de page en mode Page

Saut de page manuel

Pour ce faire, appelez la commande **Saut de page** du menu **Insertion** ou cliquez sur le bouton correspondant de la barre d'outils. Works 95 intègre un saut de page à l'emplacement du curseur, matérialisé par un trait en pointillé.

Affichages du texte

Le menu **Affichage** propose deux types d'affichage pour le document : *Normal* et *Page*. Ces deux modes sont activés d'un clic sur la commande correspondante. Une nouvelle activation de l'autre commande désactive la première.

Vous disposerez également de boutons que vous pourrez positionner dans la barre d'outils. Il existe même un bouton pour l'adaptation du texte à la fenêtre.

Les boutons pour l'affichage Normal et Page et l'adaptation du texte à la fenêtre.

Affichage Normal

Il s'agit d'une représentation WYSIWYG du texte, celle que vous utiliserez de manière habituelle pour la saisie (d'où son nom *Normal*). C'est le plus rapide des affichages WYSIWYG. Vous y verrez la représentation effective du texte et des objets, tels qu'ils seront imprimés. Par contre, si vous travaillez en plusieurs colonnes, vous ne verrez qu'une seule de ces colonnes. Pour une vision exacte du multicolonnage, il faudra passer en mode Page.

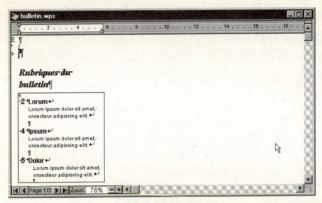

Texte en colonnes en mode Normal ...

La début d'une nouvelle page est matérialisé par une double flèche pointant vers la droite, dans la marge de gauche. Ce mode Normal permet l'adaptation du texte à la fenêtre.

En mode Page, le WYSIWYG est complet. Vous le remarquerez aisément, car Works 95 affiche également toutes les marges du document. En travail sur plusieurs colonnes, celles-ci sont affichées côte à côte, telles qu'elles seront imprimées. La règle est rallongée vers la gauche par des valeurs négatives. Ainsi avez-vous la possibilité de visualiser les marges définies.

Le traitement de texte

...et en mode Page

Pour Works 95, cet affichage est le plus pénible. C'est pourquoi vous n'y ferez appel que pour un ultime contrôle du texte. Par définition, l'adaptation du texte à la fenêtre n'est pas possible, puisque le document est affiché tel qu'il sera imprimé. Les notes de bas de page sont également présentées.

Ajuster le texte à la fenêtre

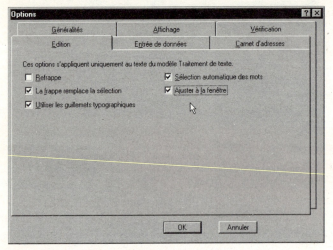

L'option Ajuster le texte à la fenêtre

Cette option fait en sorte de présenter le texte en coupant les lignes à la limite de la fenêtre de document. Ceci évite d'avoir à faire des défilements horizontaux pour voir le début et la fin des lignes.

Ceci peut se produire si, du fait de la résolution graphique ou de la largeur définie pour la page, le nombre de caractères de la ligne dépasse les possibilités d'affichage de l'écran. C'est alors qu'interviendra la fonction *Ajuster le texte à la fenêtre*.

REMARQUE *A l'inverse, l'option **Largeur de page** affichera en pleine largeur un texte dont les lignes sont particulièrement courtes, par exemple des colonnes. Ceci permet d'utiliser* *toute la largeur d'affichage sans pour autant remettre en cause la présentation finale. Mais n'oubliez pas de repasser en mode Page avant d'imprimer, sinon vous risquez des surprises.*

Tous les caractères

Si vous activez la commande **Tous les caractères** du menu **Affichage**, vous verrez bien sûr votre texte, mais aussi tous les caractères non-imprimables, les tabulations, les sauts de paragraphe, de ligne, les espaces etc.

Aperçu avant impression

Il s'agit d'une prévisualisation de l'impression. Il se distingue des affichages traditionnels par le fait qu'il interdit toute édition du texte. Vous ne pourrez pas y modifier le document.

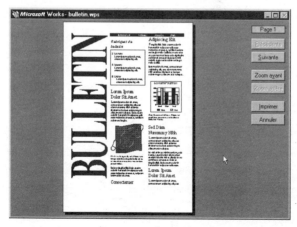

Aperçu avant impression

Cet aperçu est activé par le bouton correspondant de la barre d'outils ou la commande de même nom du menu **Fichier**.

Déplacement dans le texte

Lors des modifications dans le texte, il est essentiel de savoir se déplacer vite et avec efficacité. Le but est le plus souvent de déplacer le curseur à un endroit donné. Mais quelques fois, vous aurez à feuilleter le document, ne serait-ce que pour une dernière relecture. Quelles sont les méthodes possibles ?

Déplacement par les touches

Lors des déplacements par le clavier, le curseur suivra en permanence vos mouvements. Pour cela, vous pourrez employer les touches de direction, seules ou conjointement à la touche **CTRL**.

Les touches ← et → déplacent le curseur d'un caractère dans la direction concernée. Si vous enfoncez en même temps la touche **CTRL**, le déplacement se fera mot par mot.

Les touches ↑ et ↓ déplacent le curseur dans la ligne précédente ou suivante.

...et avec la touche CTRL

Si vous enfoncez en même temps la touche **CTRL**, le déplacement se fera paragraphe par paragraphe, le curseur sautant au début du paragraphe précédent ou suivant.

Avec la touche **Origine,** le curseur vient se placer en début de ligne, avec **Fin** en fin de ligne. La touche **Fin** est particulièrement pratique si vous avez effectué une correction dans la ligne de saisie, pour revenir à la saisie. Conjuguées avec **CTRL**, ces deux touches sautent au début ou à la fin du document, quelle qu'en soit la longueur.

PgSuiv et PgPréc

Ces deux touches ont pour effet de déplacer le curseur de la valeur d'un écran. Elles permettent de feuilleter rapidement un texte sans beaucoup d'efforts. Accompagnées de la touche **CTRL**, elles ont pour effet de garder à l'écran le même affichage, seul le curseur étant placé au début ou à la fin.

Déplacement avec la souris

Déplacez la souris sur le texte et placez le pointeur, en forme de barre verticale, à l'endroit où le curseur doit prendre place. Il reste ensuite à faire un clic. Ce déplacement est bien évidemment limité à la portion de texte affichée à l'écran.

Déplacement par les barres de défilement

Les barres de défilement ont pour but de faciliter vos déplacements avec la souris. Comme ici la souris intervient en dehors de la zone de saisie, le curseur reste en place à sa position originale, seul l'affichage étant modifié. Une fois que vous aurez trouvé l'emplacement requis dans le texte, il sera toujours temps de cliquer pour placer le curseur. Comme leur nom l'indique, ces barres se contentent de faire défiler le texte.

3 *Le traitement de texte*

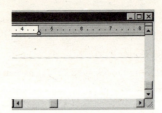

Barres de défilement horizontale et verticale

Là encore, plusieurs solutions s'offrent à vous. Si vous cliquez sur un bouton marqué d'une flèche de la barre verticale, le texte défile vers le haut ou le bas, à raison d'une ligne par clic. Il en va de même avec la barre horizontale, sauf que le sens du déplacement va de la gauche vers la droite ou inversement. Si vous faites un clic directement dans la barre, le déplacement se fait écran par écran.

Après ces clics sur les boutons ou dans la barre, vous avez certainement constaté que chaque défilement de texte était accompagné du déplacement du carré de positionnement, dans la barre. Ces carrés peuvent eux aussi être saisis avec la souris et déplacés directement. Ils ont en plus l'avantage d'indiquer sommairement la position dans le texte. Un carré placé tout en haut de la barre et l'autre tout à gauche signifient que vous êtes en début de document.

Placer des signets et les atteindre

La commande Atteindre

Vous avez peut être déjà activé cette commande **Atteindre** par la barre d'outils ou le menu **Edition**, pensant qu'il s'agissait de la fonction de recherche. Elles sont d'ailleurs assez proches l'une de l'autre, elles sautent toutes deux à un endroit précis du texte et y placent le curseur. Mais pour la commande **Atteindre**, l'emplacement cherché doit avoir une caractéristique particulière : il doit avoir un nom. Ici, la recherche ne se fait pas sur une chaîne de caractères, mais sur un signet, un endroit pourvu d'un nom.

Dans un livre, le **signet** a une fonction très particulière, il sert à repérer un endroit particulier du livre, en général l'endroit où vous avez arrêté la lecture. Dans Works 95, il en va de même. Ces signets sont affectés à un caractère dans le texte et seront rappelés par la commande **Atteindre** du menu **Edition**.

La fonction des signets

L'avantage des signets électroniques est qu'il est possible de leur donner un nom. Works 95 les gère sur la base d'une liste classée selon leur ordre d'apparition dans le texte. Bien sûr, la commande **Rechercher** peut permettre de retrouver un endroit du texte sur la base d'une chaîne de caractères, mais ce n'est de loin pas aussi pratique.

Si vous donnez des noms expressifs à vos signets, vous pourrez vous déplacer dans les longs textes à la vitesse de l'éclair, par chapitres entier s'il le faut.

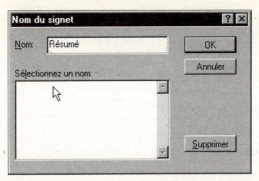

La boîte de dialogue Nom du signet

Placer un signet

Pour mettre en place un signet, commencez par positionner le curseur à l'endroit voulu, puis appelez la commande **Signet** du menu **Edition**. Vous pouvez aussi cliquer sur le bouton correspondant de la barre d'outils. Dans la boîte de dialogue ainsi ouverte, tapez le nom du signet dans le champ prévu à cet effet. Attention, les chiffres sont interdits dans ce nom, ils sont réservés à l'indication d'un numéro de page dans la fonction **Atteindre**. Par contre, il est tout à fait possible de combiner chiffres et lettres.

REMARQUE *Works 95 admet un maximum de 15 caractères pour les noms de signet. Utilisez des noms expressifs de manière à savoir à quoi ils font référence.*

Le traitement de texte

Le signet sera ensuite affecté à un caractère dans le corps du texte, même si vous aviez sélectionné au départ un paragraphe complet. Dans ce dernier cas, le signet concernera le premier caractère du paragraphe. Ce signet peut même être affecté à un espace, une marque de paragraphe ou à un saut de ligne. Une fois définis, les signets apparaissent dans la boîte de dialogue **Atteindre** et **Signet**, dans l'ordre suivant lequel ils ont été définis.

Un texte peut contenir un nombre libre de signets. Cela dit, ces signets prennent de la place, le premier occupant 16 octets et tous les suivants 20 octets. Ces signets sont enregistrés avec le texte, en fin de fichier.

Atteindre un signet

Pour accéder à un endroit précis doté d'un signet, appelez la commande **Atteindre** du menu **Edition** ou cliquez sur le bouton de la barre d'outils personnalisée ou encore appuyez sur la touche **F5**. La boîte de dialogue apparaît, dans laquelle vous sélectionnerez le signet voulu. Son nom passe dans la zone de saisie, il reste à valider par **OK**. Automatiquement, le curseur saute au signet. Un double clic sur le nom du signet a le même effet, en plus rapide.

La boîte de dialogue Atteindre

Atteindre une page

La commande **Atteindre** permet aussi de sauter sur une page précise. Il suffit pour cela d'indiquer le numéro de la page dans la zone de saisie de la boîte de dialogue **Atteindre**. D'ailleurs, cette boîte de dialogue s'ouvre aussi par un double clic sur la mention du numéro de page, dans la barre de défilement horizontale.

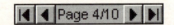

Faites un double clic ici

Déplacement d'un signet

Si le passage de texte contenant le signet est copié, le signet reste à son ancienne place et ne participe pas à la copie. C'est d'ailleurs assez logique, car sinon il serait doublé. Par contre, si vous coupez un passage de texte, le signet accompagne alors l'opération. Dans la liste de la boîte de dialogue **Signet,** il sera repris en fonction de sa nouvelle place.

Suppression d'un signet

Si le caractère auquel est affecté le signet est supprimé, le signet le sera également. Ce signet sera également détruit si vous copiez ou déplacez le passage de texte par Glisser-Déplacer, dans un autre fichier ou le Presse-papiers. La boîte de dialogue **Signet** permet également de les supprimer.

Vue d'ensemble : les signets

Créer un signet

➤ Appeler la commande **Signet** dans le menu **Edition**. Lui donner un nom de 15 caractères maximum.

Atteindre un signet

➤ Appeler la commande **Atteindre** du menu **Edition** ou appuyer sur **F5**, sélectionner le signet cherché et valider par **OK**.

Sauter au signet suivant

➤ Activer **MAJ** + **F5**.

Rechercher du texte

Par rajout du bouton dans la barre d'outils ou appel de la commande **Rechercher** du menu **Edition**, vous pouvez déclencher la commande de même nom. Elle permet de retrouver un passage de texte, un caractère ou un caractère spécial dans le document. La recherche commence à l'endroit du curseur et se termine à la fin du document. Arrivé à ce stade, Works 95 vous demandera s'il doit poursuivre au début du texte. Le plus simple est de placer le curseur au début du texte par **CTRL + Origine**, avant de lancer la recherche.

La boîte de dialogue **Rechercher** s'ouvre par appel de la commande de même nom du menu **Edition** ou par un clic sur le bouton correspondant de la barre d'outils. Le curseur clignote dans le champ *Rechercher* :

La boîte de dialogue Rechercher

Si vous avez déjà fait appel à cette fonction au cours de la session Works 95 active, vous y retrouverez votre dernier critère de recherche, sélectionné et prêt à être remplacé. Tapez au clavier la chaîne de caractères à rechercher. Validez par **OK**. Works 95 commence la recherche, sans tenir compte des majuscules ou des minuscules.

REMARQUE *Au moment de valider, assurez-vous que rien n'est sélectionné dans le texte sinon Works 95 limite sa recherche à la sélection.*

Works 95 trouve la chaîne de caractères recherchée, même s'il ne s'agit que d'une partie de mot. Si vous tapez "fich" comme critère, il trouvera les mots "fichier", "fichiers", "fiche", "fiches", "afficher", etc. Les chaînes trouvées sont affichées et sélectionnées. Pour préciser la recherche, deux options sont à votre disposition.

Mot entier et Respect des majuscules

Si vous activez l'option *Mot entier*, Works 95 n'affiche que les chaînes correspondant au critère et formant un mot complet. Dans l'exemple énoncé ci-dessus, aucun mot ne sera trouvé car la chaîne de recherche n'est elle-même pas un mot entier. Si vous activez de plus l'option *Respect des majuscules*, il prendra en compte la casse et ne trouvera que les mots écrits exactement comme la chaîne de recherche.

Les deux opérations ne s'excluent pas mutuellement, vous pouvez au besoin les combiner.

Joker ?

Le point d'interrogation peut être utilisé dans la définition du critère de recherche comme sous DOS, en remplacement d'un caractère quelconque. Si vous tapez "Dupon?" dans la zone *Rechercher*, Works 95 vous présentera aussi bien Dupont que Dupond, le point d'interrogation pouvant représenter n'importe quel caractère.

> **REMARQUE** *Pour relancer la recherche précédente, la solution la plus simple consiste à appuyer sur* **MAJ** + **F4**

Copier un critère de recherche dans la boîte de dialogue

Pour saisir le critère de recherche, il est souvent très pratique de passer par le Presse-papiers. Voici comment faire : sélectionnez, dans le texte, le mot ou la chaîne à rechercher et copiez-le dans le Presse-papiers. Ouvrez ensuite la boîte de dialogue **Rechercher** et collez cette chaîne par **CTRL + V**.

Rechercher des caractères spéciaux

La fonction de recherche de Works 95 ne se limite pas à la recherche de chaînes de caractères alphanumériques. Il est également possible de rechercher des caractères spéciaux, en l'occurrence les marques de tabulation ou de paragraphe. Cliquez simplement dans la boîte de dialogue sur le bouton correspondant au symbole. Pour les autres caractères spéciaux, voici le tableau des codes.

Caractère recherché	Saisissez
un caractère quelconque	?
un espace	^ b
un point d'interrogation	^ ?
une marque de tabulation	^ t
une marque de paragraphe	^ p
un saut de ligne	^ l
un saut de page manuel	^ s
un espace insécable	^ c
un tiret insécable	^ m
un caractère ASCII	^ (valeur ASCII)
le signe ^	^ ^

Le traitement de texte

Répéter la recherche

La recherche s'arrête dès qu'une occurrence est trouvée. Elle est affichée en surbrillance. Pour poursuivre la recherche et trouver l'occurrence suivante, activez le bouton **Suivant**.

Remplacer du texte

La recherche de chaîne de caractères est complétée dans Works 95 par une fonction de remplacement.

Admettons que dans vos textes, un mot revienne sans cesse et que vous éprouviez des difficultés à l'écrire. Facilitez-vous la saisie en ne tapant pas le mot en question, mais simplement son initiale ou une abréviation. Une fois le texte saisi, appelez la commande **Remplacer** du menu **Edition**.

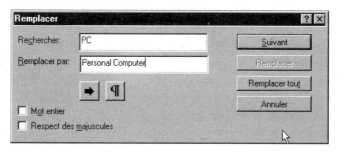

La boîte de dialogue Remplacer

Dans la zone *Rechercher*, tapez l'abréviation que vous venez d'utiliser. Dans le champ *Remplacer par*, tapez l'orthographe correcte du mot.

Lorsque tout est au point, cliquez sur le bouton **Suivant**. Works 95 saute sur la prochaine occurrence de la chaîne de recherche;

Un clic sur **Remplacer** modifie le texte, changeant dans notre exemple l'abréviation par le mot complet, puis saute à l'occurrence suivante. Si vous cliquez sur **Suivant**, la fonction passe à l'occurrence suivante sans effectuer le remplacement. Ce bouton permet ainsi un remplacement sélectif.

Si vous activez le bouton **Remplacer tout**, Works 95 remplace automatique toutes les occurrences du critère de recherche par la chaîne de remplacement spécifiée, sans aucune demande de confirmation. S'il vous arrivait de déclencher ce bouton par mégarde, la seule solution pour annuler les effets de la fonction est d'appeler immédiatement la commande **Annuler** du menu **Edition**. Ne cliquez sur **Remplacer tout** que si vous êtes absolument sûr de votre fait.

Remplacer des caractères spéciaux

Comme avec la recherche, le remplacement peut concerner des caractères spéciaux, avec comme résultat leur remplacement effectif ou leur suppression. Ainsi pourrez-vous par exemple remplacer toutes les marques de paragraphe par des marques de saut de ligne. Autre exemple : si vous avez la mauvaise habitude de taper deux espaces entre les mots, remplacez tous ces espaces doubles par un espace unique en jouant de cette fonction. Dans le champ *Rechercher*, tapez deux espaces, dans *Remplacer par* tapez un seul espace, puis cliquez sur **Remplacer tout**. Le tableau précédent des codes s'applique également à la fonction de remplacement.

Le traitement de texte **3**

Works n'a pas trouvé d'équivalent du texte tapé

REMARQUE *Là aussi, vous pouvez faire intervenir le Presse-papiers pour saisir les critères de recherche et de remplacement. Veillez à ce que rien ne soit sélectionné dans le texte au moment où vous lancez le remplacement. Sinon Works signalera qu'il n'a pas trouvé d'équivalent, message qui ne s'applique qu'à la sélection et non pas au texte complet.*

Texte rapide

La fonction **Texte rapide** est une particularité de Works 95 qui vous permettra de gagner beaucoup de temps en cours de saisie. Partout où, dans des documents, revient sans cesse un même mot ou une même chaîne de caractères, vous avez la possibilité de mémoriser cette chaîne sous un code et de la rappeler par ce code. Le texte rapide peut concerner un mot, une phrase, voire un paragraphe complet.

Pour créer un texte rapide, sélectionnez la chaîne en question. Activez ensuite le bouton *Texte rapide* de la barre d'outils (s'il est en place) ou appelez la commande de même nom du menu **Edition** et cliquez sur le bouton **Nouveau**. La boîte de dialogue suivante vous est présentée :

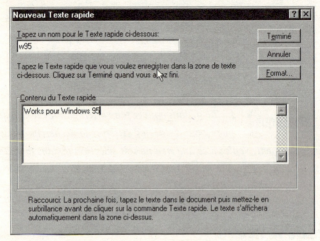

La boîte de dialogue Nouveau Texte rapide

Dans le champ du haut, tapez le code ou l'abréviation que vous souhaitez affecter à la chaîne de caractère sélectionnée. Au besoin, vous pouvez encore éditer ou modifier la chaîne dans la zone *Contenu du texte rapide*. Validez par **Terminé**.

La même boîte de dialogue est également appelée par la commande **Texte rapide/Nouveau Texte rapide** du menu **Insertion**.

Insérer un Texte rapide

Le texte rapide ainsi mémorisé est désormais à votre disposition dans tous les documents texte de Works 95. Pour l'insérer à un endroit précis, placez le curseur, tapez le code du texte rapide et appuyez sur la touche **F3**. Works 95 remplace automatique le code par la chaîne de texte rapide. En variante, vous pouvez également installer dans la barre d'outils un bouton qui déclenchera l'insertion si vous cliquez dessus après avoir saisi le code. Dans ce cas, sélectionnez le texte rapide dans la liste ou activez la commande **Autres Textes rapides** pour voir toutes les entrées disponibles. Rappelez-vous simplement que le code, l'abréviation, doit être en place dans le texte sinon Works 95 est dans l'impossibilité de réagir.

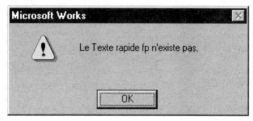

Code non reconnu du fait de l'absence d'espace

Modifier et supprimer un texte rapide

Pour modifier un texte rapide, le vérifier ou le supprimer, cliquez sur le bouton de la barre d'outils et activez la commande **Autres Textes rapides**, appelez la commande **Texte rapide** du menu **Edition** ou **Texte rapide/Autres Textes rapides** du menu **Insertion**. Works 95 présente l'ensemble des codes de texte rapide. Sélectionnez celui que vous souhaitez traiter et activez le bouton **Modifier** ou **Supprimer**.

En principe, les textes rapides sont insérés avec le format du code ou de l'entrée de texte rapide. Pour formater un texte rapide, voyez plus loin dans ce chapitre, la fonction Mises en forme rapides.

Utiliser le dictionnaire des synonymes

Même si ce dictionnaire des synonymes ne reprend pas l'ensemble des mots de la langue française, il vous sera certainement utile pour éviter les répétitions dans vos textes. Il vous servira aussi à trouver des variantes pour certains mots dont vous n'êtes pas satisfaits.

Appeler le dictionnaire des synonymes

L'utilisation du dictionnaire des synonymes est très simple. Placez le curseur dans ou juste derrière le mot à traiter et cliquez sur le bouton correspondant de la barre d'outils. Vous pouvez aussi appeler la commande **Dictionnaire des synonymes** du menu **Outils**.

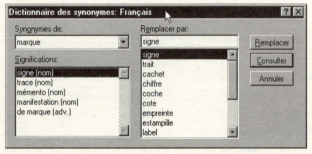

La boîte de dialogue Dictionnaire des synonymes

Le mot que vous avez marqué se retrouve dans le champ *Synonymes de*. Dans la liste *Significations* sont présentés les divers sens que peut avoir ce mot. Derrière la signification est indiqué s'il s'agit d'un nom, d'un verbe, d'un adjectif, d'un adverbe. A droite sont listés les mots de remplacements proposés.

Si vous cliquez sur **Remplacer**, le mot sélectionné dans la liste des synonymes vient remplacer votre propre terme dans le texte. Le plus simple est encore de faire directement un double clic sur le mot de remplacement, dans la liste des propositions.

Consulter d'autres synonymes

Si les propositions faites par le programme ne vous donnent pas satisfaction, vous pouvez aller plus avant et cliquer sur le bouton **Consulter** après avoir sélectionné un mot dans la liste.

Ainsi, Works 95 vous présentera des mots de remplacement du mot sélectionné. Par **Annuler**, la procédure est terminée, la boîte de dialogue fermée et vous revenez à votre texte. Le mot de départ reste en place.

Vérifier l'orthographe

S'il vous est déjà arrivé de procéder à des corrections de texte, vous savez certainement la concentration que ce genre d'opération nécessite, car il s'agit de suivre simultanément l'orthographe et le contenu du texte. Une instance totalement neutre vous est proposée par Works 95. Neutre, parce qu'elle ne se soucie absolument pas du sens du texte, elle ne cible que l'orthographe.

Works 95 met à votre disposition une vérification de l'orthographe. Elle est réalisée sur la base de critères formels, comparant chaque mot à des mots contenus dans un dictionnaire livré par Microsoft ou défini par l'utilisateur. Cette vérification sait aussi reconnaître les mots en double.

Dictionnaire personnel

Works 95 est livré avec un dictionnaire, ou plutôt un fichier de mots, le programme prenant ce fichier comme base pour les comparaisons. Mais il est aussi possible de créer et d'alimenter un dictionnaire personnel, qui reprendra les mots absents du dictionnaire de base. Ce dictionnaire personnel sera utilisé conjointement au dictionnaire initial pour la vérification de l'orthographe.

Lancer la vérification de l'orthographe

Pour lancer l'opération, commencez par placer le curseur au début du texte. Ouvrez ensuite le menu **Outils** et déclenchez la commande **Vérifier l'orthographe**. Si vous avez installé le bouton correspondant dans la barre d'outils, c'est encore plus rapide. La boîte de dialogue du vérificateur s'ouvre dès que Works 95 butte sur le premier mot. Ce mot apparaît dans le champ *Absent du dictionnaire*, et dans le champ *Remplacer par*.

Le traitement de texte 3

La vérification de l'orthographe

Dans le champ *Remplacer par*, vous pouvez modifier le mot proposé et l'éditer librement. Ceci fait, le bouton **Remplacer** est actif, il vous reste à cliquer dessus pour procéder à la correction et passer au mot suivant.

Suggérer

Works 95 suggère des mots de remplacement pour les mots absents du dictionnaire. Cette option est activée par le bouton de même nom ou automatiquement, si vous avez pris la peine de cocher la case *Toujours suggérer*, dans la zone *Options de vérification d'orthographe*. Cette option ralentit un peu la fonction, mais a l'avantage de proposer une liste de mots de remplacement.

Si le programme est dans l'incapacité de trouver des mots de remplacement, il le signale. Dans le cas contraire, il reprend automatiquement le premier de la liste dans le champ *Remplacer par*. A vous ensuite de l'accepter en l'état ou de le modifier à votre guise.

Si ce mot de la liste n'est pas le bon, cliquez sur celui que vous souhaitez reprendre. Le bouton **Remplacer tout** remplacera systématiquement toutes les occurrences du mot absent du dictionnaire par le mot que vous avez choisi et défini dans *Remplacer par*.

Ignorer

Comme Works 95 s'arrête sur tous les mots absents du dictionnaire (et pas forcément erronés), il en est certains que vous garderez en l'état. Il vous suffit pour cela de cliquer sur le bouton **Ignorer**. Works 95 laisse le mot absent dans le texte et saute au mot suivant. Avec **Ignorer tout**, toutes les occurrences de ce mot seront ignorées dans le texte.

Par défaut, Works 95 s'arrête sur tous les mots en majuscules, à charge pour vous de cliquer sur **Ignorer**. Evitez-vous ce souci et activez l'option *Ignorer les mots en MAJUSCULES*, dans la zone des options.

Ajouter des mots au dictionnaire personnel

Il est évident que Works 95 ne connaît pas tous les mots de la langue française. Cela concerne au premier chef les noms propres, tous les termes techniques et bon nombre de mots composés. Pour remédier à cette lacune, la fonction offre la possibilité de rajouter des mots inconnus au dictionnaire. A la fin de la vérification, ces mots sont enregistrés dans le fichier CUSTOM.DIC. Ce fichier est utilisé conjointement au dictionnaire de base dans les vérifications.

Le traitement de texte   **3**

Vue d'ensemble : la vérification de l'orthographe

Lancer la fonction

- Placer le curseur à l'endroit où la vérification doit commencer.
- Cliquer sur le bouton *Vérificateur d'orthographe*, s'il est en place dans la barre d'outils ou appeler la commande **Vérifier l'orthographe** dans le menu **Outils**.
- Attendre l'ouverture de la boîte de dialogue.

Corriger

- Corriger dans le champ *Remplacer par*.
- Cliquer sur **Remplacer**.

Suggérer

- Cliquer sur le bouton **Suggérer**.
- Sélectionner le mot requis dans la liste des suggestions et, au besoin, le modifier dans le champ *Remplacer par*.
- Cliquer sur **Remplacer**.

Ignorer

- Cliquer sur **Ignorer** ou sur **Ignorer tout**.

Ajouter un mot dans le dictionnaire

- Arrêt sur un mot inconnu mais correctement orthographié.
- Cliquer sur **Ajouter**.

Césure automatique

Comme vous l'avez constaté, Works 95 coupe toujours les lignes au niveau d'un mot entier. Il reconnaît la fin d'un mot de par l'espace ou la ponctuation.

En fonction de la longueur du dernier mot, l'effet peut être plus ou moins bon. Un texte présentant trop de décalages au niveau de l'extrémité droite des lignes ne donnera pas une apparence très professionnelle au document. De plus, si les paragraphes sont justifiés, cette situation provoque souvent des "blancs", des trous dans les lignes. La seule solution pour résoudre ce problème est de jouer de la césure.

Césure après la saisie

Sur un plan pratique, il est recommandé de procéder à la césure après saisie complète du texte et mise en forme définitive. Assurez-vous que vous n'aurez plus rien à rajouter ou à supprimer dans le texte sinon vous risquez fort d'être obligé de recommencer une seconde fois la césure.

Pour lancer la césure, placez le curseur en début de texte et appelez la commande **Césure** du menu **Outils**.

Le traitement de texte 3

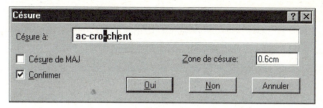

La boîte de dialogue Césure

A l'appel de la commande, Works 95 commence tout d'abord par vérifier si vous avez effectué une sélection dans le texte, dans laquelle la césure doit intervenir. Si ce n'est pas le cas, il entame le processus à l'emplacement du curseur, d'où l'intérêt de le placer en début de texte.

Lors de la césure, Works 95 vérifie tous les mots en début de ligne, dans le paragraphe, pour déterminer si des syllabes de ces mots seraient susceptibles de tenir dans la ligne précédente. Si c'est le cas, Works 95 insère un tiret conditionnel à l'endroit de la césure.

A l'appel de la césure apparaît une boîte de dialogue. La césure ne démarre pas de son propre chef, elle dispose de certaines options que vous devrez auparavant définir et valider.

Les options de la césure

A l'ouverture de la boîte de dialogue, le champ du haut, celui qui affichera le mot à couper, est vide. L'option *Confirmer* est cochée par défaut et une *Zone de césure* est déjà définie. Par contre la case *Césure de MAJ* n'est pas activée. Commencez par la case **Confirmer**.

Cette option a pour effet de forcer Works 95 à afficher chaque mot qu'il se propose de couper, avant de mettre en place le tiret conditionnel. Nous vous conseillons de conserver cette option, sinon Works 95 risque de vous causer quelques surprises.

Indication : si vous désactivez cette option, Works 95 ferme la boîte de dialogue et lance la césure sans intervention de votre part.

Césure des mots en majuscules

Cette option, si elle est active, oblige Works 95 à couper également les mots en capitales, par exemple le mot "ASCII". Normalement, cette option n'est pas à activer, les mots en majuscules n'étant en principe pas coupés.

La zone de césure

Cette option permet de définir la taille de la zone de fin de ligne pouvant contenir des mots coupés par Works 95. Plus cette zone est grande et moins Works 95 pourra faire de coupures.

Les propositions de césure

Si vous demandez une césure avec confirmation, comme nous le recommandons, Works 95 vous fera des propositions de coupure dans le champ du haut de la boîte de dialogue. Il propose les diverses possibilités de césure du mot et vous en propose une, marquée par la barre verticale clignotante. Si vous cliquez sur **OK**, c'est cet endroit qui sera utilisé pour la coupure et Works 95 passera au mot suivant.

Oui ou Non ?

Si vous ne souhaitez pas couper le mot retenu, cliquez sur le bouton **Non**. Works passe automatique au mot suivant.

Si la césure a été lancée depuis le début du document, Works 95 parcourt l'ensemble du texte sauf si vous l'en empêchez par le bouton **Annuler**. Ce bouton interrompt immédiatement l'opération.

Si vous avez commencé la césure en milieu de texte, Works 95 vous demandera, à la fin du document, s'il doit poursuivre au début. Si oui, il continue jusqu'au point de départ.

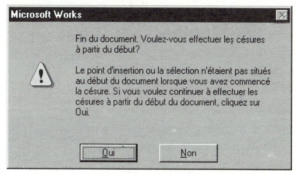

Poursuivre l'opération ?

Tiret conditionnel

Le tiret conditionnel n'entrera en action et ne sera imprimé que si le mot se retrouve en fin de ligne. Vous pouvez en placer manuellement par **CTRL + -**.

Compter les mots

Le menu **Outils** propose également la commande **Compter les mots**. Elle compte le nombre de mots du document, y compris les notes de bas de page, l'en-tête et le pied de page. Toutes les chaînes de caractères (même les caractères isolés) précédées et suivies d'un espace ou d'une ponctuation, sont considérées comme des mots. Le résultat est affiché dans une boîte de dialogue.

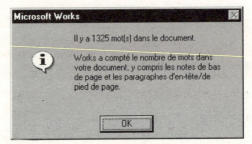

Comptage des mots

Si, au moment de l'appel de la commande, vous aviez une sélection active dans le document, le comptage ne traitera que la sélection.

Le traitement de texte

3.3. Mise en forme des caractères et des paragraphes

Formatage du texte

La véritable force d'un traitement de texte réside dans ses possibilités de mise en forme des textes. C'est à vous de décider de l'apparence que vous donnerez à votre texte et nous allons vous présenter les fonctionnalités que Works 95 met à votre disposition à cet effet.

D'abord sélectionner

Avant d'attaquer le formatage, il y a un réflexe que vous devez absolument acquérir : pour mettre un texte en forme, qu'il s'agisse d'un caractère, d'un mot, d'une phrase ou d'un paragraphe, la première des choses à faire et de sélectionner le passage à traiter. C'est cette sélection qui indique à Works 95 sur quoi portera la commande formatage.

Sans sélection

Si vous ne sélectionnez rien et modifiez malgré tout des attributs de formatage, ces attributs ne s'appliqueront qu'à partir de l'emplacement où se trouve le curseur. Ainsi, si à l'ouverture d'un nouveau document vous définissez un certain nombre d'attributs de formatage, ils s'appliqueront au texte que vous allez saisir. De la même manière, pour écrire un mot en caractères gras, vous pouvez parfaitement activer l'attribut *Gras* puis taper le mot en question. A la fin du mot, désactivez l'attribut *Gras* et continuez la saisie du texte courant.

Mise en forme de caractères - Police, taille et style

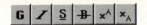

Les boutons de mise en forme des caractères

Police

Les polices

Les polices disponibles sur votre machine pour la mise en forme des textes de Works 95 sont fonction des polices installées sous Windows et de l'imprimante, ou plus exactement du gestionnaire d'imprimante avec lequel Windows pilote votre périphérique. Les types de polices Windows et polices d'imprimantes vous sont présentés sous forme d'icônes, dans une liste. Le plus simple pour visualiser cette liste est de cliquer sur le bouton marqué d'une flèche, à côté du champ des polices, dans la barre d'outils.

Le traitement de texte

Les polices disponibles

Après ce clic, la liste se déroule et montre 6 polices. Si vous avez installé plus de 6 polices sur votre machine, vous disposerez d'une barre de défilement, sur le côté droit de la liste.

Sélection d'une police

Sélectionnez un passage de texte et déroulez la liste des polices. Déroulez la liste jusqu'à trouver la police souhaitée. Faites un clic sur cette police. Faites un clic à un endroit quelconque pour désélectionner le passage de texte et admirez le résultat.

Vous arriverez au même résultat en appelant la commande **Police et style de caractères**, dans le menu **Format**, mais cette fois dans une boîte de dialogue.

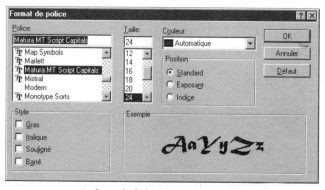

La boîte de dialogue Format de police

Les caractéristiques de base des polices de caractères

Sérifs

Vous disposerez au minimum d'une police avec sérifs, par exemple Times Roman ou Courier. Un sérif est une barre placée aux extrémités ouvertes des caractères. Les sérifs améliorent la lisibilité de la police, d'où leur emploi fréquent dans les domaines de l'édition et des journaux. Les polices sans sérifs, par exemple Helvetica ou AvantGarde, sont, pour leur part, employées essentiellement pour les titres.

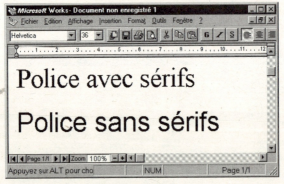

Polices avec et sans sérifs

Polices proportionnelles

La proportionnalité d'une police est reconnaissable à l'espace occupé par chaque caractère. Si tous les caractères occupent la même place, il s'agit d'une police non proportionnelle. Si le "i" occupe plus

Le traitement de texte 3

de place que le "o", il s'agira d'une police proportionnelle. Les polices proportionnelles sont appréciées du fait de leur aspect plus esthétique.

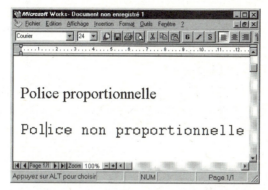

Polices proportionnelle et non-proportionnelle

Taille des caractères

Dans un même texte, il est possible de fixer pour chaque caractère, chaque mot, chaque ligne ou chaque paragraphe, une taille particulière. Cette taille est affichée par le champ placé à côté du nom de la police, dans la barre d'outils. Le bouton marqué d'une flèche placé à droite indique la présence d'une liste déroulante. C'est ici que vous pourrez modifier la taille à l'aide de la souris.

Diverses tailles de caractères (Zoom 150 %)

Sélectionner ou saisir une taille de caractère

`18` Une autre solution pour définir la taille consiste à cliquer dans le champ *Taille* et à saisir au clavier la taille requise. Cette taille sera fonction de votre imprimante. Ne vous laissez pas impressionner par la liste présentée, elle n'est pas exhaustive et rien ne vous empêche de définir des tailles plus grandes ou plus petites que les valeurs proposées. Après saisie de la valeur, validez par la touche **ENTREE**. Il va sans dire qu'avant cette opération, le texte doit être sélectionné.

REMARQUE *Les valeurs affichées dans la liste des tailles sont exprimées en mesure typographique Point. Un point équivaut à 0,35277 mm ou 1/72 de pouce. Une taille de 12 points correspond à un caractère de 4,512 mm de hauteur.*

La taille effective des caractères

Le problème est que les programmeurs de polices n'ont pas toujours respecté les tailles de caractères. D'où la nécessité d'appliquer un facteur de correction à certaines polices. Voici comment faire.

Imprimez la police avec une taille aussi grande que possible et mesurez la hauteur des caractères. Comparez cette mesure avec la hauteur théorique calculée à partir de la taille en point affichée, par exemple ARIAL 48 pts x 0,35277 = 16,93 mm. Sur le papier, cette police en cette taille a été imprimée avec une hauteur de 12,17 mm. Le facteur de correction est donc de 12,17/16,93 = 0,718.

Sélectionner un style de caractère

En dehors de la taille, vous aurez aussi l'occasion de choisir, pour chaque police, divers styles. Par style, entendez des caractères gras, italiques, soulignés et barrés, pour ne citer que les plus courants.

Ces quatre styles peuvent être installés sous forme de boutons dans la barre d'outils et proposent alors un accès facile et rapide. D'ailleurs les boutons *Gras*, *Italique* et *Souligné* sont intégrés par défaut dans la barre d'outils standard.

Autre solution d'affectation de ces styles : la boîte de dialogue **Police et style de caractères**, affichée par la commande de même nom du menu **Format**. Ces styles sont applicables individuellement à un caractère ou à une chaîne de plusieurs caractères, et sont combinables entre eux. La seule condition pour les appliquer est bien sûr de sélectionner la chaîne au préalable.

Les caractères gras sont particulièrement recherchés pour les titres, l'italique servant à rehausser certaines parties de texte.

Position

Pour finir, vous aurez encore à définir la position des caractères par rapport à la ligne de base du texte. Pour cela, vous disposez soit de boutons à placer dans la barre d'outils soit de la boîte de dialogue **Police et style de caractères** du menu **Format**. Vous choisirez entre *Standard*, *Exposant* ou *Indice*. Après sélection, validez par **ENTREE** ou un clic sur **OK**. Ces paragraphes sont surtout utilisés dans les domaines mathématiques ou chimiques.

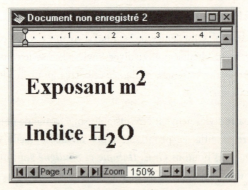

Exposant et Indice

Couleur de la police

Works 95 permet d'écrire un texte en couleur. Pour cela, ouvrez la boîte de dialogue **Format de police** et faites votre choix dans la liste du champ *Couleur*.

Le traitement de texte 3

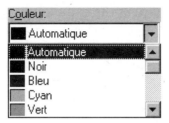

Définition de la couleur du passage sélectionné

Gardez cependant à l'esprit que cette option ne présente d'intérêt que si vous disposez d'une imprimante couleur.

Mise en forme des caractères par le clavier

Le traitement de texte de Works 95 permet de réaliser les mêmes opérations par des combinaisons de touches, les raccourcis clavier. En principe, ces raccourcis clavier sont formés de la touche **CTRL** plus l'initiale de l'attribut en question, en principe. Ainsi, pour mettre en gras un passage de texte sélectionné, appuyez sur **CTRL + G**. Ces raccourcis sont bien pratiques car ils évitent d'avoir à passer sans cesse par la boîte de dialogue et les menus.

REMARQUE *Dans les annexes de ce livre, vous trouverez un tableau de tous les raccourcis clavier de Works 95.*

Mise en forme par défaut

La commande **Police et style de caractères** du menu **Format** permet également de définir les attributs par défaut qui seront utilisés pour tous les documents que vous créerez par la suite. Si vous souhaitez systématiquement écrire en Arial dans tous vos documents futurs, ouvrez la boîte de dialogue. Sélectionnez la police Arial dans la liste, définissez le style requis, la taille et éventuellement la couleur, puis cliquez sur le bouton **Défaut**. Works 95 demande confirmation, puis applique par défaut tous ces attributs pour les nouveaux documents que vous allez saisir. N'ayez crainte, vous pouvez de toute façon recommencer l'opération à tout moment.

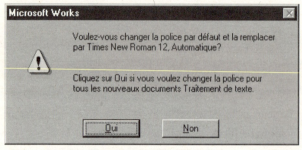

La fenêtre d'information

REMARQUE *Une modification des attributs par défaut n'a aucune incidence sur les documents ouverts. Le nouveau standard ne s'appliquera qu'aux nouveaux documents. Pour définir une mise en forme de caractères pour le document déjà ouvert, procédez comme d'ordinaire, par une sélection préalable.*

Mise en forme de paragraphes - Alignement, interligne et retraits

Les boutons de mise en forme des paragraphes

Si vous êtes novice en matière de traitement de texte, le concept de formatage de paragraphe ne vous dira certainement pas grand chose. Le terme de paragraphe vous est connu : il s'agit d'un passage de texte séparé, en haut et en bas, du reste du texte.

La notion de "paragraphe"

En principe, la mise en forme de paragraphe en traitement de texte concerne un paragraphe de ce type, séparé du reste du texte. Cette mise en forme ne concerne pas les caractères composants le texte du paragraphe, mais ses retraits, son alignement et les divers espaces entre lignes ou paragraphes. Pour le programme de traitement de texte, le paragraphe est constitué de tout ce qui se trouve entre deux marques de paragraphe. Il peut donc s'agir d'un mot, d'une ligne (par exemple un titre) ou d'un ensemble de lignes. Les attributs de paragraphe s'appliquent toujours à l'ensemble du paragraphe.

Saut de ligne

Comme tout traitement de texte digne de ce nom, Works 95 prend en charge automatiquement le passage à la ligne suivante, lors de la saisie. Par contre, c'est vous qui mettrez en place les marques de paragraphe en activant la touche ENTREE. Si vous appuyez sur MAJ + ENTREE au lieu de ENTREE, ce n'est pas une marque de paragraphe qui sera mise en place mais un saut de ligne. Visuellement, l'effet sera celui d'un nouveau paragraphe, mais pour Works 95 ce sera simplement la suite du paragraphe précédent.

Sélection de paragraphe

Jusqu'à présent, nous avons insisté sur le fait que toute commande d'édition ou de formatage devait impérativement être précédée de la sélection de la chaîne de caractères concernée. Pour la mise en forme des paragraphes, il en va de même, mais c'est un peu plus simple. Pour appliquer une commande de formatage de paragraphe, par exemple un alignement justifié, à un paragraphe précis, il suffit de placer auparavant le curseur DANS le paragraphe en question, à un endroit quelconque.

Validité de la mise en forme de paragraphe

A l'inverse, soyez conscient que cet attribut ne sera appliqué qu'au paragraphe dans lequel se trouve le curseur. Heureusement, il y a moyen de sélectionner en même temps plusieurs paragraphes. Admettons que vous souhaitiez formater l'ensemble du texte du document avec un alignement *Justifié* : avant de sélectionner cet attribut, pensez à sélectionner l'intégralité du document.

Si le formatage ne concerne que deux paragraphes il suffit qu'un caractère au moins de chacun de ces paragraphes soit sélectionné, par exemple le dernier du premier paragraphe et le premier du second paragraphe, pour que les deux soient affectés de la commande de mise en forme.

Alignement

Mise en forme de paragraphe par la barre d'outils

Works 95 est un traitement de texte orienté "souris" et à ce titre, il propose les mises en forme les plus courantes dans sa barre d'outils. Vous découvrirez également des formatages de paragraphe par le biais de la règle. Mais commençons par les quatre boutons d'alignement. Les trois premiers vous attendent dans la barre d'outils standard, le dernier n'attend que votre bon vouloir dans la boîte de dialogue de la commande **Personnaliser la barre d'outils** du menu **Outils**.

Chaque bouton est marqué d'une icône représentant un ensemble de lignes alignées à gauche, à droite, centrées ou justifiées. Parmi ces boutons, un seul est enfoncé, celui qui est actif dans le paragraphe où se trouve le curseur.

Alignement à gauche

Il s'agit de l'alignement par défaut de Works 95 et du plus fréquent en traitement de texte. Cet alignement a pour effet d'aligner toutes les lignes sur une verticale placée à gauche du paragraphe, les extrémités droites des lignes filant librement.

Pour activer cet alignement, cliquez sur le bouton correspondant de la barre d'outils ou appuyez sur **CTRL** + **MAJ** + **G**.

Alignement centré

Si vous cliquez sur le bouton *Centré* ou si vous appuyez sur **ALT** + **C**, le paragraphe sera centré entre les marges.

ATTENTION *L'axe de référence du centrage ne sera le centre de la page qu'à condition de définir des marges de gauche et de droite identiques. Cette fonction de centrage s'appliquera également aux objets ou aux graphiques intégrés dans le texte.*

Alignement à droite

L'alignement à droite est l'inverse de l'alignement à gauche, les lignes étant alignées sur la marge de droite. Un paragraphe sera aligné à droite en plaçant le curseur dedans puis en cliquant sur le bouton correspondant de la barre d'outils ou en appuyant sur **CTRL** + **MAJ** + **D**.

Alignement justifié

L'alignement *Justifié* est une combinaison d'alignement gauche et droite. Pour arriver au résultat escompté, Works 95 étire les espaces entre les mots de façon à remplir parfaitement les lignes. Cet alignement est mis en place par le bouton *Justifié* de la barre d'outils ou les touches **CTRL** + **J**.

Saut de ligne en justification

L'illustration qui suit montre que dans le premier paragraphe de texte, créé avec un saut de ligne, les mots sont trop espacés.

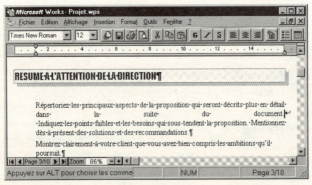

La ligne est trop étirée

Malheureusement, c'est le défaut principal de l'alignement *Justifié*. La seule solution est de remplacer le saut de ligne par une marque de paragraphe. Placez le curseur à gauche du saut de ligne, appuyez sur **SUPPR**, puis sur **ENTREE**. Le problème est résolu.

L'alignement des paragraphes peut aussi être entrepris dans la boîte de dialogue **Format de paragraphe**, affichée par la commande **Paragraphe** du menu **Format**.

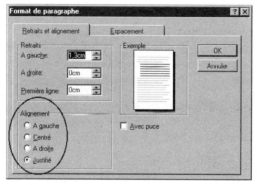

Alignement par la boîte de dialogue Format de paragraphe

Interligne

Revenons-en au formatage des paragraphes par la barre d'outils. A condition de personnaliser votre barre d'outils, vous pourrez y placer les deux boutons présentés ci-dessus. Le bouton marqué des deux lignes serrées correspond à l'interligne normal, les deux lignes plus espacées étant l'interligne double.

Notez que l'interligne double ne s'applique pas seulement DANS le paragraphe traité, il intervient déjà entre ce paragraphe et le précédent. Le raccourci clavier de l'interligne simple est **CTRL + 1**, l'interligne double étant mis en place par **CTRL + 2**.

Définir l'interligne avec précision

Parallèlement à ces deux options, il est également possible de définir l'interligne avec précision. Pour suivre les explications, remettez votre paragraphe en interligne simple et ouvrez le menu **Format**. Activez la commande **Paragraphe** et son onglet **Espacement**.

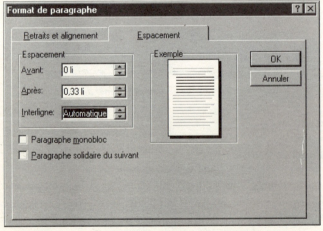

L'onglet Espacement de la boîte de dialogue Format de paragraphe

A gauche, est présentée la zone *Espacement*, avec les options *Avant*, *Après* et *Interligne*. Normalement, vous devriez voir dans ce dernier champ la mention *Automatique*.

Interligne automatique

Automatique signifie que le traitement de texte calcule lui-même la valeur de l'interligne en fonction de la taille des caractères utilisés. C'est logique, car l'interligne doit être plus important avec de grands caractères qu'avec des petits. Works 95 tient également compte des éventuels caractères en exposant ou en indice.

Dans ce champ, il est possible d'indiquer manuellement une valeur. Placez le curseur dans le champ et effacez la mention en place. Puis tapez votre propre valeur. Une autre technique consiste à utiliser les deux flèches de réglage placées à droite du champ.

Unité de mesure "Ligne"

Dans les trois champs de valeur définissant les espacements, l'unité de mesure par défaut est la "ligne", et ceci quelle que soit l'option que vous avez définie dans la boîte de dialogue **Outils/Options**. Works 95 abrège cette unité par "li". Une ligne correspond à la hauteur s'étirant de la base d'une ligne de texte à la base de la ligne suivante ou précédente. Si vous indiquez une valeur dans ces champs, Works 95 considère qu'il s'agit de lignes, sauf si vous rajoutez expressément l'unité à utiliser.

Si vous vous contentez de taper une valeur, le programme rajoute automatique "li" derrière le chiffre. Si vous rajoutez derrière la valeur le signe "cm", Works 95 saura que la valeur spécifiée est exprimée en centimètres. Refermez la boîte de dialogue et rappelez-la. Vous remarquerez que Works 95 a transformé votre valeur en centimètre en une valeur en ligne (la saisie de 1 cm aboutit à 2,36 lignes). La saisie peut aussi être faite en points (abréviation pt), picas (pi) ou pouces (abréviation "). Quelle que soit la forme de la saisie, Works 95 convertit systématiquement votre valeur en lignes.

REMARQUE *Vous ne pouvez pas forcer Works 95 à afficher un interligne plus petit que de raison (en fait l'interligne calculé automatiquement par ses soins). Il refuse obstinément de superposer les lignes de texte.*

Espacement avant le paragraphe

L'option *Avant* de la zone *Espacement* permet de définir un espace entre le paragraphe et le paragraphe précédent. Par défaut, cet espace est de 0 ligne. Cela signifie que l'activation de la touche **ENTREE** pour la création d'un nouveau paragraphe met en place un espace égal à l'interligne. Pour saisir une valeur dans ce champ, respectez les mêmes principes que pour un interligne personnalisé.

Le traitement de texte

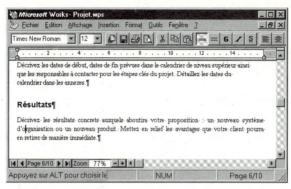

Espacement Avant d'une ligne

Pour définir cette option, il est évident que le curseur doit se trouver dans le paragraphe devant être affecté d'un espacement Avant, avant d'appeler la boîte de dialogue **Format de paragraphe**. Si ce paramètre doit s'appliquer à plusieurs paragraphes, sélectionnez-les tous avant l'appel de la commande. Si vous modifiez cette option avant la saisie du premier caractère du texte, elle s'appliquera à l'ensemble du texte.

Espacement Après le paragraphe

Cette option part du même principe que l'espacement Avant, sauf que l'espace est rajouté en fin de paragraphe.

Si vous définissez cette option au départ, avant la saisie du premier caractère, vous aurez l'avantage d'avoir un texte commençant tout en haut de la marge du haut, ce qui ne serait pas le cas avec un espacement Avant.

Dans le corps du texte, vous ne remarquerez aucune différence entre un espacement Avant ou un espacement Après. Notez qu'en cas de définition d'un espacement Avant et d'un espacement Après, les deux se cumulent.

Coupure de paragraphe

Comme vous le savez, Works 95 ne se contente pas seulement de couper automatiquement les lignes en fonction des marges, il coupe également les pages en fonction de ces marges.

En fait, le programme calcule le nombre de lignes qu'il est possible de placer sur une page et insère un saut de page lorsqu'il atteint la limite de la feuille. En mode Normal, le saut de page vous est indiqué par un chevron dirigé vers la droite (»), dans la marge. Par défaut, Works 95 ne se soucie pas des paragraphes lorsqu'il met en place un saut de page.

Options de saut de page

Il arrive souvent que le saut de page intervienne au beau milieu d'un paragraphe, situation gênante, surtout s'il s'agit par exemple d'un tableau. Le cas typique est celui du paragraphe coupé après sa première ligne ou juste avant la dernière ligne.

Autre problème, celui des paragraphes que vous ne souhaitez pas séparer les uns des autres par le saut de page, par exemple un titre et son premier paragraphe de texte. Pour résoudre ces cas, l'onglet **Espacement** de la boîte de dialogue **Format de paragraphe** propose les deux options suivantes :

Le traitement de texte 3

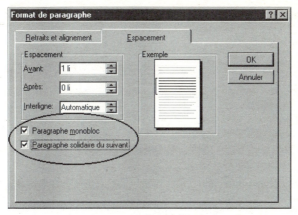

Les options de saut de page

Les deux options se présentent sous forme de cases à cocher et sont validées par un clic sur **OK**.

Paragraphe monobloc

Cette option empêche Works 95 de placer un saut de page au milieu du paragraphe sélectionné. Le saut de page interviendra avant le paragraphe en question. Si cette option est activée avant même la saisie du texte, tous les paragraphes du document seront pourvus de ce formatage.

Paragraphe monobloc

Paragraphe solidaire du suivant

Cette option empêche le programme de placer un saut de page entre deux ou plusieurs paragraphes. Il n'est bien sûr pas envisageable de formater l'ensemble du document de cette façon, car la seule solution qui resterait à Works 95 serait de placer les sauts de ligne au beau milieu des paragraphes.

Elle s'applique en principe aux titres, sous-titres, légendes d'illustration, etc. Le programme s'arrange toujours pour laisser au minimum deux lignes d'un paragraphe sur une page avant ou après le saut de page.

Retraits

Les retraits sont des attributs de formatage de paragraphes que vous pourrez définir soit par la souris, soit par la boîte de dialogue **Format de paragraphe**. Commençons déjà par clarifier la notion de retrait.

On parle de retrait lorsqu'un paragraphe ne s'étend pas jusqu'à la marge de gauche, de droite ou aux deux. Le paragraphe doté d'un retrait déroge à la présentation commune du document et se retrouve donc mis en valeur. Mais il n'y a mise en valeur que si quelques paragraphes seulement sont ainsi formatés. Si l'ensemble du document est équipé de retraits, il vaut mieux modifier les marges du document, plutôt que de placer des retraits dans tous les paragraphes.

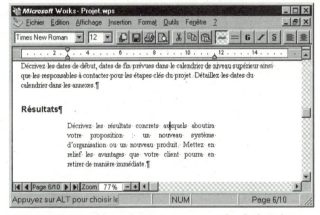

Retrait à gauche et à droite - Jetez un coup d'oeil à la règle

Il existe au total trois types de retraits, combinables entre eux. On distingue ainsi le retrait à gauche, le retrait à droite et le retrait de première ligne.

Retrait à gauche

Si vous souhaitez qu'un paragraphe (ou plusieurs) ne s'étende(nt) pas de la marge de gauche jusqu'à la marge de droite et qu'il soit légèrement décalé par rapport à la marge de gauche, il est question d'un retrait à gauche. Avec la souris, il est facile à mettre en place.

Placez le curseur dans le paragraphe ou sélectionnez l'ensemble des paragraphes à traiter. Jouez de la barre de défilement horizontale et assurez-vous que vous êtes bien positionné à la marge de gauche. Vous devez voir l'origine de la règle, la position 0. Cliquez sur le bouton de retrait à gauche, celui marqué d'une petite flèche vers la droite. A chaque clic le retrait s'intensifie et augmente de la valeur d'une tabulation. La définition de la largeur de la tabulation est entreprise dans la boîte de dialogue de la commande **Format/Tabulations**. Reportez-vous à la section 3.4 pour de plus amples détails.

Avec la règle

Une autre possibilité de fixation des retraits est la règle. Vous y trouverez des curseurs triangulaires réglant les retraits. Si vous déplacez conjointement les deux petits triangles de gauche (la technique consiste à déplacer le triangle du bas, celui du haut suit automatiquement le premier) en maintenant le bouton de la souris enfoncé, vous définirez un retrait à gauche.

Le traitement de texte 3

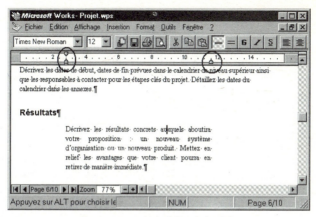

Les curseurs triangulaires de la règle

L'opération n'est pas toujours facile car ces curseurs sont petits. La largeur du retrait est fonction de la nouvelle position du curseur, vous pourrez en lire la valeur sur la règle. Une ligne verticale en pointillé vous sert de guide durant l'opération.

Retrait à droite

Le retrait à droite fonctionne de la même façon que celui de gauche, sauf que vous ne disposez pas de bouton pour la barre d'outils pour effectuer l'opération. La seule solution ici est de déplacer le curseur triangulaire placé à droite, sur la marge de droite du document et de le tirer vers la gauche. Si ce curseur et la marge de droite ne sont pas visibles à l'écran, jouez de la barre de défilement horizontale pour les afficher. Pensez également à changer d'affichage si vous aviez opté pour le zoom *Largeur de page*, sinon vous n'aurez pas une vision réaliste de ce retrait à droite.

Annuler les retraits

Pour annuler les retraits à l'aide de la règle, commencez par sélectionner les paragraphes à traiter. Puis replacez les curseurs à leur place initiale, à la marge de gauche et de droite. Vous pouvez également passer par la barre d'outils.

A l'aide de ce bouton, vous pourrez annuler progressivement les retraits à gauche (et seulement ceux de gauche). A chaque clic sur le bouton, le retrait est minoré d'une tabulation, jusqu'à la position 0 de la règle.

Une autre possibilité est offerte par le raccourci clavier **CTRL** + **Q**. Il annule l'ensemble des modifications de format de la sélection et restaure les attributs par défaut.

Retrait de première ligne

Il existe en fait deux types de retraits de première ligne : le retrait positif de première ligne et le retrait négatif de première ligne. Le premier type vous est connu de par les journaux et les magazines, qui y font largement appel.

Le traitement de texte

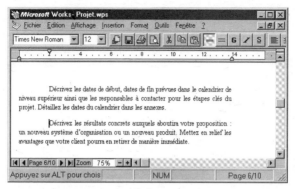

Retraits positifs de première ligne

Le retrait de première ligne négatif est le phénomène inverse, la première ligne restant au contact de la marge de gauche et le reste du paragraphe étant doté d'un retrait à gauche. Ceci n'est bien sûr possible que si le paragraphe lui-même est pourvu d'un retrait à gauche. Le retrait négatif de la première ligne ne vient pas forcément jusqu'à la marge de gauche.

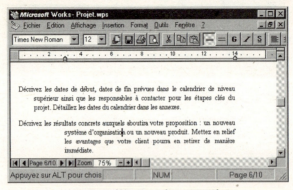
Retraits de première ligne négatifs

Mettre en place un retrait de première ligne positif

Avec la souris : saisissez avec la souris le curseur triangulaire du haut, à la marge de gauche, et déplacez-le vers la droite à la position souhaitée. Si vous souhaitez définir en complément un retrait à gauche normal pour le paragraphe, faites de même avec le curseur triangulaire du bas. Notez que le retrait de première ligne suit le retrait général du paragraphe.

Mettre en place un retrait négatif de première ligne

Pour un retrait négatif de première ligne, la première opération consiste à fixer un retrait à gauche pour l'ensemble du paragraphe, en déplaçant le curseur du bas de la règle vers la droite. Ceci fait, déplacez le curseur du haut vers la gauche, au maximum jusqu'à la position 0 de la règle.

Le traitement de texte 3

Les retraits par la boîte de dialogue

Les retraits peuvent aussi être définis par l'intermédiaire de la boîte de dialogue **Format de paragraphe** et son onglet **Retraits et alignement**. Ici, il s'agit d'indiquer des valeurs numériques au clavier.

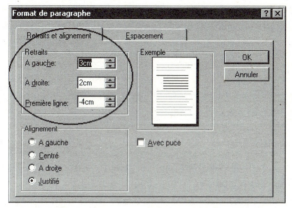

Définir les retraits par la boîte de dialogue

A l'ouverture de la boîte de dialogue et de son onglet **Retraits et alignement**, le contenu du champ *A gauche* est sélectionné. Vous pouvez taper directement la valeur de ce retrait. L'unité par défaut est celle que vous avez fixée dans la boîte de dialogue **Outils/Options**.

Pour le retrait à droite, vous procéderez de la même manière. Placez le curseur dans le champ et saisissez la valeur requise. Validez par OK. La règle présente les curseurs de retrait aux positions définies dans la boîte de dialogue.

Saisir une valeur négative

Lors de la saisie manuelle du retrait de première ligne, il y a une particularité à connaître. Il faut indiquer à Works 95 si ce retrait est positif ou négatif. La technique est simple. Pour un retrait négatif, tapez une valeur précédée du signe -. En l'absence de ce signe -, Works 95 considérera que le retrait de première ligne est positif.

Raccourcis clavier pour les retraits

La combinaison **CTRL** + **L** met en place un retrait à gauche de la valeur d'une tabulation prédéfinie (1,3 cm par défaut), avec **CTRL** + **MAJ** + **L** ce retrait est annulé.

Listes à puces

Si vous avez à créer des listes dans vos documents et si vous désirez faire précéder chaque élément de la liste d'un symbole ou puce, c'est chose facile avec Works 95. Créez la liste normalement, en veillant à ce que chaque élément de la liste forme un paragraphe. Sélectionnez la liste et cliquez sur le bouton *Symboles* de la barre d'outils standard.

Modifier les symboles

Si vous souhaitez employer un autre symbole, sélectionnez votre liste et appelez la commande **Listes à puces** du menu **Format**. Faites votre choix dans cette boîte de dialogue.

Le traitement de texte 3

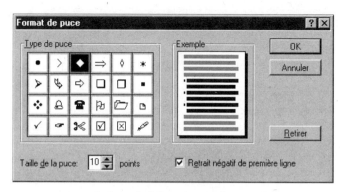

La boîte de dialogue Format de puce

Il suffit d'un clic sur le symbole choisi. Si vous ne souhaitez pas de retrait négatif de première ligne, désactivez la case à cocher correspondante.

Vous pourrez aussi y définir la taille des puces. Le bouton **Retirer** efface la puce dans un paragraphe sélectionné de la liste. Vous arriverez au même résultat en cliquant une nouvelle fois sur le bouton de la barre d'outils.

Mise en forme rapide

Dans cette toute dernière version de Works 95, le programme offre à l'utilisateur la possibilité d'enregistrer les formatages les plus courants comme *Mises en forme rapides*. L'avantage est qu'en une seule commande, ces mises en forme rapides permettent d'affecter plusieurs attributs.

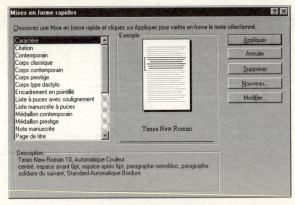

La boîte de dialogue Mises en forme rapides

Les mises en forme rapides prédéfinies

Dans Works 95 vous sont proposées 25 mises en forme rapides prêtes à l'emploi. Vous en trouverez la liste dans cette boîte de dialogue. Pour appliquer une de ces mises en forme rapides, sélectionnez le paragraphe concerné et cliquez sur le bouton correspondant dans la barre d'outils. Ce bouton ouvre le menu suivant.

Le traitement de texte

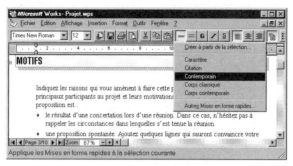

Après activation du bouton

Dans la liste, sélectionnez un formatage ou la commande **Autres Mises en forme rapides** pour ouvrir la boîte de dialogue. Définissez le format requis. Les caractéristiques de chaque mise en forme sont affichées dans la zone *Description*.

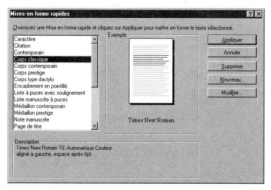

Les caractéristiques de la mise en forme rapide Corps classique

3 — Le traitement de texte

Modifier les mises en forme rapides

Le bouton **Modifier** affiche la boîte de dialogue **Modifier la Mise en forme rapide**. Changez d'abord son nom, si vous souhaitez conserver la mise en forme rapide prédéfinie. Puis jouez des divers boutons pour modifier les attributs voulus. Nous aurons l'occasion de revenir sur les options *Bordure*, *Trame de fond* et *Tabulations* dans la suite de ce chapitre. Lorsque toutes les modifications sont en place, cliquez sur **Terminé**. La mise en forme rapide est enregistrée et sera désormais à votre disposition dans la liste.

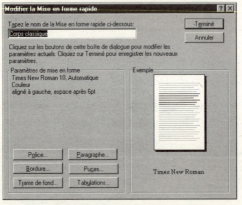

La boîte de dialogue Nouvelle mise en forme rapide

Définir une nouvelle mise en forme rapide

Vous pouvez également profiter de cette fonction pour définir et mémoriser vos mises en forme les plus courantes. Pour ce faire, sélectionnez le paragraphe à formater et cliquez sur le bouton *Mises en formes rapides* de la barre d'outils. Dans le menu, activez la commande **Créer à partir de la sélection** (la sélection en question est votre paragraphe), donnez un nom à la mise en forme rapide et cliquez sur **Terminé**.

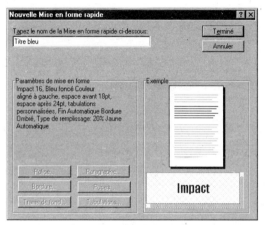

La boîte de dialogue Modifier la Mise en forme rapide

Si vous ne voulez pas partir d'une sélection, appelez la commande **Mises en forme rapides** du menu **Format** ou cliquez sur le bouton de la barre d'outils et activez **Autres Mises en forme rapides**. Cliquez ensuite sur **Nouveau**. Définissez les divers attributs de votre mise en forme rapide, *Police*, *Paragraphe*, *Bordure*, *Puces*, etc. Pour finir, donnez un nom à cette mise en forme rapide et cliquez sur **Terminé**.

Supprimer une mise en forme rapide

Ouvrez la boîte de dialogue **Mises en forme rapides** par le menu **Format** ou le bouton de la barre d'outils et sa commande **Autres**

Mises en forme rapides. Sélectionnez la mise en forme rapide à éliminer et cliquez sur le bouton **Supprimer**.

Formater un texte rapide

Créer un texte rapide comme décrit précédemment, puis, dans la boîte de dialogue **Texte rapide**, cliquez sur **Format**.

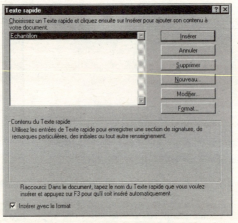

La boîte de dialogue Texte rapide

La boîte de dialogue **Mises en forme rapides** s'ouvre. A la sélection dans la liste, vous constaterez que le texte rapide n'est doté pour le moment d'aucun format (option *(Aucune)*). Affectez-lui une mise en forme rapide existante par un clic dans la liste et cliquez sur **Appliquer**. Au besoin, vous pourrez même créer une nouvelle mise en forme rapide puis l'appliquer à votre texte rapide.

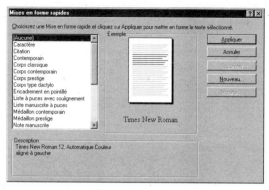

Le texte rapide, pour le moment sans format

Copier un format

La fonction **Mises en forme rapides** n'est pas la seule solution permettant de transférer des formatages. Lorsque vous aurez défini toutes les mises en forme de caractères et de paragraphes nécessaires, vous pourrez gagner beaucoup de temps dans l'affectation ultérieure de ces mises en forme rapides à d'autre éléments du texte. Il est inutile de repasser par les menus et les boîtes de dialogue, vous utiliserez une autre fonctionnalité de Works 95 : la copie de format. Comme vous l'avez certainement noté dans les copies de texte, la copie ne concerne pas seulement le texte, mais aussi son apparence. Lorsque vous collez un passage de texte à un autre endroit, vous le retrouverez avec sa police, sa taille et tous les autres attributs de formatage.

Copier le format de caractères

La liaison établie entre les caractères et leur format va être utilisée pour transférer non les caractères, mais leurs attributs. Là encore, le plus simple est d'utiliser la souris. Placez simplement le curseur dans le mot dont vous souhaitez récupérer le format et sélectionnez au minimum l'un de ses caractères. Appelez ensuite la commande **Copier** du menu **Edition** ou appuyez sur **CTRL + C** ou cliquez sur le bouton *Copier* de la barre d'outils.

Puis sélectionnez le passage de texte devant reprendre cette mise en forme. Appelez la commande **Collage spécial** du menu **Edition**. Une petite boîte de dialogue s'ouvre, proposant soit la copie du format de caractères, soit celle du format du paragraphe. Par défaut, c'est le format de paragraphe qui est sélectionné. Cliquez sur *Style de caractère* et validez par **ENTREE** ou cliquez sur **OK**. Le transfert est effectué.

Sélection du type de collage spécial

Copier le format de paragraphe

Le transfert du format de paragraphe est encore plus simple. Grâce à cette fonction, vous pourrez copier l'alignement, les tabulations, les retraits, les bordures, etc. d'un par vers un autre. Placez le curseur dans le paragraphe source et cliquez sur le bouton *Copier* de la barre d'outils. Placez ensuite le curseur dans le paragraphe cible et appelez la commande **Collage spécial** du menu **Edition**. Il reste à valider par **OK**, car le collage du format de paragraphe est activé par défaut.

3.4. Mises en forme particulières de texte

Tabulations

Ces tabulations sont essentiellement employées pour créer des tableaux. Elles ont pour rôle d'aligner des passages de texte les uns sous les autres. N'essayez surtout pas d'arriver à ce type de résultat par des espaces, surtout si vous utilisez une police proportionnelle. Vous n'arriverez jamais à un résultat satisfaisant en travaillant comme sur votre ancienne machine à écrire, d'autant que l'affichage ne correspondra pas forcément à l'impression. La seule solution est de faire appel aux tabulations.

Les tabulations par défaut

Pour accéder à une tabulation ou à un taquet de tabulation, vous activerez la touche **TAB**. Si tous les caractères non-imprimables sont affichés (commande **Affichage/Tous les caractères**), vous reconnaîtrez les tabulations à l'écran par la flèche vers la droite qui les matérialise. Cette flèche est créée par une action sur la touche **TAB**.

Les tabulations sont placées par Works 95 à des intervalles d'un demi-pouce, soit 1,3 cm. Vous verrez ces positions sous la règle, elles sont représentées par les petits traits verticaux placés dans la bordure inférieure de la règle.

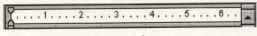
La règle

Modification des tabulations prédéfinies

Cet intervalle par défaut peut être modifié. Ouvrez pour cela la boîte de dialogue **Tabulations**, en activant la commande de même nom du menu **Format**. En bas à gauche, vous trouverez un champ de saisie pour les tabulations prédéfinies, contenant la valeur 1,3 cm. C'est ici que vous effectuerez la modification.

Définition de tabulation personnelle

Il est également possible de placer une tabulation à un emplacement quelconque. Pour cela, Works 95 distingue 4 types de tabulations : gauche, centrée, droite et décimale. Les intervalles peuvent être comblés automatiquement par divers points de suite. Les boutons correspondant à ces types de tabulations peuvent être intégrés dans la barre d'outils.

Pour démontrer la fixation de tabulations personnelles, nous allons créer un petit tableau qui contiendra l'état du stock d'un grossiste en matériel micro-informatique. Ouvrez un nouveau fichier de texte par la commande **Nouveau** du menu **Fichier** ou cliquez sur le bouton **Traitement de texte** dans la boîte de dialogue du Lanceur de tâches.

Le titre sera "Etat du stock". Formatez cette chaîne en caractères gras et soulignés. Puis activez deux fois la touche ENTREE pour laisser deux lignes blanches. Nous allons ensuite définir la structure des colonnes de notre tableau.

Placer des tabulations avec la souris

La technique la plus simple est la souris. Placez le pointeur dans la règle et cliquez à l'endroit où vous souhaitez fixer la première tabulation. Il s'agira de la position 1 cm. Un symbole apparaît à cet emplacement. Si vous activez la touche **TAB**, vous constaterez que le curseur de Works 95 saute directement à cette position. Tapez le mot "Articles".

REMARQUE *Une nouvelle action sur* **TAB** *vous entraînerait à la tabulation suivante.*

Plaçons une deuxième tabulation avec la souris, à la position 5 cm de la règle. Faites de même aux positions 9 cm et 12 cm.

Déplacer et supprimer des taquets de tabulation

Pour déplacer un taquet de tabulation, saisissez-le dans la règle et tirez-le en bonne position en maintenant le bouton de la souris enfoncé. Le fait de sortir le taquet hors de la règle, vers le haut ou le bas, supprime le taquet.

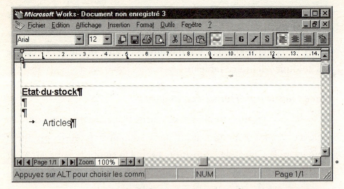

Voici les tabulations à mettre en place

Le curseur doit se trouver derrière le mot Articles. Appuyez sur la touche **TAB** pour sauter au taquet à 5 cm. Tapez la chaîne "N°", appuyez sur **TAB** et tapez "Quantité", appuyez sur **TAB** et tapez "Prix". Après cette saisie, appuyez sur la touche **ENTREE** pour créer une ligne blanche.

Le nouveau paragraphe dispose des mêmes tabulations que son prédécesseur. Partez de la figure suivante pour mettre en place les valeurs du tableau de stock, en pensant à appuyer sur **TAB** avant chaque saisie. Lorsque les données sont en place, formatez le tableau, à l'exception des titres de colonne, avec un interligne double. Il doit ressembler à ceci :

Le traitement de texte

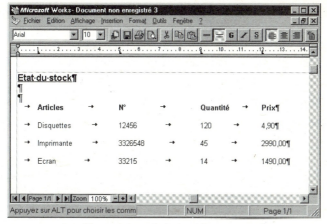

Le tableau avec ses tabulations alignées à gauche

REMARQUE *Toutes les tabulations définies dans la règle sont alignées à gauche, le texte étant aligné à gauche sur la position du taquet. Pour d'autres types de tabulations ou pour fixer des points de suite, il faut passer par la boîte de dialogue* **Tabulations.** *Nous allons y venir dans un instant.*

Alignement des tabulations

L'alignement par défaut des tabulations est à gauche. Une tabulation alignée à droite a pour effet de placer le texte à gauche de la tabulation, en alignant sur l'extrémité droite des valeurs. La tabulation centrée centre la chaîne de caractères sur le taquet. Les tabulations décimales servent à aligner des chiffres sur la virgule, quel que soit le nombre de décimales. Les valeurs entières sont alignées à droite sur la tabulation.

*Boutons d'alignement des tabulations -
Alignement à gauche par défaut*

Points de suite

L'espace entre les passages de texte fixés à certaines positions à l'aide des tabulations peut être comblé automatiquement par Works 95 à l'aide de points de suite. L'option par défaut consiste à ne pas utiliser de points de suite. Les divers styles de points de suite proposés sont les points, un trait en pointillé, un trait plein ou un trait en pointillé double. Vous aurez à définir ces points de suite pour chaque tabulation individuelle.

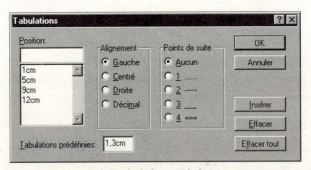

La boîte de dialogue Tabulations

Le traitement de texte

Nous allons définir l'alignement de nos tabulations. Nous souhaitons aligner les numéros des articles et les quantités à droite et les prix sous forme de tabulation décimale.

Commencez par sélectionner tout le tableau à l'exception des titres de colonne. Puis appelez la boîte de dialogue **Tabulations**.

Cette boîte de dialogue apparaît à l'appel de la commande de même nom du menu **Format** ou par un double clic dans la règle. Notez que cette dernière technique fixe en même temps une tabulation à l'emplacement du clic.

Dans la boîte de dialogue, vous pourrez modifier l'alignement des tabulations placées par la souris ou définir de nouvelles tabulations. Le champ *Position* permet de définir l'emplacement de la tabulation. Sont également à votre disposition les zones *Alignement* et *Points de suite*. Ces zones contiennent des cases d'option indiquant les paramètres actifs. En bas, est indiquée la valeur de la tabulation prédéfinie.

Les boutons de la boîte de dialogue Tabulations

A droite de la boîte de dialogue se trouvent plusieurs boutons. Nous ne nous attarderons pas sur les boutons **OK** et **Annuler**. Le bouton **Insérer** permet d'intégrer ,dans la liste des tabulations en place, une nouvelle tabulation dont la position est spécifiée dans le champ *Position*. Le bouton *Effacer* sert à supprimer la tabulation sélectionnée dans la liste et avec *Effacer tout*, vous supprimerez l'ensemble des tabulations personnelles. Dans ce cas, vous retrouverez toutes les tabulations prédéfinies.

Alignement et points de suite des tabulations personnelles

Prenons le cas de notre tableau. Nous avons fixé nos tabulations à l'aide de la souris mais leur alignement ne nous satisfait pas. Vous retrouvez vos tabulations dans la liste de la boîte de dialogue.

Cliquez sur la seconde tabulation à modifier. Il s'agit du taquet placé à 5 cm. Sa position est reprise dans le champ de saisie. Vous pouvez maintenant modifier son alignement et ses points de suite par les cases d'option correspondantes. Cette tabulation doit être alignée à droite, sans point de suite. Lorsque les nouveaux paramètres sont choisis, cliquez sur **Insérer**.

Sélectionnez ensuite la tabulation à 9 cm et faites de même. Pour finir, cliquez sur le taquet 12 cm et affectez-lui un alignement décimal. Validez toutes ces options par un clic sur **OK**. De retour au document, jetez un coup d'oeil au résultat.

Corrections ultérieures

Le résultat est tout à fait satisfaisant. Les chiffres sont bien positionnés. Cela dit, la tabulation correspondant aux numéros des articles serait mieux placée à la position 6 cm. Corrigeons rapidement ce point de détail. Sélectionnez à nouveau le tableau sans la ligne des titres, cliquez sur le taquet 5 cm dans la règle, maintenez le bouton de la souris enfoncé et déplacez-le sur la position 6 cm.

Le traitement de texte **3**

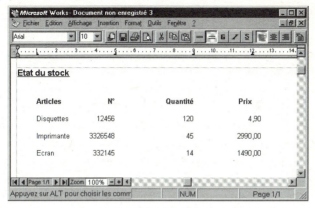

Le tableau terminé

Alignement des tabulations par la barre d'outils

Une autre solution pour définir l'alignement des tabulations est de passer par la barre d'outils. Cela dit, cette opération suppose au préalable l'intégration des boutons correspondants dans cette barre d'outils.

Admettons que vous souhaitiez placer une tabulation décimale en position 3 cm de la règle. Commencez par cliquer sur le bouton des tabulations décimales, puis procédez comme nous l'avons fait auparavant pour fixer des tabulations avec la souris. Cliquez simplement sur la position 3 cm de la règle. Toute modification ultérieure sera entreprise par la boîte de dialogue.

Supprimer des tabulations

La façon la plus simple de supprimer une tabulation est d'employer la souris. Cliquez sur la tabulation à effacer, maintenez le bouton enfoncé et tirez-la en dehors de la règle. Lâchez le bouton de la souris : le taquet est supprimé. Cette suppression peut aussi être réalisée dans la boîte de dialogue Tabulations : sélectionnez la tabulation en question dans la liste, puis cliquez sur le bouton Effacer. Pour supprimer toutes les tabulations personnelles, inutile de sélectionner les taquets, cliquez simplement sur le bouton Effacer tout.

Validité des tabulations

Les tabulations font partie des attributs de formatage des paragraphes. Cela signifie que les tabulations que vous définirez seront appliquées aux paragraphes sélectionnés au moment de la mise en place. Une fois le paragraphe doté de ses tabulations, vous pouvez vous en servir pour créer d'autres paragraphes dotés des mêmes attributs, simplement en appuyant sur la touche **ENTREE**.

Bordures

Autre élément de formatage : les bordures. Une bordure concerne toujours un paragraphe. Il n'est donc pas possible de cumuler dans une même ligne une chaîne de caractères encadrée et du texte non encadré. La seule exception possible est le texte en plusieurs colonnes, mais nous aurons l'occasion d'y revenir.

Les types de bordure

Works 95 propose plusieurs types de bordure parmi lesquels vous aurez à faire votre choix. La palette va des traits standard aux traits épais, en passant par les traits doubles et les bordures ombrées. Vous pourrez également en fixer la couleur.

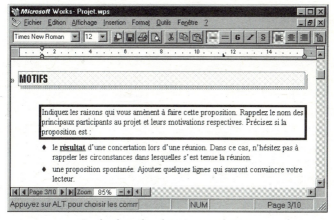

Les bordures dans le traitement de texte

Une bordure n'est pas forcément un rectangle fermé, vous pourrez définir les côtés pour lesquels vous souhaitez mettre en place un trait de bordure. Par contre, pour un même paragraphe, vous devrez toujours utiliser un même style de trait, les combinaisons sont impossibles.

Pour cet exemple, nous allons ajouter une bordure autour des titres de notre tableau. Placez le curseur dans cette ligne et appelez la commande **Bordure et trame de fond**, dans le menu **Format**. Vous pouvez aussi cliquer sur le bouton correspondant de la barre d'outils, si vous l'avez ajouté.

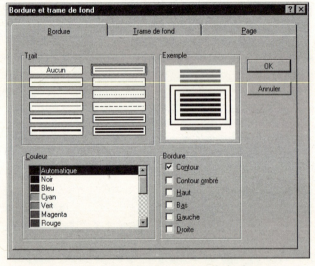

La boîte de dialogue Bordure et trame de fond, avec son onglet Bordure.

Choisissez l'option *Contour* dans la zone *Bordure* et un trait double dans la zone *Trait*. Validez par **OK**. Voici le résultat :

Le traitement de texte 3

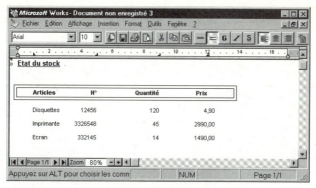

Le résultat de la bordure

Trame de fond

La trame de fond permet d'affecter au paragraphe un arrière plan tramé de couleur. Pour la trame, Works 95 distingue le premier plan et l'arrière plan. Vous pouvez combiner trame de fond et bordure. Pour affecter une trame à un paragraphe, sélectionnez-le dans le texte puis appelez la commande **Bordure et trame de fond** dans le menu **Format**. Activez l'onglet **Trame de fond**.

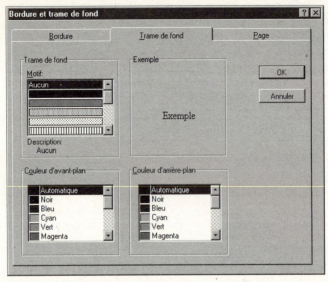

*La boîte de dialogue Bordure et trame de fond,
avec l'onglet Trame de fond*

Sélectionnez la trame requise et définissez éventuellement les couleurs d'avant et d'arrière-plan. Pour un document en noir et blanc, conservez les mentions *Automatique*. Validez par **OK**.

Le traitement de texte

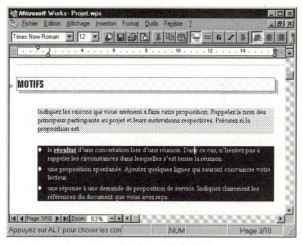

Exemples de trames de fond

Le paragraphe du bas de l'illustration n'est pas sélectionné, comme vous pourriez le penser, mais doté d'une trame de fond noire, avec un texte formaté en couleur blanche.

Bordure et mise en page

La bordure est directement liée au paragraphe. Elle est placée autour du paragraphe. Pour éviter de :modifier le positionnement du texte, la bordure est placée, à gauche et à droite, dans la marge. Ce paramètre doit être pris en considération au moment de la fixation de ces marges gauche et droite. Si vous définissez une marge de gauche et de droite de 0, la bordure ne pourra pas être imprimée.

Bordure et format de paragraphe

La largeur de la bordure, qui s'étend par défaut de la marge de gauche à celle de droite, peut être modifiée par des retraits. En cas de retrait négatif de première ligne, le côté gauche de la bordure prendra comme référence ce retrait négatif.

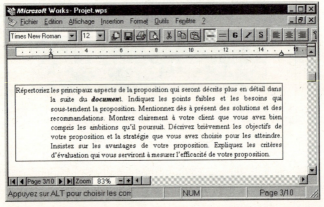

Bordure avec retrait de première ligne

Deux paragraphes adjacents, dotés tous deux d'une bordure, ne sont pas séparés par une ligne blanche, la bordure du bas du premier paragraphe est superposée à la bordure du haut du second. Ceci n'est cependant vrai que si la largeur et la position des deux cadres sont identiques.

Le traitement de texte

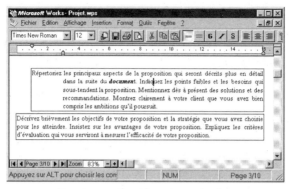

Deux paragraphes adjacents avec bordure

Si un paragraphe ne dispose que d'une bordure à gauche et à droite, vous pourrez conjuguer ces bordures avec le contour du paragraphe précédent ou suivant. Veillez simplement à ce qu'il n'y ait aucun espacement avant, après ou retrait défini, car sinon ces espacements seront préservés.

Bordure unique autour de plusieurs paragraphes

Il est possible de placer une bordure de contour autour de paragraphes individuels, mais aussi autour d'un groupe de paragraphes. La solution est toute simple : sélectionnez l'ensemble des paragraphes à encadrer après vous être assuré qu'aucun d'eux ne comporte d'espacement avant ou après. Appelez ensuite la commande **Bordure et trame de fond** du menu **Format** et définissez la bordure avec l'option *Contour* et le style de trait.

Supprimer une bordure

Pour effacer une bordure, il faut rappeler la boîte de dialogue **Bordure et trame de fond** et supprimer toutes les options de bordure définies. Une autre technique plus radicale permet de retrouver le format de paragraphe par défaut : **CTRL + Q**. Mais attention, cette combinaison de touche supprime également les tabulations personnelles.

Bordure de page

Dans la boîte de dialogue **Bordure et trame de fond**, un onglet **Page** vous attend. Il permet de définir un cadre autour des pages du document. Ce cadre n'a rien à voir avec les bordures dont nous venons de parler.

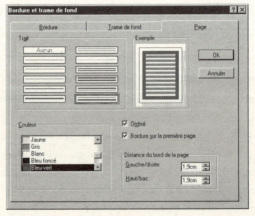

La boîte de dialogue Bordure et trame de fond, avec l'onglet Page

Définissez, là aussi, le type de trait, la couleur et les positions. L'option *Bordure de première page* n'affecte ce cadre qu'à la première page du document, d'où possibilité de créer une page de garde. Fixez également la distance entre la bordure et le bord de la feuille.

En-tête et pied de page

La mise en forme de l'en-tête et du pied de page d'un document, comme la mise en page ou le nombre de colonnes, affecte l'ensemble du document, avec toutes ses pages. L'en-tête et le pied de page, une fois définis, apparaissent sur toutes les pages. La seule exception possible est la première page.

Marge d'en-tête et de pied de page

Dans la boîte de dialogue **Mise en page** du menu **Fichier**, vous sont présentées à droite les marges d'en-tête et de pied de page. Deux zones par défaut y sont définies, intégrées dans la marge du haut et du bas de la page. Théoriquement, l'en-tête et le pied de page ne peuvent donc pas dépasser le cadre de ces marges.

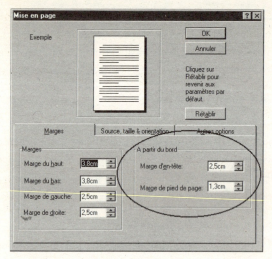

Définition des marges d'en-tête et de pied de page

S'agissant de paragraphes normaux, l'en-tête et le pied de page acceptent tous les formatages traditionnels de caractères et de paragraphes. Ces zones peuvent même contenir plusieurs paragraphes.

Options par défaut

Dans ces zones, une tabulation centrée est en place par défaut, ainsi qu'une tabulation alignée à droite. La tabulation centrée est placée au milieu de la page, c'est-à-dire au milieu de l'espace de saisie défini par les marges de gauche et de droite.

Insertion d'informations

Insertion du numéro de page

Le numéro de page est mis en place par le menu **Insertion**. Il a pour effet d'imprimer sur chaque page le numéro correspondant. Dans le document, vous ne verrez pas le numéro, mais seulement un code qui sera remplacé, lors de l'impression, par le numéro concerné. Pour visualiser les numéros de page, vous pouvez faire appel à la fonction **Aperçu avant impression**.

Insertion du nom du document

La même technique peut également être mise à profit pour intégrer le nom du document. Le code est, là aussi, placé entre deux étoiles, comme d'ailleurs l'insertion de la date et l'heure.

L'insertion du nom du document vous évite une saisie pénible. Ces codes sont très utiles dans l'en-tête et le pied de page, mais vous pouvez y recourir n'importe où dans le texte.

Insertion de la date et de l'heure

 Ces deux éléments réagissent différemment. Vous pourrez d'ailleurs les installer sous forme de boutons de la barre d'outils si vous en éprouvez le besoin. Ces codes ne sont pas placés entre deux étoiles. Ces informations sont récupérées par Works 95 à partir de votre horloge système.

Vous fixerez le format de la date et de l'heure dans la boîte de dialogue **Insertion de la date et l'heure**, avec la commande **Insertion/Date et heure**.

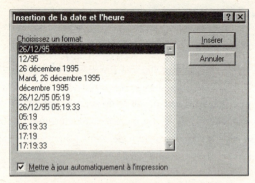

La boîte de dialogue Insertion de la date et l'heure

L'option activée par défaut, *Mettre à jour automatiquement à l'impression*, montre qu'il s'agit également d'un code. Si vous désactivez cette option, vous insérerez la date active dans le texte, mais cette information ne sera plus mise à jour. Il s'agira d'un texte normal et non pas d'un code.

Insertion de caractères spéciaux

Vous avez déjà fait la connaissance des caractères spéciaux dans le menu **Affichage**, lorsque nous avons évoqué la commande **Tous les caractères**. Rappelez-vous : cette commande a pour effet d'afficher à l'écran tous les caractères non-imprimables servant à la structure de votre document, par exemple les taquets de tabulations, les marques de paragraphe, les sauts de ligne, les espaces, etc. Certains de ces caractères sont accessibles par la commande **Insertion/Caractère spécial**.

Le traitement de texte

La boîte de dialogue Insertion de caractère spécial

Les caractères non listés dans cette boîte de dialogue, par exemple les marques de paragraphe, sont à saisir par le clavier. D'ailleurs les caractères spéciaux de la liste sont eux aussi dotés de combinaisons de touche exécutables au clavier. Vous les verrez dans le bas de la boîte de dialogue. Pour insérer un de ces caractères dans le texte, sélectionnez-le et cliquez sur **OK** ou faites un double clic sur le caractère, dans la liste.

La marque de nouvelle ligne peut aussi être mise en place par la combinaison **MAJ** + **ENTREE**, le tiret conditionnel par **ALT** + **0172**, le tiret insécable par **ALT** + **0173** et l'espace insécable par **ALT** + **0176**. Le tiret insécable a pour effet d'empêcher un saut de ligne entre les mots séparés par ce tiret. L'espace insécable à le même effet.

Notes de bas de page

Dans les textes scientifiques, il est fréquent de faire état de la bibliographie ou des références externes sous forme de notes de bas de page. Works 95 supporte bien évidemment cette fonction. Normalement, la note de bas de page apparaît, comme son nom le laisse entendre, au bas de la page. Dans certaines circonstances, les notes sont toutes rassemblées en fin de texte. Works 95 sait gérer les deux situations.

REMARQUE *Dans les textes très longs, vous pourrez également gérer ces notes de bas de page sous forme de regroupement par chapitre. Il suffit pour cela de scinder le texte long en plusieurs fichiers indépendants, chaque fichier correspondant à un chapitre. L'option d'impression des notes de bas de page en fin de document est à votre disposition dans l'onglet* **Autres options** *de la boîte de dialogue* **Mise en page**.

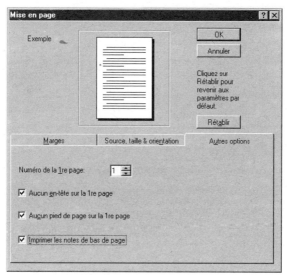

L'onglet Autres options

Créer une note de bas de page

Pour créer une note de bas de page, placez le curseur à l'emplacement de référence dans le texte. Appelez la commande **Notes de bas de page** dans le menu **Insertion** ou cliquez sur le bouton correspondant de la barre d'outils. La boîte de dialogue **Insertion de note de bas de page** s'ouvre. Deux possibilités sont proposées pour définir le type de note de bas de page.

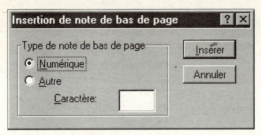

La boîte de dialogue Insertion de note de bas de page

Par défaut, Works 95 vous proposera des notes de bas de page marquées par des valeurs numériques. Le texte est doté d'un numéro, formaté en exposant, pour matérialiser la présence d'une note de bas de page. Ce numéro est géré automatiquement par Works 95, qui l'adapte à la position de la note.

Ainsi, si vous insérez une note avant une autre note déjà numérotée, le programme se charge de la renumérotation de toutes les notes suivantes.

La seconde option, *Autre*, vous permet de définir vous-même un caractère de référence. Cette note sera également prise en compte dans la numérotation automatique des notes, mais la combinaison des deux systèmes n'est pas judicieuse, car la numérotation des notes présentera des "trous", correspondant aux notes non numérotées.

Le programme permet de sélectionner jusqu'à 10 caractères personnels. Si vous avez trois notes à mettre en place, vous pourriez ainsi choisir le caractère x, les notes étant référencées x, xx et xxx.

Le traitement de texte

Formatage des notes de bas de page

Leur formatage est libre. Par défaut, la note de bas de page et sa référence dans le texte reprendront le format de caractères de votre texte. Dans le texte, gardez la référence de note avec son attribut *Exposant*.

Fenêtre de note de bas de page

Après validation de la boîte de dialogue *Insertion de note de bas de page*, Works 95 insère le numéro de la note dans le texte. Assurez-vous d'être en mode Normal. Works 95 ouvre ensuite la fenêtre de note de bas de page, au bas de l'écran.

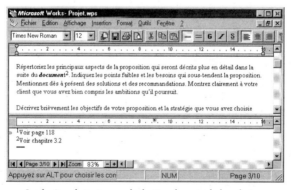

La fenêtre de texte avec la fenêtre de note de bas de page

REMARQUE *La fenêtre de note de bas de page n'est pas visible en mode Page. Dans ce mode, les notes de bas de page sont directement présentées en bonne place.*

Le fenêtre de note de bas de page est horizontale, séparée du texte par un cadre et disposant de sa propre règle. Le fenêtre de texte et la fenêtre de note de bas de page se répartissent l'espace de l'écran. Les proportions affectées à l'une et à l'autre peuvent être réglées par la souris.

Placez le pointeur sur la bordure supérieure de la fenêtre de note, jusqu'à ce qu'il se transforme en une double flèche. Appuyez sur le bouton gauche de la sourie et maintenez l'appui, puis tirez vers le bas ou le haut pour modifier la taille de la fenêtre de note.

Masquer la fenêtre de note

Lorsque la fenêtre de note de bas de page est affichée, vous constaterez que, dans le menu **Affichage**, la commande **Notes de bas de page** est cochée, donc activée. Si vous avez masqué la fenêtre en la réduisant à l'extrême ou par un double clic sur la bordure supérieure de la fenêtre, c'est par cette commande que vous la rappellerez.

Le menu Affichage

Format de la note de bas de page

Dans cette fenêtre, tapez le texte de la note. Un clic de souris ou une action sur la touche **F6** ramène le curseur dans la fenêtre de texte. La note porte le même format de caractères que le reste du texte, mais rien ne vous empêche de le modifier, peut-être pour réduire la taille des caractères. La mise en forme des notes de bas de page est réalisée de la même manière que celle du texte normal, il n'y a aucune particularité à noter.

Format de paragraphe dans la fenêtre de note de bas de page

Le format de paragraphe de la fenêtre de note de bas de page, qui contient une règle spécifique, est aligné à gauche, d'interligne simple, sans retrait. Nous vous conseillons de modifier ce format pour lui rajouter un retrait de première ligne. En cas de retrait négatif de première ligne, vous pourriez même séparer le texte de la note de sa référence par une tabulation. Et pourquoi ne pas utiliser une mise en forme rapide ?

Feuilleter les notes de bas de page

Vous avez mis en place plusieurs notes et souhaitez rajouter une phrase à la note n° 5. Affichez la fenêtre des notes de bas de page par le menu **Affichage** et feuilletez-les les unes après les autres. Vous constaterez que l'affichage du texte s'adapte aux notes pour présenter le texte correspondant à la note. Il ne reste plus qu'à procéder aux éventuelles modifications.

Modifier les notes de bas de page

Comme vous venez de le voir, une note de bas de page est manipulée comme un texte ordinaire. Il en va de même pour les modifications. Vous pouvez appliquer toutes les techniques d'édition bien connues. Les seules particularités ont trait aux copies, déplacements et suppressions de notes.

Déplacement d'une note de bas de page

Si vous coupez un passage de texte contenant une note de bas de page et si vous le déplacez ailleurs, la note de bas de page, ou plus exactement sa référence, suit le déplacement du texte. Si ce déplacement vient à modifier l'ordre des notes, elles seront automatiquement mises à jour et renumérotées.

Copier une note de bas de page

En copiant un passage de texte contenant une note de bas de page, il faut porter une attention toute particulière à l'opération. La copie n'a pas seulement pour effet de dupliquer le texte, mais aussi la note de bas de page, ce qui est rarement souhaité. Même en cas de copie dans un autre document, et contrairement aux signets, vous copierez à la fois la référence et le texte de la note de bas de page. Dans le nouveau document de texte, la note sera mise en place et numérotée en fonction des notes déjà existantes dans ce document cible.

Vous pouvez aussi déplacer la note elle-même dans le texte ou la copier ailleurs.

Le traitement de texte **3**

Copier un passage de texte dans une note de bas de page

Vous venez d'écrire un paragraphe mais vous vous apercevez qu'il vaudrait mieux placer ce passage dans une note de bas de page plutôt que dans le corps du texte. Placez le curseur derrière le mot ou le passage de texte où la référence de la note doit venir prendre place. Appelez la commande **Note de bas de page** dans le menu **Insertion** et définissez l'option requise. La note est en place et la fenêtre de note de bas de page est ouverte à l'écran. Sélectionnez dans le texte le passage destiné à devenir une note de bas de page et coupez-le par le bouton *Couper* ou la commande de même nom du menu **Edition**.

Placez ensuite le curseur dans la note de bas de page par la touche **F6**, derrière la référence voulue et appelez la commande **Coller** du menu **Edition** ou cliquez sur le bouton de même nom de la barre d'outils.

Travail en plusieurs colonnes

Works 95 permet de placer plusieurs colonnes côte à côte, comme dans les journaux ou les magazines. Ce format à plusieurs colonnes peut être appliqué au document une fois que le texte est saisi ou dès le départ, avant même de taper le premier caractère. Dans les colonnes, vous pourrez positionner les objets les plus divers, photos, dessins, tableaux, etc. C'est bien la preuve que Works 95 est dans une certaine mesure utilisable en PAO. Fondamentalement, les colonnes ne sont pour le programme que des pages regroupées sur une même page de texte. Vous disposerez ainsi de toutes les fonctions de mise en forme de caractères, de paragraphes et de pages que vous connaissez déjà. D'ailleurs pour Works 95, un texte normal est considéré comme un texte sur une colonne. A noter que le nombre de colonnes défini s'applique toujours à l'ensemble du document.

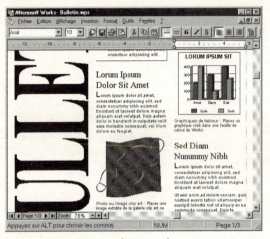

Texte sur plusieurs colonnes

Procédure

 Appelez la commande **Colonnes** du menu **Format** ou cliquez sur le bouton *Colonnes multiples* de la barre d'outils.

Par défaut, Works 95 utilise un format à une colonne. La zone *Exemple* montre le résultat de vos options. Tant que vous restez en une colonne, l'option *Ligne entre les colonnes* n'a aucun effet, de même d'ailleurs que l'option *Espace entre colonnes*. Indiquez le nombre de colonnes requis et validez.

Le traitement de texte 3

La boîte de dialogue Format des colonnes

Après le clic sur **OK,** Works 95 vous avertit que les colonnes ne seront correctement affichées qu'en mode Page et vous propose d'activer cet affichage. En mode Normal, vous ne verrez pas les colonnes côté à côte, vous n'en verrez qu'une seule. Si vous avez activé le zoom *Largeur de page*, cette colonne occupera même toute la largeur de la fenêtre. Nous vous conseillons de désactiver l'option *Ajuster à la fenêtre* dans la boîte de dialogue **Outils/Options,** onglet **Edition.**

La fenêtre d'information

Acceptez de passer en mode Page. Le texte est maintenant affiché avec le nombre de colonne spécifié et la règle indique la largeur de la colonne. Si vous passez d'une colonne à l'autre, remarquez que la règle change, activant à chaque fois les curseurs de la colonne active. La bordure gauche de la colonne correspond systématiquement à la position 0 de la règle et les curseurs triangulaires sont à votre disposition pour la définition des retraits.

Les colonnes sont séparées par un espace reprenant les dimensions que vous lui avez fixées. Si vous avez opté pour la ligne verticale de séparation, sachez qu'elle ne vous sera présentée qu'en mode Aperçu avant impression.

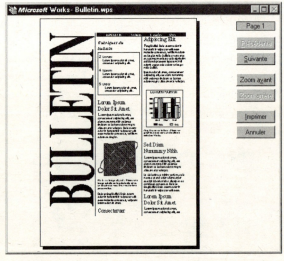

Aperçu avant impression avec ligne de séparation verticale

Modification des colonnes

Pour modifier les colonnes, appelez à nouveau la commande **Colonnes** du menu **Format**. Entreprenez les modifications requises et revenez au texte pour vérification. La largeur de colonnes est calculée par Works 95 à partir des paramètres de mise en page, du nombre de colonnes et de leur espacement. En cas de problème, Works 95 affiche un message d'erreur et repasse à la boîte de dialogue **Format des colonnes**. Modifiez vos paramètres en conséquence ou annulez le formatage et modifiez la mise en page.

Les possibilités de mise en forme

En multicolonnage, vous disposez des mêmes possibilités de mise en forme des caractères et des paragraphes que d'ordinaire, y compris les mises en forme rapides. En principe, avec plusieurs colonnes, les paragraphes sont justifiés.

Si vous appliquez des attributs de bordure à un texte sur plusieurs colonnes, veillez à laisser à Works 95 suffisamment de place au bord droit de la page pour imprimer la bordure. Au besoin, modifiez la mise en page.

Pour les titres dans les colonnes, la règle veut que ceux-ci soient également placés dans les colonnes. Il n'est donc pas possible (dans l'état actuel de nos connaissances) de placer un titre au-dessus de plusieurs colonnes.

3 — Le traitement de texte

Objets dans les colonnes

Dans un texte sur plusieurs colonnes, il est parfaitement possible d'insérer des objets, tableaux, photos ou dessins. Il y a cependant quelques particularités à connaître.

Pour positionner les objets dans le texte, Works 95 vous propose deux méthodes : soit l'insertion de l'objet dans une ligne, comme s'il s'agissait d'un caractère, soit l'insertion de manière absolue, par référence à la page et non pas au texte. Les différences sont faciles à voir si vous sélectionnez l'objet et essayez de le déplacer par Glisser-Déplacer. Avec une insertion DANS la ligne, l'objet n'accepte de prendre place qu'à côté d'un caractère. Avec une insertion "absolue", vous pourrez le placer n'importe où dans la page.

Pour ces deux types de mise en forme des objets, vous utiliserez le bouton *Positionne l'objet* de la barre d'outils ou l'onglet **Renvoi à la ligne** de la boîte de dialogue **Format de l'image**, appelée par la commande **Renvoi à la ligne** du menu **Format**.

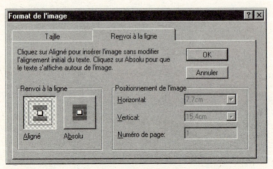

La boîte de dialogue Format de l'image

Avec le bouton, vous pourrez commuter entre les formats "ancré" et "absolu". Si l'objet est ancré, cela signifie que vous ne disposerez pour le positionnement de l'objet que de la largeur d'une colonne. Au besoin, vous serez amené à réduire la taille de l'objet pour qu'il tienne dans cette colonne. Sélectionnez ensuite l'objet et modifiez sa taille par la souris, en jouant des poignées de son cadre.

Si un objet est placé en absolu dans le document, Works 95 se chargera de libérer la place nécessaire. Selon les circonstances, le texte coulera autour de l'objet ou reprendra sous l'objet. Là encore, vous pourrez adapter la taille de l'objet à vos besoins.

Les notes de bas de page en multicolonnage

Avec plusieurs colonnes, les notes de bas de page sont également organisées en colonnes, qu'elles soient placées en bas de page ou en fin de document. Leur impression en fin de document n'est donc pas forcément une bonne chose.

Les notes de bas de page en bas de colonne

Comme avec une colonne unique, Works 95 réserve l'espace nécessaire aux notes au bas des colonnes. Si la note s'étend, le saut de colonne sera automatiquement remonté pour libérer l'espace requis.

Tableau

Pour insérer des tableaux dans vos textes, Works 95 met à votre disposition trois techniques. La première consiste à créer le tableau avec des tabulations. Nous avons évoqué cette technique dans la section consacrée aux tabulations. Elle sera utilisée pour créer un tableau de texte et bénéficier de toutes les options de mise en forme du traitement de texte.

Insérer un tableau sous forme d'objet

La seconde solution est d'insérer le tableau comme objet dans le document de texte. C'est ce qu'on appelle une incorporation. La commande adéquate, **Insérer tableau,** vous attend sous forme de bouton dans la barre d'outils standard et dans le menu **Insertion (Insertion/Tableau).**

Avec cette technique, vous n'aurez pas à quitter votre texte, mais travaillerez cependant dans le module Tableur de Works 95 et bénéficierez de toutes ses fonctionnalités (calcul, tri, etc.).Si l'objet Tableau est activé, vous remarquerez que la barre de menus et la barre d'outils sont remplacées par les éléments correspondants du module Tableur. Vous disposerez ainsi de toutes les commandes du tableur, mais ne pourrez pas accéder aux fonctions de traitement de texte. Le tableau fait partie intégrante du document texte, il est enregistré dans le fichier de texte et non pas sous forme d'un fichier du module Tableur.

Pour insérer ce type de tableau dans votre document de texte, cliquez sur le bouton *Insérer un tableau* de la barre d'outils standard ou appelez la commande **Tableau** du menu **Insertion**. Voici la boîte de dialogue qui vous est présentée :

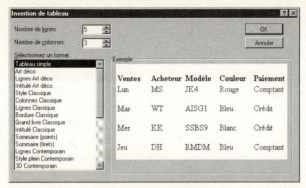

Insertion de tableau

Définissez d'abord le nombre de lignes et de colonnes dont se composera votre futur tableau. Choisissez ensuite un format pour ce tableau et validez vos options par **OK**.

Works 95 insère le tableau dans le document, à l'emplacement du curseur. Vous reconnaîtrez à l'épais cadre bleu qu'il s'agit d'un objet de type Tableur.

Le traitement de texte

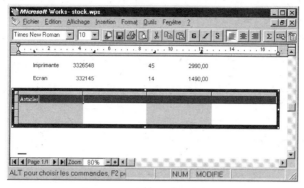

Le nouveau tableau dans le texte

Vous constaterez que la barre de menus et la barre d'outils ont changé pour reprendre les fonctions du tableur. Vous pouvez maintenant commencer la saisie des données du tableau. Si le tableau s'avère trop petit, agrandissez-le par les poignées de son cadre. Il peut s'étendre au maximum sur la largeur de colonne du document. Par défaut, le tableau est "ancré", mais rien ne vous empêche de le passer en format "absolu", par le bouton *Positionne l'objet* ou la commande **Renvoi à la ligne** du menu **Format**.

Dans ce tableau, vous disposerez de toutes les fonctions de mise en forme que nous aurons l'occasion d'étudier quand il sera question du module Tableur. Lorsque le tableau est au point, cliquez en dehors de son cadre, dans le texte proprement dit, et continuez votre activité dans le traitement de texte.

Tant que l'objet est activé, il affiche les numéros de lignes et de colonnes caractéristiques du tableur, les barres de défilement à droite et en bas, ainsi que deux boutons permettant de commuter du mode tableur au mode graphique et inversement.

Feuille de calcul

La dernière technique pour intégrer un tableau dans un texte est la commande **Feuille de calcul** du menu **Insertion**. Vous y ferez appel si vous avez déjà créé la feuille de calcul dans le module Tableur et si vous souhaitez en intégrer une partie dans le document de texte.

Activez cette commande. Dans la boîte de dialogue ainsi ouverte, sélectionnez le tableau et la zone requise que vous souhaitez insérer dans le texte.

Insérer un tableau existant

Lorsque vous aurez validé vos options, le tableau sera inséré dans le texte. On parle alors d'une liaison. De par cette liaison, chaque modification dans le tableau original sera automatique actualisée dans le document de texte.

Le traitement de texte

Coller un tableau copié

Si vous n'avez pas besoin d'une liaison, il vous reste toujours la solution de copier le tableau dans le module Tableur puis de venir le coller dans le document texte. Ceci vous évitera la définition d'une plage et simplifiera l'insertion, même s'il n'est plus question de mise à jour automatique.

Insérer un tableau par Collage spécial

Une autre variante consiste à utiliser la commande **Collage spécial** du menu **Edition**, plutôt que le Coller ordinaire, après avoir sélectionné et copié les données du tableau dans le Presse-papiers.

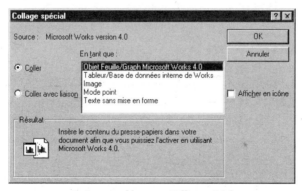

Insérer un tableau par Collage spécial

Si vous acceptez le format par défaut qui vous est proposé dans la boîte de dialogue, le résultat sera, comme précédemment, un tableau incorporé dans le texte. Aucune différence par rapport à la commande **Coller** du menu **Edition**.

La nouveauté est la seconde option, *Tableur/Base de données interne de Works*. Si vous optez pour cette solution, Works 95 insère les données sous forme d'un tableau formaté avec des tabulations, dans le document de texte.

L'option *Texte sans mise en forme* insère les données séparées les unes des autres par une tabulation prédéfinie. *Graphique* et *Bitmap* sont deux formats intégrant les données du tableau sous forme d'une image, mais avec impossibilité d'éditer tout ou partie de cette image. Ces deux formats sont une espèce de photo d'une plage du document Tableur.

Editer et ouvrir des objets tableau

Si le tableau a été incorporé ou lié dans le document de traitement de texte, s'il n'est plus activé et si vous souhaitez le modifier, le plus simple est de faire un double clic sur l'objet. En cas de liaison, le fichier source sera ouvert dans une fenêtre indépendante. Si le tableau est incorporé, il ne dispose donc pas d'un fichier source autonome. S'ouvre alors un extrait de fenêtre dans le document de texte. Une commande du menu **Edition** vous permettra cependant d'ouvrir une fenêtre séparée : **Objet Tableau ou graphique Works lié/Ouvrir**.

Le traitement de texte

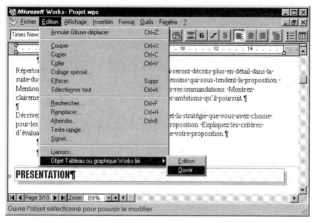

Le menu Edition

Lorsque vous reviendrez par la suite au texte, les hachures de l'objet Tableau vous indiqueront éventuellement que la fenêtre est encore ouverte.

Ces tableaux sont des objets intégrés dans le document de texte. A vous de leur affecter ensuite une mise en forme "ancrée" ou "absolue".

Graphiques

Le commutateur Graphiques dans le bas de l'objet Tableau incorporé et sélectionné permet de demander à Works 95 de générer un graphique de gestion à partir des données du tableau. Sélectionnez d'abord les données du tableau que vous souhaitez représenter graphiquement, puis cliquez sur le bouton *Graphique*.

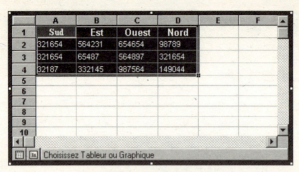

Basculer du tableau au graphique

Le tableau est alors remplacé par le graphique. Si vous souhaitez les deux en même temps, copiez simplement l'objet tableau par Glisser-Déplacer, en enfonçant la touche **CTRL**. Il reste ensuite à opter pour le graphique dans un des deux objets et pour le tableau dans l'autre.

Graphique dans le document texte

Works 95 ne sait créer des graphiques qu'à partir de données stockées dans un tableau. Le bouton *Nouveau graphique* ou la commande **Graphique** du menu **Insertion** demande obligatoirement la présence d'un tableau de chiffres, source du graphique.

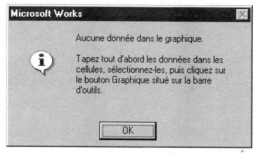

La fenêtre d'informations

Cette commande crée un tableau incorporé dans lequel vous saisirez les données. Ceci fait, il vous suffira de cliquer sur le bouton *Graphique*, dans le bas de la fenêtre pour effectuer la transformation.

Insérer un graphique existant

La création de graphiques de gestion à partir de documents tableurs existant utilise la même technique que l'insertion de tableaux liés. L'important est d'ouvrir la feuille de calcul, que ce document ait été enregistré sur le disque dur et que la plage source du graphique soit une place nommée, par l'intermédiaire de la commande **Gérer les noms de cellules,** du menu **Insertion**.

Enveloppes et étiquettes

Avec chaque document de texte, il est possible de formater une enveloppe ou une étiquette. Les informations contenues dans ces éléments seront enregistrées dans le document texte. Cela dit, un même document ne peut pas contenir à la fois une enveloppe et une étiquette.

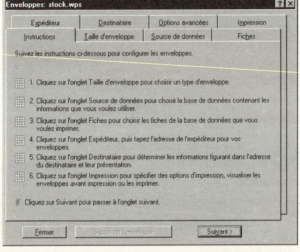

La boîte de dialogue Enveloppes et son onglet Instructions.

Si vous appelez cette commande depuis le menu Outils, vous arriverez dans cette boîte de dialogue, sur son onglet principal. Suivez les instructions pas à pas, puis cliquez sur le bouton Suivant >. Pour finir, Works 95 intègre l'enveloppe ou l'étiquette en tête du document.

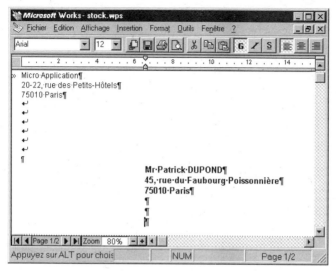

Les informations de l'enveloppe, intégrées en tête du document

Pour des informations plus détaillées, reportez au chapitre consacré aux lettres types. Vous y trouverez tous les détails.

3.5. Des objets dans des documents texte

Dans cette section, nous allons étudier comment intégrer des objets dans les textes et comment les mettre en forme.

Insertion d'objet

Admettons que vous souhaitiez intégrer dans le texte d'exemple un objet clipart. Placez d'abord le curseur à la place où le clipart doit apparaître et cliquez sur le bouton *ClipArt* de la barre d'outils ou appelez la commande **Clipart** du menu **Insertion**. Une boîte de dialogue s'ouvre, dans laquelle vous pourrez sélectionner une image par un double clic. La boîte de dialogue se referme, le clipart est désormais dans le texte. L'utilisation de ClipArt Gallery est étudiée au chapitre 6.

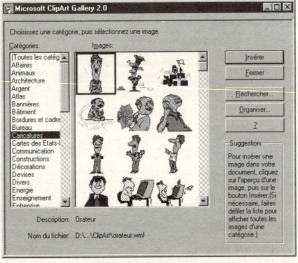

Microsoft ClipArt Gallery

Un curseur de la hauteur du clipart clignote devant l'objet. Pour le moment, ce clipart est inséré comme un caractère normal dans le texte. Vous le remarquerez facilement, le curseur saute le clipart si vous activez la touche →.

Formater un objet

Pour mettre en forme des objets, vous devrez d'abord sélectionner cet objet. Faites simplement un clic sur l'objet pour en afficher le cadre de sélection caractéristique.

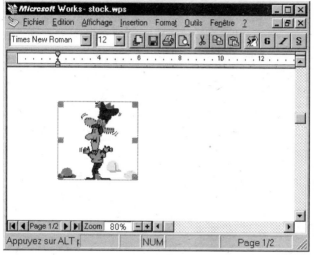

Objet sélectionné

Le cadre de sélection est équipé de 8 poignées qui vous permettront de redimensionner cet objet si vous les déplacez.

Définir la taille avec précision

Ce type de modification de taille est réalisé "à vue", mais le manque de précision ne sera que rarement un obstacle. Mais si vous avez à définir avec précision les dimensions d'un objet, vous appellerez la commande **Image** du menu **Format**. Cette commande n'est disponible que si vous avez sélectionné un objet.

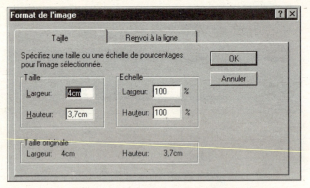

La boîte de dialogue Format de l'image

Le premier onglet, **Taille**, permet de fixer la taille de l'objet avec précision. Dans le bas de la boîte de dialogue est affichée la taille originale de l'objet Si vous avez déjà changé sa taille avec la souris, c'est un moyen de remettre en place la taille originale. Dans les champs de la zone *Echelle*, vous devez voir les valeurs 100 %. Des écarts minimes sont le plus souvent le fait des conversions de Works 95, lors du passage des unités américaines aux unités européennes.

Définissez librement la nouvelle taille, soit par des valeurs brutes dans la zone *Taille*, soit par des pourcentages de mise à l'échelle par rapport à la taille initiale, dans la zone *Echelle*. Si l'objet est initialement de 4 cm sur 4 cm, des coefficients de 150 % aboutiront à une nouvelle taille de 6 cm sur 6 cm. Appuyez sur **ENTREE** ou cliquez sur **OK** pour fermer la fenêtre.

Le traitement de texte

Position de l'objet

Par défaut, la position de l'objet inséré est celle d'un caractère normal, celle où se trouvait le curseur au moment de l'insertion. En général, la taille de l'objet a pour conséquence d'agrandir l'interligne à cet endroit. Mais ce n'est pas une obligation, vous pouvez parfaitement paramétrer le texte de manière à ce qu'il coule autour de l'objet.

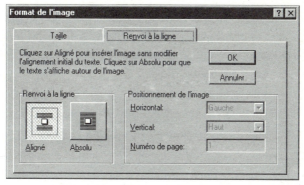

L'onglet Renvoi à la ligne

Pour cette définition de la position de l'objet dans le texte, la boîte de dialogue **Format d'image** dispose d'un onglet **Renvoi à la ligne**. Tant que l'objet est ancré (option *Aligné* sélectionnée dans la zone *Renvoi à la ligne*), vous ne pourrez rien changer dans la zone *Positionnement de l'image*. Et c'est logique puisque l'objet est déjà placé en fonction de la position du curseur.

Par contre, si vous cliquez sur le bouton *Absolu*, les champs deviennent accessibles et vous pouvez en définir la position précise sur la page. Cette position est dite absolue, car en cas de déplacement, de rajout ou de suppression du texte, l'objet reste à la même place.

Les valeurs sont exprimées en centimètres. Il s'agit en l'occurrence de la distance au bord gauche de la feuille de papier pour le champ *Horizontal* et de la distance au bord supérieur de la feuille pour *Vertical*. Au besoin, vous pourrez même spécifier la page sur laquelle l'objet doit être placé.

Vous trouverez une possibilité de positionnement plus simple en cliquant sur les boutons marqués d'une flèche, à droite des champs de valeur. Vous y trouverez les options *Gauche*, *Droite* et *Centré* pour le champ *Horizontal* et *Haut*, *Centré* et *Bas* pour le champ *Vertical*. Une mention de ce type dans un des deux champs peut même être combinée à une valeur numérique dans l'autre champ.

 Le bouton *Positionne l'objet* permet de basculer du positionnement "aligné" au positionnement "absolu" et inversement.

Double clic sur un objet

Si vous faites un double clic sur un objet, vous pourrez accéder à diverses fonctions d'édition, selon le type d'objet. Avec un clipart, ce double clic rappelle la boîte de dialogue des cliparts et permet de remplacer le clipart en place par un autre. Vous arriverez à cette même boîte de dialogue par la commande **Remplacer ClipArt Objet**, dans le menu **Edition**.

4. La base de données : Rassembler et exploiter des informations

Parallèlement au traitement de texte, la base de données joue un rôle particulièrement important sur les PC. Surtout lorsque vous aurez découvert qu'elle sait mettre certaines de ses informations à la disposition de ce traitement de texte.

L'apprentissage de la base de données ne doit normalement poser aucun problème. Un Assistant se propose d'ailleurs de vous guider pour vos premiers pas. N'hésitez pas à faire appel à lui pour un premier contact. Les fonctions de la base de données sont nombreuses et permettent de résoudre toutes sortes de situations et de problèmes. Nous aurons l'occasion de voir ces fonctions en détail, avec l'objectif avoué de vous mettre en position de résoudre tous vos problèmes de fichier à la fin de la lecture de ce chapitre. Voici la structure de ce chapitre :

➤ Avant la création d'une base de données, nous en expliciterons les concepts fondamentaux.

➤ Puis nous ferons appel Aux assistants pour créer un formulaire de base de données et commencer le travail en douceur. A la fin de cette section, la base de données ne doit plus avoir de secret pour vous.

➤ Vient ensuite une section concernant les données qu'il est possible d'intégrer dans une base de données. Nous verrons également les conventions et les principes à respecter pour la mise en place des données.

Nous aborderons la différence entre les textes et les valeurs numériques, les valeurs par défaut des champs et les champs et fonctions de calcul.

➤ Les premiers travaux pratiques concerneront un formulaire. Cette section sera consacrée à son agencement.

➤ Pour le second type de présentation d'une base de données, la liste, nous vous apprendrons à maîtriser un certain nombre de techniques de travail, telles que la copie, la sélection, le masquage et l'affichage des enregistrements.

➤ Pour faire une sélection dans une base de données, nous traiterons ensuite des filtres, de leur création et de leur enregistrement.

➤ Le résultat de l'exploitation de la base de données fera ensuite l'objet d'un état. Les enregistrements rassemblés seront présentés sous une forme particulière, avec possibilité de calculs statistiques.

➤ Dans le traitement de texte, les enregistrements de la base de données serviront à créer des lettres types des étiquettes ou des enveloppes.

➤ Le formulaire peut être constitué d'une foule d'éléments différents, y compris des objets insérés. Nous verrons ces possibilités en conclusion de ce chapitre.

La base de données : Rassembler et exploiter des informations **4**

4.1. Créer une base de données - Rassemblement et exploitation des informations

Les Assistants de Works 95 savent créer toute une série de bases de données différentes, mais en principe, nous avons tous des besoins qui nous sont propres dont ces bases de données doivent tenir compte. Nous commencerons par des méthodes toutes simples qui vous permettront de créer et de modifier des bases de données à l'aide des Assistants de Works. Puis, nous verrons comment réaliser toutes ces opérations sans aide extérieure et surtout sans les contraintes que ces aides entraînent systématiquement.

Généralités concernant les bases de données

Essayons de voir à partir d'un exemple, quelles sont ces "données" que l'on regroupe dans une "base".

Structurer les informations

Vous savez tous ce qu'est une table. Une *table* a un certain nombre de caractéristiques que l'on retrouve dans toutes les tables. Et si on créait une base de données pour les tables ? Nous avons repris comme sujet de la base le concept supérieur "Table", à l'exception de tous les autres objets. Nous aurions parfaitement pu monter encore d'un niveau dans la définition de la base de données, en prenant par exemple comme sujet le "Mobilier". Dans le premier cas, les chaises sont exclues du champ de la base, dans le second, elles en font partie.

Pour nos tables, nous allons maintenant définir les caractéristiques génériques, celles que nous retrouvons pour chacune de nos tables. Il s'agira du nombre de pieds, de la taille, de la couleur, du fabricant, de l'âge, de son caractère extensible ou non, du matériau, etc. Ces caractéristiques s'appliquent à toutes les tables. Dans une base de données, ces caractéristiques sont représentées par des *champs de données*, dans lesquels les informations sont saisies. Chaque champ représente une des caractéristiques génériques des objets rassemblés dans la base. En ce qui concerne la valeur qu'il y a lieu de saisir dans chaque champ, c'est à vous de la définir. Ne cumulez pas deux caractéristiques dans un même champ, il est difficile de regrouper des choses aussi différentes que la couleur et la taille par exemple. Le regroupement de toutes les caractéristiques d'une table et leur saisie dans les champs correspondant forment ce qu'on appelle un *enregistrement*. Un enregistrement rassemble toutes les informations ou caractéristiques relatives à un objet précis.

Formulaire et liste

Il en découle deux types de représentations d'une base de données : le formulaire et la liste. Un *formulaire* présente les champs composant un enregistrement individuel, avec leurs valeurs. Avec les Assistants, il est très facile de créer un formulaire pour une base de données. Une fois créé, ce formulaire pourra servir à saisir les données relatives à un objet.

Par contre, la présentation en *liste* affiche un ensemble d'enregistrements, avec, au minimum, quelques unes de leurs caractéristiques, sous forme d'un tableau. Chaque ligne représente un enregistrement, chaque colonne matérialise un champ.

La base de données : Rassembler et exploiter des informations **4**

Les boutons de la barre d'outils vous permettront de passer de l'affichage du formulaire à celui de la liste et inversement.

Filtre et sélection d'enregistrements

Lorsque tous les enregistrements sont saisis, vous utiliserez des filtres pour sélectionner certains enregistrements de la base de données répondant à des critères précis. Vous chercherez par exemple à afficher tous les enregistrements des tables "bleues". Après application du filtre, la liste présentera l'ensemble des tables bleues contenues dans votre base de données. Du fait de ces filtres, vous comprenez certainement mieux maintenant pourquoi il ne faut pas regrouper plusieurs caractéristiques dans un même champ. Un filtre se rapporte toujours au contenu d'un champ et si plusieurs données étaient rassemblées dans un même champ, la création des filtres en deviendrait extrêmement complexe.

Etat

Lorsque vous aurez sélectionné un certain nombre d'enregistrements de la base de données à l'aide d'un filtre, vous n'aurez pas forcément besoin d'en afficher ou d'en imprimer toutes les caractéristiques. A cet effet, nous allons créer un état qui se limitera aux données souhaitées et qui nous permettra d'effectuer des regroupements des enregistrements sélectionnés, sur la base de critères de tri. Comme exemple, imaginez notre liste des tables triées en fonction du matériau composant les tables. Un état peut être couplé avec un filtre, de manière à n'afficher que les objets répondant à un critère de sélection.

4 *La base de données : Rassembler et exploiter des informations*

Créer un formulaire avec un Assistant

Pour commencer, nous allons créer un formulaire de base de données à l'aide d'un Assistant. Comme vous le savez, un formulaire présente les champs d'un enregistrement et permet de saisir les valeurs correspondantes. Une des bases de données les plus courantes est sans conteste la liste d'adresses. Nous allons nous y attaquer.

La liste des Assistants

Dans la zone de travail de Works 95, est affiché le Lanceur de tâches. Si ce n'est pas le cas chez vous, appelez-le d'un double clic dans la zone de travail vide. Dans cette boîte de dialogue, activez l'onglet **Assistants** pour afficher la liste de tous les Assistants disponibles.

La base de données : Rassembler et exploiter des informations **4**

Le premier de la liste, *Tâches courantes*, propose entre autres la création d'un carnet d'adresses. Sélectionnez cette mention et cliquez sur **OK**. Une boîte de dialogue vous propose de choisir entre le démarrage de l'Assistant ou l'affichage d'une liste de documents. Cliquez sur la première proposition et jetez un coup d'oeil à la liste des Assistants disponibles. Pour notre part, nous allons créer un carnet d'adresses personnel. Cette mention est sélectionnée par défaut, aussi cliquez sur le bouton **Suivant >**. Nous voici devant une vue d'ensemble des champs composants le carnet d'adresses. L'écran suivant nous montrera que cette liste n'est pas limitative et que nous aurons l'occasion d'élargir le carnet d'adresses par d'autres champs. Un clic sur **Suivant >** nous y amène.

Trois boutons nous attendent : **Champs supplémentaires**, **Champs personnalisés** et **Etats**. Faites un clic sur le bouton marqué du signe >, à droite de **Champs supplémentaires**. Une fenêtre présente plusieurs groupes de champs. Si vous activez *Renseignements personnels*, d'autres champs seront rajoutés à votre carnet d'adresses, ce que vous constaterez à la zone de prévisualisation du formulaire.

4 *La base de données : Rassembler et exploiter des informations*

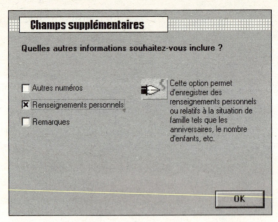

Des champs supplémentaires pour notre carnet d'adresses

Le carnet d'adresses par défaut

Si vous fermez la fenêtre par un clic sur **OK**, vous pourrez lancer la création du document par le bouton **Créer !**. Une liste de contrôle est affichée, vous donnant la possibilité de définir ce carnet d'adresses comme carnet d'adresses par défaut. Si vous optez pour cette solution, vous pourrez ouvrir cette base de données à partir de la commande **Outils/Carnet d'adresses** des menus. Dans le traitement de texte, il existe même un bouton de la barre d'outils pour appeler ce carnet d'adresses. Lorsque tout est au point, cliquez sur le bouton **Créer le document**. L'Assistant construit le formulaire. En voici le résultat :

La base de données : Rassembler et exploiter des informations 4

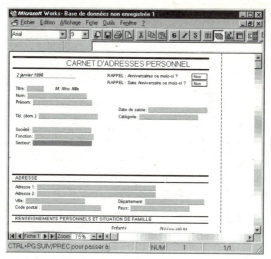

Le carnet d'adresses avec des renseignements personnels

Enregistrer le fichier

Une fois le document créé, il est temps de l'enregistrer. Appelez la commande **Fichier/Enregistrer sous** et donnez un nom au fichier, par exemple Adresses personnelles, et définissez sa localisation en choisissant lecteur et dossier cibles. Validez vos options par le bouton **Enregistrer**. Le nom du fichier apparaît maintenant dans la barre de titre.

L'Assistant vient de créer pour vous le formulaire de la base de données. Voici de quoi se compose désormais ce document et le module Base de données.

Menus

Les menus sont des éléments désormais bien connus, mais leur contenu a changé par rapport au traitement de texte. Ils contiennent désormais les commandes spécifiques à l'édition des formulaires.

Barre d'outils

La barre d'outils a aussi subi des modifications pour s'adapter aux commandes de la base de données. Les premiers boutons sont des boutons génériques, que nous retrouverons en toute circonstance, puis viennent les boutons pour l'affichage en mode Liste, en mode Formulaire, en mode Modèle de formulaire et en mode Etat. Ces boutons sont suivis de boutons destinés à l'insertion d'une nouvelle fiche, etc. Cette barre d'outils peut, comme d'ordinaire, être modifiée par rajout ou suppression de boutons, pour s'adapter parfaitement à vos besoins.

Ligne d'édition

Sous la barre d'outils, vous trouverez la ligne d'édition. C'est elle qui affiche tous les caractères que vous allez saisir. Dès que vous tapez un caractère, cette ligne montre trois boutons. Celui marqué d'une croix annulant la saisie ou la modification que vous venez de faire, la coche validant cette saisie ou cette modification et le point d'interrogation appelle l'aide.

Commutateur de fiches

En bas à gauche de la fenêtre de document, est placé le commutateur de fiches. Il permet de feuilleter les diverses fiches de la base de données. Le premier bouton en partant de la gauche saute sur la

La base de données : Rassembler et exploiter des informations **4**

---

première fiche, le second revient en arrière d'une fiche, le suivant passe à la fiche suivante et le dernier saute à la dernière fiche de la base.

N° de fiche active

Ce commutateur de fiche indique le numéro de la fiche active, celle qui est affichée à l'écran. Dans la ligne d'état, à droite, vous trouverez d'autres informations concernant la base de données et les fiches présentées.

Indication de mesure

Si vous cliquez sur le bouton *Modèle de formulaire*, vous pourrez modifier la présentation de ce formulaire. Dans la barre d'édition, tout à gauche, sont affichées deux mesures. Ces mesures indiquent la position du curseur ou celle de l'objet sélectionné. La première valeur est la distance au bord gauche de la feuille, la seconde la distance au bord supérieur de la feuille.

Dans le document lui-même, vous trouverez les éléments suivants :

Titre

Le formulaire est doté du titre *Carnet d'adresses personnel*, en caractères majuscules.

Barres

Au-dessus et en dessous du titre, se trouvent deux barres horizontales. Il s'agit simplement de rectangles remplis d'une couleur.

Champs de données

Ces champs sont tous pourvus d'un nom de champ terminé par un double point. Derrière le nom de champ, la zone grisée représente le champ de données effectif. Le champ actif est affiché plus foncé que les autres.

Etiquette

A côté du champ Titre, vous distinguez des indications en italique (*M. Mme Mlle*), il ne s'agit là que d'une étiquette, un texte de décor destiné à faciliter la compréhension du formulaire. En principe, un formulaire ne peut contenir que trois types d'éléments :

➤ Les champs, créés par saisie d'un nom de champ et dans lesquels seront placées les données effectives de la base.
➤ Les données, saisies dans les champs
➤ Les étiquettes, dessins, éléments de décors et objets divers.

En mode Formulaire, le formulaire est toujours visible et ne change pas. Les seuls éléments variables sont les données, en passant d'une fiche à l'autre.

Modifier le formulaire

Pour le moment, vous constatez que vous pouvez cliquer n'importe où dans le formulaire et qu'il ne se passe rien. Par contre, si vous cliquez dans un champ, celui-ci est sélectionné. Dans ce mode Formulaire, la seule opération que vous puissiez entreprendre est de saisir des données dans les champs. Impossible de toucher au formulaire lui-même.

La base de données : Rassembler et exploiter des informations **4**

Pour modifier le formulaire, il faut passer en mode Modèle de formulaire. Pour cela, cliquez sur le bouton correspondant de la barre d'outils ou appelez la commande Modèle de formulaire dans le menu Affichage.

Ce bouton permet de passer en mode Modèle de formulaire. En mode Formulaire, vous ne pouvez faire que de la saisie dans les champs, le reste du formulaire (titres, objets, éléments graphiques) est indisponible pour éviter toute modification par mégarde. Ce mode désactive également un certain nombre de commandes des menus et des boutons de la barre d'outils.

Pour modifier le formulaire, passez en Modèle de formulaire.

REMARQUE *En mode Modèle de formulaire, vous pourrez aussi utiliser le bouton droit de la souris pour afficher des menus contextuels. Un clic droit sur un objet du formulaire affiche des commandes de mise en forme. Un clic droit dans une zone vierge du formulaire permet d'insérer un champ, un rectangle ou un titre à cet endroit.*

Ajouter, supprimer ou réorganiser les champs

Le formulaire créé par l'Assistant est en principe amplement suffisant pour une liste d'adresses personnelle. Cela dit, il ne couvre pas forcément les particularités de tous les utilisateurs et des modifications de formulaire seront souvent nécessaires. Peut-être vous faut-il quelques champs supplémentaires, aimeriez-vous supprimer des champs inutiles ou avez-vous envie de changer la présentation du formulaire ?

4 *La base de données : Rassembler et exploiter des informations*

Créer un champ de données

Un champ est toujours créé en tapant son nom suivi d'un double point dans le formulaire. La saisie est affichée dans la ligne d'édition, sous la barre d'outils. Les noms de rubriques ne présentent aucune contrainte particulière, tous les caractères sont permis. Le seul élément important est de terminer ce nom par un double point et de valider par **ENTREE** ou un clic sur le bouton marqué de la coche, dans la ligne d'édition. L'ensemble des caractères placés devant le double point constitue le nom du champ.

Lors de la saisie d'un nom de champ dans le formulaire, une boîte de dialogue s'ouvre pour définir plus précisément ce champ.

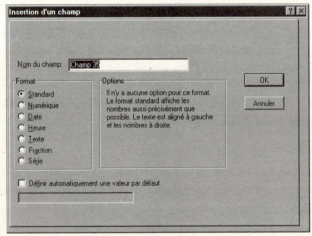

La boîte de dialogue définissant les caractéristiques de ce nouveau champ.

Autre solution pour créer un champ : faites un clic droit à l'emplacement voulu du formulaire et activez la commande **Insertion de champ** dans le menu contextuel.

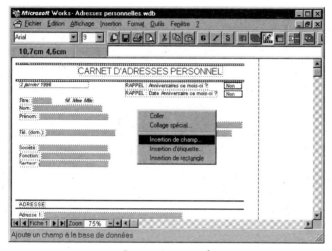

Le menu contextuel

Dans la boîte de dialogue, vous aurez l'occasion de définir ou de modifier le format du champ. Vous trouverez le détail de cette opération dans la section 4.2. Par un clic sur **OK**, le champ est mis en place dans le formulaire.

Le nom de champ est facilement modifiable : sélectionnez-le et procédez aux changements dans la ligne d'édition. Attention à ne pas supprimer le double point final, sinon le champ sera supprimé. Heureusement, un message d'avertissement vous préviendra du danger. Si vous n'avez pas l'intention de supprimer le champ, cliquez sur le bouton **Annuler**. Les modifications dans la ligne d'édition seront validées d'un clic sur le bouton marqué de la coche ou annulées par le bouton marqué de la croix ou la touche **ECHAP**.

Modifier la taille d'un champ

Vous ne pourrez pas toujours définir avec précision la taille requise pour un champ au moment de sa création. C'est pourquoi cette taille est modifiable ultérieurement. Si un champ est trop petit pour afficher l'ensemble de son contenu, pensez à l'agrandir, soit en l'élargissant, soit en lui affectant plusieurs lignes.

Le plus simple est de procéder avec la souris. Chaque champ de données du formulaire affiche, lorsqu'il est sélectionné, un cadre avec des poignées grises. En plaçant le pointeur de la souris sur une de ces poignées, vous remarquerez qu'il se transforme en une double flèche. Si vous cliquez sur l'une de ces poignées, maintenez le bouton de la souris enfoncé et tirez, la taille est modifiée. Un cadre en pointillé indique la taille que prendra le champ si vous relâchez le bouton de la souris.

Pour cette opération, vous pouvez également utiliser des commandes. Sélectionnez le champ à modifier et appelez la commande **Dimensions du champ** du menu **Format**. Une boîte de dialogue affiche la taille actuelle du champ et propose d'adapter cette taille à celle des entrées du champ en modifiant la largeur et la hauteur. Indiquez les nouvelles valeurs et validez par **OK**. Notez qu'un champ ne peut pas être masqué en réduisant sa taille, la plus petite valeur possible dans les zones *Largeur* et *Hauteur* est 1.

Déplacer un champ

Lors de la mise en place des champs, ils sont en général placés les uns sous les autres dans le formulaire. Cet agencement n'est pas forcément le plus clair et le plus lisible. D'où la nécessité de déplacer des champs, ne serait-ce que pour les organiser sous une forme plus logique. Lorsque vous placez le pointeur de la souris sur un champ, vous constaterez qu'il est complété du mot Cliquer. Cliquez et gardez le bouton de la souris enfoncé, puis déplacez la souris : le champ suit vos déplacements, matérialisé par un cadre en pointillé. Arrivé à la bonne place, relâchez le bouton.

Déplacement précis

Le déplacement peut aussi être réalisé au clavier. Sélectionnez le champ à traiter, d'un clic de souris ou en jouant de la touche **TAB**, puis appelez la commande **Repositionner la sélection**, dans le menu **Edition**. A partir de là, vous pourrez utiliser les touches de direction pour déplacer le champ. Pour mettre fin à la fonction, appuyez sur **ENTREE**.

Aligner sur la grille - Position

Lors des déplacements de champ, vous avez certainement noté que ces déplacements ne sont pas fluides, ils se font par petits pas. Ceci est dû à l'activation d'une grille magnétique invisible. L'avantage de cette grille est qu'elle constitue une aide précieuse à l'alignement des éléments les uns par rapport aux autres. Par contre, elle devient gênante si vous souhaitez placer un champ à une position précise et que cette position ne correspond pas à la grille. Dans ce cas, désactivez cette grille en enlevant la coche devant la commande

Aligner sur le quadrillage, dans le menu **Format.** Sans le quadrillage, vous pourrez effectuer des déplacements pixel par pixel, sans aucune contrainte.

 Ce bouton active ou désactive le quadrillage magnétique.

Déplacer simultanément plusieurs champs

Si vous souhaitez déplacer en une seule opération plusieurs champs, il n'y a aucun problème. Il suffit pour cela de les sélectionner tous en même temps. Pour réaliser cette sélection multiple, enfoncez la touche **CTRL** et cliquez successivement sur tous les champs à sélectionner. Vous pouvez aussi tracer un rectangle de sélection autour de ces champs, à condition qu'ils soient tous voisins les uns des autres. Lorsque vous relâchez le bouton de la souris, tous les champs compris dans ce rectangle seront automatiquement sélectionnés. Il reste ensuite à saisir l'un des champs sélectionné avec la souris et de le déplacer, tous les autres suivront le mouvement.

Définir la position par des mesures

En haut, à gauche de la ligne d'édition, Works affiché la position de l'élément sélectionné (curseur, champ, étiquette, graphique, etc.). Ces mesures inclues les marges que vous aurez définies par la commande **Mise en page** du menu **Fichier.** Ainsi, si vous avez fixé des marges de 3 cm, un objet collé dans le coin supérieur gauche affichera "3 cm 3 cm" comme position. Vous avez déjà noté que tout élément sélectionné était encadré d'un rectangle. Cette position affichée dans la barre d'édition est basée sur le coin supérieur gauche de ce rectangle.

La base de données : Rassembler et exploiter des informations 4

Supprimer un champ

Si un champ s'avère inutile dans votre base de données, vous pouvez le supprimer très facilement. Cliquez sur son nom, il apparaîtra dans la ligne d'édition, et appuyez sur la touche **SUPPR**. Cette action supprime le nom du champ et par voie de conséquence le champ lui-même. Si vous aviez saisi des valeurs dans ce champ, elles seront également supprimées. Un message vous avertira de ce danger et vous permettra au besoin d'annuler l'opération. Un clic sur **OK** supprime définitivement le champ et ses valeurs.

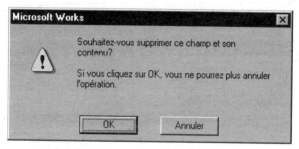

Avertissement avant suppression d'un champ

Autre possibilité : la commande **Supprimer la sélection**, du menu **Edition**. Si un champ ou un nom de champ est sélectionné au moment de l'appel de cette commande, le champ sera supprimé. Le même message vous sera présenté.

Activation d'un champ et saisie des données

Lorsque tous les champs sont en place, il est temps de passer à la saisie des données. Pour cela, passons d'abord en mode Formulaire. Un champ est activé par défaut et nous allons nous déplacer de champ en champ par la touche **TAB** ou par des clics de souris dans le champ (attention, pas sur son nom). Pour sauter au champ suivant, appuyez sur **TAB**, pour le précédent sur **MAJ + TAB**. Dans la ligne d'état, le numéro de la fiche active est affiché ainsi que le nombre total de fiches de la base de données. Normalement vous devriez y voir 1 et 1/1. Si à la fin de la première fiche, vous appuyez sur **TAB**, vous passerez automatiquement au premier champ de la fiche suivante, la ligne d'état affichant 2.

Ordre d'entrée

Normalement, la touche **TAB** active les champs selon leur ordre de création. Cet ordre n'est pas toujours logique et pratique. Il faut pouvoir le changer. Pour cela, il faut revenir au mode Modèle de formulaire et appeler la commande **Ordre d'entrée** du menu **Format**. La liste des noms de champ est présentée.

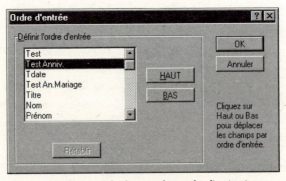

La liste des noms de champ et leur ordre d'activation

La base de données : Rassembler et exploiter des informations   4

A vous de choisir maintenant les noms des champs dont la position doit être modifiée dans la liste et de cliquer sur les boutons **HAUT** et **BAS**.

Protection de champ

Pour certains champs, il peut être judicieux de ne jamais les activer dans le formulaire. Il s'agira essentiellement de champs calculés pour lesquels vous mettrez en place une protection spéciale. Sélectionnez le champ en question et appelez la commande **Protection** du menu **Format**.

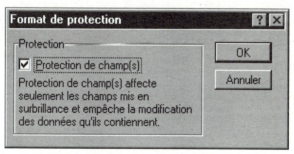

La boîte de dialogue de protection des champs de données

Cliquez sur la case à cocher pour activer la protection. Un clic sur **OK** valide l'option et referme la fenêtre. Vous pourrez toujours sélectionner le champ avec la souris, mais ne pourrez y faire aucune entrée. Avec la touche **TAB**, il n'est plus possible d'activer le champ.

Différents contenus de champ

Dès qu'un champ est activé, vous pouvez y faire une entrée. Les caractères saisis au clavier apparaissent dans la ligne d'édition.

4 *La base de données : Rassembler et exploiter des informations*

Par **ENTREE** ou un clic sur le bouton marqué de la coche, l'entrée est reprise dans le champ. Il se peut qu'une saisie soit refusée et qu'un message d'erreur apparaisse. La raison en est simple : un champ n'est pas une zone de saisie ordinaire, comme un traitement de texte par exemple, elle attend et exploite des informations précises. Il existe 5 types d'entrées différentes :

Texte	Combinaison de lettres, de chiffres et de caractères spéciaux. La chaîne est placée dans le champ, précédée d'un guillemet.
Nombre	Un nombre dans un champ est une valeur numérique. Elle accepte à ce titre plusieurs présentations que vous trouverez dans le menu Format.
Image	Par l'intermédiaire du Presse-papiers, il est possible de placer des images dans un champ. Cette image ne sera visible que dans le formulaire, pas dans la liste.
Formule	Les formules commencent toujours par un signe = et effectuent des calculs. Les fonctions de Works 95 sont disponibles pour ces calculs. Le champ affiche le résultat de la formule, celle-ci apparaissant dans la ligne d'édition. Le résultat peut être un nombre ou une chaîne de caractères.
Référence	Contenu de champs et formats de champs

Feuilleter les fiches

Lorsque vous aurez saisi plusieurs fiches, vous pourrez passer de l'une à l'autre très simplement sans avoir à jouer de l'activation des champs. Pour passer à la fiche suivante par le clavier, utilisez les

La base de données : Rassembler et exploiter des informations 4

combinaisons de touches **CTRL** + ↑, pour la précédente **CTRL** + ↓. Avec **CTRL** + **ORIGINE**, vous sauterez directement sur la première fiche de la base et avec **CTRL** + **FIN** à la dernière.

Mais toutes ces actions peuvent aussi être réalisées par des boutons et la souris. En bas, à gauche de la barre de défilement, vous attendent quatre boutons marqués de triangles. Celui tout à gauche saute à la première fiche de la base, le suivant passe à la fiche précédente, le troisième passe à la fiche suivante et le dernier saute à la dernière fiche. Au milieu des boutons est affiché le numéro de la fiche courante.

Les boutons de déplacement dans les fiches

Modifier le contenu d'un champ

Lors de la saisie, il n'est pas rare de commettre des erreurs ou des fautes de frappe. Il s'agit ensuite de les corriger. Activez le champ à modifier d'un clic de souris. Son contenu apparaît dans la ligne d'édition. Cliquez dans cette ligne d'édition ou appuyez sur **F2** pour y placer le curseur. Vous pourrez ensuite le déplacer avec les flèches de direction, supprimer des caractères avec la touche **RETOUR ARRIERE**, insérer des caractères complémentaires, sélectionner une partie du contenu en le surlignant avec la souris puis le remplacer par une nouvelle entrée.

4 La base de données : Rassembler et exploiter des informations

Trier et rechercher les fiches

L'ordre des fiches dans la base de données est défini par l'ordre de création des fiches. Cet ordre peut être modifié par un tri. Ce tri change l'ordre des fiches dans la liste, mais n'a aucune incidence au niveau des fiches individuelles. L'ordre de création n'a donc aucune importance, les fiches peuvent être librement triées par la suite. La position d'une fiche dans la base est indiquée par l'affichage entre les boutons de déplacement, dans le coin inférieur gauche de la fenêtre.

Tri alphabétique

Vous avez créé un fichier de personnes et souhaitez trier les fiches d'après l'ordre alphabétique des noms de ces personnes. Appelez la commande **Trier les fiches** dans le menu **Fiche**. Une boîte de dialogue apparaît, permettant de fixer le ou les critères de tri. Si la base de données n'est pas encore été triée, vous trouverez, dans la première zone, le nom du premier champ de votre base. Vous allez pouvoir taper dans cette zone le nom du champ qui servira de critère de tri. Si votre base contient un champ dont le nom est "Nom", tapez cette chaîne dans la zone. Autre solution : cliquez sur le bouton marqué d'une flèche, à droite de la zone, pour dérouler la liste de tous les champs de la base et faites votre choix d'un clic de souris. Lorsque le critère de tri est fixé, définissez également l'ordre de tri, croissant ou décroissant, à l'aide des cases d'option placées à droite. Un clic sur **OK** lance le tri.

La base de données : Rassembler et exploiter des informations 4

▲▼ Les deux boutons de tri croissant et décroissant ouvrent également la boîte de dialogue **Trier les fiches**, mais fixe dès le départ l'ordre requis.

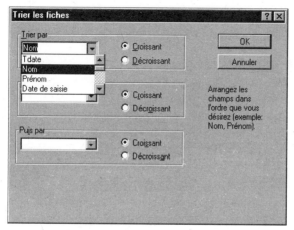

La boîte de dialogue Trier les fiches

Si votre base de données contient beaucoup de données, le tri peut prendre quelques secondes.

Tri hiérarchique

Dans la boîte de dialogue **Trier les fiches**, vous pouvez définir jusqu'à trois critères de tri. La zone *Trier par* contient la clé de tri primaire. Si vous définissez un autre champ dans *Puis par*, cela ne change rien au tri primaire, l'ordre alphabétique des prénoms restera toujours le même. Par contre, en cas de pluralité de fiches portant le même

Nom, toutes les fiches portant le même nom seront elles-mêmes triées selon la clé secondaire, par exemple le prénom.

Placez le nom de champ Prénom dans la zone *Puis par* et relancez le tri par un clic sur **OK**. Au besoin, vous pourrez même définir une troisième clé de tri au cas où plusieurs personnes auraient le même nom et le même prénom.

Lorsque vous enregistrerez la base de données, ces critères de tri seront également sauvegardés. Vous n'aurez donc pas à les redéfinir à chaque session.

Ordre de traitement des tris

Dans un champ de la base de données, il peut y avoir du texte, mais aussi des nombres. Pour les champs acceptant les deux, il faut savoir que le tri placera en premier lieu les lettres, puis les valeurs numériques et enfin les champs vides. Si un nombre est précédé d'un guillemet, signe qu'il doit être considéré comme un texte et non pas comme une valeur numérique, il apparaîtra avant les chaînes alphabétiques.

Rechercher un contenu de champ

Dans les bases de données vastes, il n'est pas toujours évident de retrouver rapidement une fiche précise. C'est pourquoi Works 95 met à votre disposition une fonction de recherche de chaîne de caractères.

La base de données : Rassembler et exploiter des informations **4**

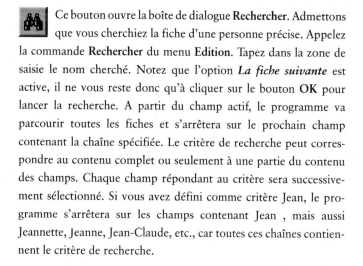Ce bouton ouvre la boîte de dialogue **Rechercher**. Admettons que vous cherchiez la fiche d'une personne précise. Appelez la commande **Rechercher** du menu **Edition**. Tapez dans la zone de saisie le nom cherché. Notez que l'option *La fiche suivante* est active, il ne vous reste donc qu'à cliquer sur le bouton **OK** pour lancer la recherche. A partir du champ actif, le programme va parcourir toutes les fiches et s'arrêtera sur le prochain champ contenant la chaîne spécifiée. Le critère de recherche peut correspondre au contenu complet ou seulement à une partie du contenu des champs. Chaque champ répondant au critère sera successivement sélectionné. Si vous avez défini comme critère Jean, le programme s'arrêtera sur les champs contenant Jean , mais aussi Jeannette, Jeanne, Jean-Claude, etc., car toutes ces chaînes contiennent le critère de recherche.

Répéter la recherche

Une fois que le critère de recherche est défini, il reste en place durant toute la session Works 95. Vous pourrez donc répéter la recherche sans avoir à retaper le critère, même sans avoir à rappeler la commande de menu. Appuyez simplement sur les touches **MAJ** + **F4** et la recherche est automatiquement lancée. Elle sautera au prochain champ contenant la chaîne de recherche et l'activera.

La fiche suivante

L'option *La fiche suivante* a pour effet de limiter d'abord la recherche à la fiche active, puis à la fiche suivante. Dès que le critère est trouvé, la recherche s'arrête et le champ trouvé est sélectionné.

Pour ces recherches, vous pouvez également faire appel aux jokers ? et *. ? remplace un caractère unique, * remplaçant une chaîne de longueur variable. Ainsi, avec le critère D*T, vous trouverez Dupont, mais aussi Durant, Didot, etc. Il n'y a pas de distinction faite entre majuscules et minuscules.

Toutes les fiches

Si vous activez l'option *Toutes les fiches* dans la boîte de dialogue **Rechercher**, cette recherche se déroulera différemment. Elle portera sur l'ensemble des fiches et aura pour résultat l'affichage de toutes les fiches contenant le critère de recherche. Les autres seront momentanément masquées. Nous aurons l'occasion de revenir plus longuement sur cette procédure dans la suite.

4.2. La représentation des données dans les champs

Comme vous l'avez peut-être remarqué, les champs d'une base de données peuvent contenir des informations très variées. Il peut s'agir de texte simple, d'images, mais aussi de nombres ou encore de formules de calcul. Voyons en détail les différences et les caractéristiques des divers contenus de champ possibles.

Contenu du champ : Texte, nombre, image ou formule

La distinction entre ces divers types est faite à deux niveaux :
➤ le premier critère consiste à définir si le contenu du champ est effectivement affiché dans le champ (texte, image) ou si

La base de données : Rassembler et exploiter des informations

sa représentation est affectée d'un format de champ (nombre).

➤ le second critère concerne la saisie du contenu : a-t-il été saisi en l'état, directement dans le champ, ou s'agit-il du résultat d'un calcul. Les résultats d'un calcul peuvent apparaître comme chaîne de caractères ou comme valeur numérique.

La ligne d'édition

Si vous activez un champ et tapez un caractère au clavier, l'entrée apparaît à la fois dans la ligne d'édition, sous la barre d'outils, et dans le champ concerné. Par **ENTREE** ou un clic sur le bouton avec la coche, cette entrée est validée et reprise dans le champ. Elle est affichée en fonction des paramètres par défaut de ce champ. Par contre, si vous appuyez sur **ECHAP** ou si vous cliquez sur le bouton marqué de la croix, l'entrée est annulée et l'ancienne valeur est remise en place.

Saisie de texte

Si vous tapez des caractères alphabétiques, des combinaisons de lettres et de chiffres ou des espaces, Works 95 interprète cette entrée comme étant du texte. Par défaut, le texte est aligné à gauche dans les champs. Vous reconnaîtrez également un contenu de type texte par le guillemet placé avant la chaîne de caractères, dans la ligne d'édition. Attention, ce guillemet n'apparaît pas dans le champ.

Texte forcé

Certaines entrées de texte sont interprétées par Works 95 comme des valeurs numériques. Ce sera toujours le cas avec le nom des mois, ou leur abréviation sur trois caractères. Si vous tapez comme prénom la chaîne Jan, vous constaterez que le programme ne fait pas précéder la chaîne d'un guillemet et même qu'il modifie cette entrée en Janvier si vous avez opté pour le format long dans les paramètres régionaux de Windows. Cette première expérience prouve également que les dates ne sont qu'une présentation particulière de nombres.

Pour que la chaîne soit considérée comme texte, vous devrez saisir vous-même le guillemet de départ. C'est lui qui oblige Works 95 à interpréter la chaîne comme texte. Mais il y a plus simple : définissez le format du champ comme texte par la commande **Champ** du menu **Format**. La section suivante aborde les détails de cette procédure.

Images

Les images sont une des particularités de la saisie dans un champ. Pour agrémenter la boîte de dialogue avec les photos des personnes, vous commencerez par digitaliser les photos avec un scanner et les enregistrerez dans des fichiers. Dans la boîte de dialogue, l'image sera présentée en fonction de la taille du champ. Les proportions de l'image sont ajustées à la taille du champ. Pour insérer une image dans un champ, voici les possibilités offertes .

La première des choses est de copier l'image dans le Presse-papiers. Vous pouvez utiliser pour cela MS Draw. Activez le mode Modèle de formulaire et lancez MS Draw par **Insertion/Dessin**. Dans ce programme, appelez la commande **Fichier/Importer des images** et chargez le fichier voulu. ce fichier peut être en divers formats.

La base de données : Rassembler et exploiter des informations **4**

Lorsque l'image est affichée dans MS Draw, copiez-la dans le Presse-papiers par **CTRL + C**. Puis refermez MS Draw et répondez par la négative à la question concernant l'actualisation du fichier. Repassez en mode Formulaire, activez le champ concerné et collez l'image par **CTRL + V**. L'image apparaît dans le champ.

Nombres et formats numériques

Si un champ doit contenir des valeurs numériques, ce contenu ne sera pas précédé d'un guillemet et sera aligné à droite du champ. Les nombres peuvent être affichés de manière très différentes dans un champ, y compris sous forme de date et d'heure. Dans ces deux derniers cas, comme d'ailleurs dans le cas d'une valeur monétaire, la ligne d'édition et le champ afficheront tous deux la même valeur. Pour tous les autres nombres, la ligne d'édition affichera une valeur avec virgule de décimale alors que le champ présentera le nombre formaté. Voici les possibilités proposées par Works 95 pour ces valeurs numériques.

Définir le format et le contenu d'un champ

Un champ peut contenir du texte, un nombre, une formule ou une image. Si un nombre est saisi dans un champ, Works 95 est en mesure de présenter ce nombre sous des formes très diverses. La ligne d'édition affiche toujours la valeur effectivement saisie au clavier. Par contre, dans le champ, vous trouverez la valeur, mais affectée d'une mise en forme. Lors de la création du formulaire, la commande **Format/Champ** présente l'ensemble des formats possibles.

4 La base de données : Rassembler et exploiter des informations

Définition du format de champ

REMARQUE *La définition du format de champ ne peut se faire qu'en mode Modèle de formulaire ou Liste. Pour le moment, passez en mode Liste par le bouton de la barre d'outils. C'est là que vous trouverez toutes les commandes dont nous allons parler.*

Tant que le champ n'est pas doté d'un format particulier, c'est le format *Standard* qui lui est appliqué. Cela signifie que le champ présentera les textes sous forme de texte et les nombres sous forme de valeurs numériques.

Mais dans le mode Modèle de formulaire, vous pouvez lui affecter un format particulier. Sélectionnez par exemple le format Date et vous constaterez que toutes les valeurs numériques saisies dans le champ seront automatiquement converties en dates.

Dans le formulaire lui-même, il n'est pas possible de modifier le format de champ. Pour ce faire, il faut impérativement passer en mode Modèle de formulaire. Il existe cependant une exception : si un champ est doté du format par défaut Standard et si vous entrez une valeur en format monétaire, par exemple 10000F, cette valeur sera reconnue comme valeur monétaire et convertie en 10 000,00 F. Le champ prend ainsi un format monétaire, qui pourra au besoin être modifié en mode Modèle de formulaire.

La base de données : Rassembler et exploiter des informations **4**

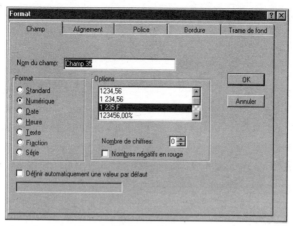

Les divers formats de champ possibles dans Works 95

Modification du contenu d'un champ

La modification du format du champ ne change rien à son contenu, seule sa présentation s'en trouve modifiée. Il est une situation ou cette modification n'a aucun effet : si vous avez saisi une valeur numérique dans un champ et si vous transformez ensuite ce champ en un champ de texte. Le nombre reste toujours un nombre. Ce n'est qu'au cas où vous faites une nouvelle saisie dans ce champ que la valeur numérique sera transformée en texte. D'ailleurs, vous le reconnaîtrez aisément au guillemet placé automatiquement devant le nombre, dans la ligne d'édition.

REMARQUE *Le changement du format d'un champ en nombre n'empêche pas la saisie de texte. Le format ne s'applique qu'aux valeurs numériques saisies dans ce champ.*

Largeur de colonne et de champ

La représentation des textes et des nombres dans les champs de liste ou de formulaire est traitée différemment par Works 95, si le contenu complet n'a pas la place pour être affiché en entier. Pour un texte, le début de la chaîne sera affiché, puis coupée en fin de champ. Par contre, pour les valeurs numériques le champ sera rempli de signes ####. Dans ce cas, la seule solution est d'agrandir le champ ou la colonne pour faire apparaître la valeur complète ou de modifier le format numérique pour permettre à l'entrée de tenir dans l'espace imparti au champ.

Formatage rapide

Les formats numériques peuvent être fixés directement au moment de la saisie. Cela suppose cependant de connaître les attributs de formats numériques et d'avoir un champ de format *Standard*. Si vous tapez 12 f, cette entrée sera convertie en 12 F et le champ sera ainsi au format monétaire.

Format Standard

Tant qu'aucun format n'est défini pour un champ, celui-ci est affecté du format *Standard*. La distinction entre texte et nombre est faite selon les critères énoncés précédemment. Les valeurs numériques sont affichées avec un maximum de 9 décimales.

Formats numériques

Si vous optez pour le format numérique, une liste des formats numériques disponibles est affichée. Il s'agit des nombres bruts, avec

La base de données : Rassembler et exploiter des informations 4

décimales, avec séparateurs de milliers, en format devise, notation exponentielle, pourcentages, entier et valeur logique.

Décimales

Pour des valeurs calculées, les décimales sans fin sont monnaie courante. Works 95 affiche un maximum de 9 décimales, arrondissant la dernière position. Si ce nombre est réutilisé pour d'autres calculs, c'est toujours la valeur exacte qui sera prise en compte et non la valeur arrondie. Cela dit, l'affichage de 9 décimales n'est pas fait pour simplifier la lecture de ces nombres. La définition d'un nombre fixe de décimales permettra une meilleure lisibilité. Sélectionnez à cet effet la mention 1234,56 dans la liste des formats proposés et indiquez dans le champ *Nombre de chiffres*, le nombre de décimales souhaité (de 0 à 7). L'affichage reprendra ensuite ces paramètres, la valeur du champ n'étant en rien modifiée par la présentation.

Séparateur décimal

Même si vous n'avez pas opté pour un format monétaire, vous pouvez malgré tout demander l'affichage de séparateurs de milliers. Sélectionnez pour cela la seconde option dans la liste des formats de nombre de la boîte de dialogue **Format**. Pensez aussi à définir le nombre de décimales dans la zone Nombre de chiffres.

Devise

Si vous souhaitez afficher des valeurs monétaires dans le champ, sélectionnez dans la liste la mention 1 234,56 F. Là encore, définissez le nombre de décimales à afficher. Ce format intègre automatiquement les séparateurs de milliers.

Pourcentage

Si vous décidez d'afficher des valeurs en pourcentage, profitez de ce format de la liste des formats numériques. Rappelez-vous cependant que la valeur 1 en format pourcentage affichera 100 % et que 12 % équivaut à la saisie de 0,12 ou de 12 %. Si vous vous contentez de taper 12, le résultat sera 1200 %.

Exponentiel

Normalement, les valeurs très grandes demandent des champs très larges. La solution sera quelquefois de les écrire en notation exponentielle. Ainsi, la valeur 23506257, convertie en format exponentiel avec deux décimales, sera affichée sous la forme 2,35E+07. Cela signifie que la virgule doit être déplacée de 7 positions vers la droite pour retrouver la valeur d'origine. Pour éviter d'avoir à afficher toutes les décimales, cette valeur est approchée. Par contre, si ce champ est utilisé pour d'autres calculs, c'est la valeur exacte qui sera utilisée. Ce format se trouve aussi dans la liste des formats numériques. Il est représenté sous la forme 1,23E+03.

Zéros inutiles

Si vous saisissez des valeurs commençant par un zéro, ce zéro ne sera pas pris en compte pour l'affichage de la valeur. Mais si ce champ contient par exemple des numéros de compte ou des codes postaux, ces zéros ont une importance et doivent apparaître. Affectez-leur le format représenté dans la liste par 01235. Dans le champ *Nombre de décimales*, fixez le nombre de chiffres que doit avoir la valeur au total (par exemple 5 pour un code postal).

La base de données : Rassembler et exploiter des informations **4**

Si la valeur saisie a plus de caractères que le nombre défini, le début ne sera pas affiché. Si la valeur a moins de chiffres que défini, le programme rajoutera des zéros devant la valeur. Dans ce format, il n'y a pas d'affichage de décimales, les chiffres sont arrondis.

Autres formats de champ

Date

Le format Date transforme une valeur numérique en un affichage de date. En fait le système est basé sur le compte des jours, avec comme date de départ le 1/1/1900. De ce fait, les calculs de dates utilisent des valeurs numériques. Que vous saisissiez 1 ou 1/1/1900 dans un champ au format Date, le résultat sera le même. Dans les deux cas, le champ présentera la valeur 01/01/00. Dans la boîte de dialogue des formats de date, diverses présentations de date sont à votre disposition, indépendamment de la valeur contenue dans le champ. Comme valeur, vous ne pourrez saisir dans un champ formaté en date que des valeurs valides du point de vue des dates. Pour les autres mentions de date, la solution consiste à les saisir sous forme de texte, en commençant par un guillemet, sachant quand même que dans ce cas, la date ne pourra pas intervenir dans des formules de calcul.

4 *La base de données : Rassembler et exploiter des informations*

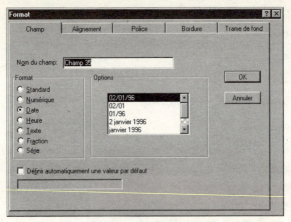

Le format de champ Date

Heure

L'heure est une subdivision de la journée, elle est donc présentée sous forme de décimales. Ainsi, chaque date peut être complétée par une heure en rajoutant les décimales correspondantes. Si vous saisissez dans un champ une valeur sous la forme 12:15, le système la convertira en la valeur 0,51041. Ce chiffre ne peut pas être converti en une date, puisqu'il est inférieur à 1. Dans la boîte de dialogue, plusieurs formats d'heures sont proposés.

La base de données : Rassembler et exploiter des informations **4**

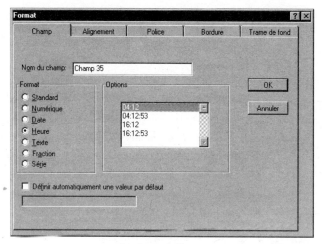

Les formats d'heure

Texte

Par le format Texte, vous définirez que le champ ne peut accepter qu'une chaîne de caractères de type texte. Si vous saisissez une valeur numérique, elle sera convertie en une chaîne de texte. Toutes les autres entrées ne seront acceptées que sous forme de texte. Si vous tapez 5 Mars, par exemple, le champ ne contiendra pas une date, mais un texte, avec un guillemet en début de chaîne. Ce format est important si vous saisissez des valeurs numériques et si Works 95 ne les affiche pas comme vous le souhaitez. Ainsi en est-il des préfixes téléphoniques ou des codes postaux, 06000 pour Nice, que le système convertit ordinairement en 6000. Le même problème se pose si vous saisissez dans ce champ par exemple Jan comme prénom (transformé en Janvier).

4 *La base de données : Rassembler et exploiter des informations*

> **REMARQUE** *La fonction CNUM("Texte") sait extraire d'une chaîne texte la valeur numérique avec laquelle il sera ensuite possible d'effectuer des calculs.*

Fraction

Le format Fraction crée un chiffre en format mixte, entier et fraction. La valeur entière est toujours présentée, même s'il s'agit de 0, suivie de la fraction correspondant aux décimales. La valeur 0,25 est ainsi affichée sous la forme 0 1/4. Dans la boîte de dialogue, vous choisirez les fractions à afficher. L'option *Ne pas réduire* a pour effet d'empêcher la réduction des fractions. Sans cette option, la fraction 5 2/8 serait immédiatement remplacée par 5 1/4.

Définition des contenus de champ

Dans Works 95, deux nouveautés sont apparues : le format Série et les valeurs automatiques par défaut.

Série

Le format Série permet de créer dans un champ une numérotation en continue par définition de la première valeur et de l'incrément. Par défaut, vous trouverez la valeur 1 dans la rubrique *Valeur suivante* et dans la rubrique *Incrément*. Le résultat sera la création d'une série avec, pour la première fiche la valeur 1, la seconde fiche portera la valeur 2, la troisième 3 et ainsi de suite. Cette numérotation est faite sous forme d'entier, avec affichage d'un nombre fixe de chiffres. Le numéro peut porter au maximum sur 8 chiffres.

Lors de la création de cette numérotation, vous n'aurez pas à saisir la valeur dans le champ, c'est Works 95 qui prend la saisie en charge. Attention : si des fiches sont supprimées, des numéros de la série deviendront libres. Il faut savoir que Works 95 ne s'en préoccupe pas, il continue sa numérotation comme si de rien n'était.

Un champ de ce format est automatiquement doté d'une protection, le contenu ne peut donc pas être modifié manuellement.

Valeur par défaut automatique

Dans certains champs, par exemple dans le champ Titre de notre fichier de personnes, vous retrouverez systématiquement les mêmes valeurs. Pour éviter d'avoir à les saisir pour chaque fiche, vous avez possibilité de définir une valeur par défaut automatique. Activez la case à cocher correspondante de la boîte de dialogue **Format** et indiquez la valeur à mettre en place. Dans notre exemple ce pourrait être Monsieur, ou encore Madame.

Cette valeur par défaut automatique peut être couplée avec tous les formats de champ, sauf avec les champs de type Série. Dans le formulaire, en cours de saisie, cette valeur sera mise en place par le programme et vous pourrez la supprimer ou la modifier manuellement. C'est une aide précieuse en matière de saisie de données.

Champs calculés - Formules et fonctions

Pour le moment, nous avons traité des champs de texte et des champs numériques. Pour exécuter un calcul dans un champ, vous devrez respecter une syntaxe particulière. Pour effectuer un calcul dans un champ, son contenu doit toujours commencer par le signe =. C'est ce signe d'égalité qui indique à Works 95 qu'il y a un calcul à effectuer. Si les paramètres de la formule ne sont pas valides, un message d'erreur sera affiché au moment de la validation par **ENTREE**. Puis le programme sélectionne la partie invalide de la fonction dans la ligne d'édition. Si la formule est correcte, le même calcul sera effectué sur toutes les autres fiches, y compris celles que vous créerez par la suite. Si vous avez par exemple tapé la formule =5*12 dans un champ, chaque fiche de la base affichera dans ce champ la même valeur, soit 60, la ligne d'édition affichant la formule en question.

Bien sûr, ce type de formule ne présente pas un grand intérêt, il s'agissait là d'un exemple simple destiné à expliquer le principe. L'intérêt sera déjà plus évident si vous intégrez dans vos fiches un champ Salaire horaire et un autre champ Heures travaillées. Ces deux champs seront utilisés dans un troisième champ calculé, affichant le montant du salaire sur la base du calcul suivant : = Salaire horaire*Heures travaillées.

Après validation de la formule, le champ affiche le résultat du calcul alors que la ligne d'édition présente la formule.

Lors de la saisie de la formule, les minuscules et majuscules n'ont aucune importance, Works 95 en fait son affaire.

REMARQUE *Si le nom d'un champ vient à être modifié ultérieurement et si ce champ intervient dans des formules de calcul, Works 95 se charge de modifier la formule en conséquence.*

La base de données : Rassembler et exploiter des informations **4**

Création de formule avec la souris

Dans la liste, la création des formules est plus facile. Passez en mode Liste pour afficher votre base de données, et cliquez dans une des cellules de la colonne Salaire. Tapez le signe =, puis cliquez sur une cellule de la colonne Salaire horaire. Derrière le signe =, vous verrez apparaître le nom du champ, Salaire horaire. Tapez ensuite l'opérateur de multiplication, *, et cliquez sur le champ Heures travaillées. Validez par un clic sur **OK** : la formule est calculée instantanément et dans toutes les fiches. Lors de la création d'une nouvelle fiche, la même formule sera reprise et le résultat en sera présenté dès saisie des deux champs requis.

Utilisation des fonctions

Pour les calculs, vous avez possibilité de recourir aux fonctions de Works 95. Il s'agit de formules standardisées effectuant en général des traitements complexes. Ainsi pourrez-vous faire appel à une fonction calculant l'âge des personnes à partir de leur date de naissance.

Nous en avons déjà parlé, Works 95 manipule les dates sous forme de valeurs numériques. Pour calculer l'âge d'une personne, la formule consiste à soustraire de la date du jour la date de naissance et de demander l'affichage du résultat sous forme d'un nombre d'années. Si, dans le champ Date Naissance, vous avez saisi la date de naissance des personnes, il sera possible de calculer dans le champ Age la valeur correspondante, par l'intermédiaire des fonctions :

```
Année(Date)
Maintenant()
```

4 *La base de données : Rassembler et exploiter des informations*

Les fonctions de Works 95 se composent en général de trois éléments : le nom de la fonction, une paire de parenthèses et divers arguments entre les parenthèses, séparés les uns des autres par un point virgule. Works 95 propose des fonctions mathématiques, financières, statistiques, des fonctions de date et de texte. Dans l'exemple, nous utiliserons deux fonctions de date.

Maintenant()

Cette fonction renvoie l'heure et la date du jour. En fait, elle calcule une valeur numérique dont la partie entière correspond au nombre de jours entre la date du jour et la date de référence (1/1/1900). Les décimales, pour leur part, correspondent à l'heure. La parenthèse ne contient aucun argument, la fonction prend en compte l'heure et la date système de votre machine. Utilisé dans une formule et dans la base de données, le résultat ne sera pas actualisé en permanence. La mise à jour interviendra à l'ouverture du fichier ou en cas de modification du document.

Année(Date)

Cette fonction extrait d'une date (qui peut provenir elle-même d'un calcul) le chiffre des années. Et c'est exactement ce dont nous avons besoin pour calculer l'âge des personnes. Nous allons soustraire, de la date du jour, la date de naissance puis extraire le nombre d'années représenté par ce résultat.

Calcul de l'âge

La formule dans le champ Age sera :

`=ANNEE(MAINTENANT()-DATE NAISSANCE)`

Dès que dans une fiche, le champ Date Naissance est renseigné, le calcul de l'âge se fait automatiquement et le résultat est affiché dans le champ Age.

Entrée composée

Pour l'indication de l'âge des personnes, il serait judicieux d'afficher 12 ans au lieu du chiffre 12 "brut". Ceci est possible grâce à la fonction de concaténation qui permet de lier des chaînes de caractères par le signe &. Pour faire du résultat du calcul précédent une chaîne de caractères, nous emploierons une fonction de conversion appelée CHAINE. Voici à quoi ressemble la formule finale :

`=CHAINE(ANNEE(MAINTENANT()-DATE NAISSANCE);0) & " Ans"`

Ecraser le résultat de la formule

La formule mise en place dans un champ s'applique à l'ensemble des fiches de la base de données. Le résultat de cette formule peut cependant être remplacé. Il suffit d'effectuer manuellement une saisie dans ce champ. La formule n'en perd pas ses effets dans le reste de la base de données, seule la fiche et le champ de la fiche active sont modifiés.

Récupérer la valeur calculée

Si vous avez écrasé la formule dans une fiche et si vous souhaitez ultérieurement récupérer le résultat de la formule générale de ce champ dans la base de données, il suffit de cliquer sur le champ et d'appuyer sur la touche **SUPPR** ou d'appeler la commande **Effacer l'entrée de champ** dans le menu **Edition**. Instantanément, le résultat de la formule réapparaît.

Supprimer une formule

Pour supprimer la formule dans l'ensemble des fiches de la base, tapez simplement dans le champ le signe d'égalité = et validez. Le principe est simple : remplacer la formule en place par une autre formule ne retournant pas de résultat. Vous pouvez aussi sélectionner le champ et appuyer sur **SUPPR**.

Les relations entre champs possibles dans une base de données

En principe, une formule fait toujours intervenir un autre champ de la base dans le fil du calcul. Partant de cette constatation, il est logique que la formule de la fiche courante fasse toujours référence à un champ de la même fiche courante. Mais dans Works 95, il est aussi possible de prendre en compte un champ de la fiche précédente.

Vous souhaitez par exemple gérer votre compte bancaire dans une base de données. Chaque fiche correspondra à un mouvement, crédit ou débit. Grâce à une liaison de champ, vous pourrez récupérer le solde de la fiche précédente, additionner le montant de la fiche active et ainsi calculer le nouveau solde.

Pour mettre en place une liaison de ce type, il suffit de faire état dans la formule du nom du champ contenant la formule !!! Surprenant non ? On dirait une référence circulaire, vous ne trouvez pas ?

La base de données : Rassembler et exploiter des informations **4**

Et pourtant, Works 95 est programmé de telle manière que, dans ce cas, il récupérera la valeur du champ Solde dans la fiche précédente, lui ajoutera le montant de l'opération de la fiche active et placera le résultat dans le champ Solde de la fiche active.

Protection de champs

Lorsque vous avez mis en place des formules dans des champs, il est prudent de protéger ces champs. Ceci écartera le risque d'écraser le résultat de la formule dans une fiche précise, mais évitera surtout qu'un autre utilisateur n'appuie sur la touche **SUPPR** en étant dans le champ de la formule, réduisant ainsi à néant votre construction.

4.3. Mise en forme et impression du formulaire

En principe, les saisies sont effectuées dans le formulaire. D'où l'importance de son agencement et la bonne organisation des champs. Il est possible de rehausser le formulaire en lui rajoutant des couleurs, des éléments graphiques et en usant de toute une série de mises en forme :

- ➤ Chaque étiquette, chaque nom de champ et chaque champ peut avoir sa propre mise en forme de caractères.
- ➤ Chaque objet (y compris les noms des champs et les champs) peut être doté d'un cadre.
- ➤ Chaque objet peut être doté d'un ombrage.
- ➤ Les lignes des champs peuvent être matérialisées par des traits.
- ➤ Chaque mise en forme peut prendre différentes couleurs.
- ➤ Des rectangles servent à la structure graphique du formulaire.

> Des commandes permettent de jouer des superpositions d'objet, de manière à les amener au premier plan ou à l'arrière-plan.
> Au moment de l'impression, les champs peuvent être décalés à gauche pour éviter les espaces, les noms de champ peuvent être masqués à l'impression, les lignes de champs peuvent être masquées ou affichées.

Mise en forme du texte

REMARQUE *Dès qu'il est question de mise en forme de formulaire, vous passerez bien sûr en mode Modèle de formulaire. Vous pouvez aussi faire appel au bouton droit de la souris pour accéder au menu contextuel. Toutes les options de mise en forme font en principe l'objet d'onglets dans une boîte de dialogue. Vous pourrez donc régler dans la même fenêtre la police, les bordures, la trame de fond, etc.*

Police et taille des caractères

La police est sans conteste un attribut déterminant en matière de mise en forme. Chaque entrée dans un formulaire peut utiliser une autre police et une autre taille de caractères. Dans la barre d'outils sont affichés les paramètres par défaut de police et de taille, avec des listes déroulantes pour les modifications. Pour modifier ces paramètres par défaut, placez le curseur dans une zone vierge du formulaire, puis faites votre choix dans les listes déroulantes. Les prochaines entrées que vous ferez dans le formulaire reprendront ces options.

La base de données : Rassembler et exploiter des informations **4**

Il est possible de mélanger plusieurs polices dans le même formulaire, par exemple une police pour les noms des champs et une autre pour les entrées de champs. Pour ce faire, sélectionnez d'abord tous les noms de champ, à l'aide de la touche **CTRL** et de clics successifs sur tous les noms, puis définissez la police et la taille des caractères. Par cette technique, vous pourrez affecter à chaque groupe d'éléments du formulaire d'autres attributs de caractères. La commande **Police et style de caractères** du menu **Format** permet de définir plusieurs attributs dans la même boîte de dialogue :

- Police
- Taille
- Style : gras, italique, souligné, barré
- Couleur

Définir les attributs de police

Si le curseur se trouve dans une zone vierge du formulaire, les paramètres définis dans la boîte de dialogue remplacent les paramètres par défaut et s'appliquent à toutes les futures entrées.

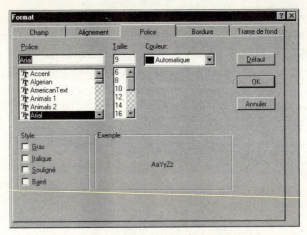

La définition des attributs de caractères

Vous connaissez déjà les deux champs à liste des polices et des tailles de la barre d'outils. Les styles (gras, italique, etc.) peuvent être combinés entre eux et sont également disponibles sous forme de boutons dans la barre d'outils. Seule la couleur nécessite l'ouverture de la boîte de dialogue. Les couleurs font aussi l'objet d'une liste déroulante, mais rappelez-vous que pour pouvoir imprimer les couleurs, il vous faudra une imprimante couleur. Sinon les couleurs seront remplacées par des niveaux de gris. Les options définies dans la boîte de dialogue deviennent actives après validation par **OK**.

Police par défaut

Le bouton **Défaut** de la boîte de dialogue permet de définir la police par défaut qui sera utilisée pour tous les nouveaux formulaires de base de données. Définissez tous les attributs requis dans la boîte de dialogue, puis cliquez sur le bouton **Défaut**.

Des textes comme éléments de décor des formulaires

Dans un formulaire, vous utiliserez des textes comme étiquettes et comme titres, pour structurer le formulaire. Dans celui créé par l'Assistant, vous avez noté la présence d'un titre "Carnet d'adresses Personnel". Ces titres ou ces étiquettes serviront à organiser le formulaire, mais aussi à donner aux utilisateurs des indications de saisie. Placez le curseur à l'emplacement voulu et tapez tout simplement le texte. Validez par **ENTREE**. Dans la ligne d'édition, le texte est précédé d'un guillemet (").

Si vous souhaitez terminer votre étiquette par un double point, rappelez-vous que c'est là le signe distinctif des noms de champs. Pour que cette étiquette ne se transforme pas en champ, faites-la précéder d'un guillemet.

Ces étiquettes sont toujours formées d'une ligne unique. Si vous désirez des textes d'étiquettes sur plusieurs lignes, tapez d'abord la première, validez par ENTREE, placez le curseur en dessous et tapez une seconde étiquette avec la suite du texte. Chaque étiquette est dotée de ses propres attributs de police, taille de caractères, style et couleur.

Pour arriver à définir une étiquette comportant un seul mot écrit différemment des autres (par exemple en gras), vous serez amené à définir plusieurs étiquettes individuelles et à les placer côte à côte. Ce n'est qu'à cette condition qu'une même ligne de texte peut présenter différents attributs. Comme les autres objets, les étiquettes peuvent être équipées de bordure et d'une trame de fond.

Rectangles dans un formulaire

Autre possibilité de mise en forme : l'insertion de rectangles. Ces rectangles pourront être étirés pour former des barres de séparation, ils pourront être colorés et servir ainsi d'arrière-plan à des groupes de champs ou même à masquer certaines zones du formulaire.

Insérer un rectangle

Pour insérer un rectangle dans le formulaire, appelez la commande **Insertion/Rectangle**. La commande est également proposée par le menu contextuel. Un rectangle gris apparaît dans le formulaire, attendant vos commandes de mise en forme.

La base de données : Rassembler et exploiter des informations 4

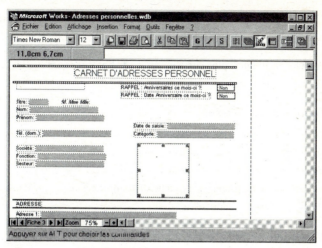

Un rectangle inséré dans un formulaire

Modifier la taille du rectangle

Pour redimensionner le rectangle, vous utiliserez une des 8 poignées placées autour de la figure. Si le pointeur est placé sur une de ces poignées, il se transforme en une double flèche horizontale, verticale ou diagonale, selon la poignée.

Contour et remplissage

Lorsque la taille du rectangle vous convient, attaquez-vous à sa bordure et sa trame de fond. Par défaut, le rectangle est doté d'une bordure noire et se présente sans couleur de remplissage. Vous remarquerez aisément cette absence de remplissage en déplaçant le rectangle sur d'autres objets : ils restent visibles par transparence, même s'ils ne peuvent plus être sélectionnés d'un clic de souris.

C'est un peu comme avec un rectangle en verre qui aurait été posé sur les objets et qui vous empêcherait de les atteindre.

Pour les rectangles, plusieurs épaisseurs de bordures sont possibles, ainsi que plusieurs couleurs et trames de fond.

Dupliquer un élément

Dans le formulaire, les commandes **Copier** et **Coller** ne peuvent pas être appliquées aux rectangles. Il est cependant possible de dupliquer ces éléments. Il suffit pour cela de déplacer ces objets avec la souris tout en maintenant la touche **CTRL** enfoncée. La copie dans le Presse-papiers est impossible.

Bordure et trame de fond

Les bordures et trames de fond peuvent être affectées à tous les objets du formulaire.

Types de bordure

Sélectionnez le rectangle et appelez la commande **Bordure** du menu **Format** pour ouvrir la boîte de dialogue correspondante :

La base de données : Rassembler et exploiter des informations 4

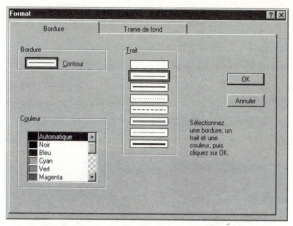

Définition de bordure dans le formulaire

A vous de choisir entre des traits de contour pleins ou pointillés en cliquant sur le type de trait voulu. Le trait sélectionné apparaît dans le champ **Contour**. La liste des couleurs propose diverses options parmi lesquelles vous ferez également une sélection. Par **OK**, le cadre ainsi paramétré sera mis en place autour de l'objet actif. A la différence du traitement de texte et des cellules de la liste ou du tableur, le formulaire n'accepte que des bordures complètes, formées des 4 côtés.

Dans la boîte de dialogue, vous pouvez également définir que l'objet sélectionné, en l'occurrence ici le rectangle, ne sera pas encadré d'un trait de contour. Si vous optez pour cette solution pour le rectangle tel qu'il se présente actuellement, il sera totalement invisible.

4 *La base de données : Rassembler et exploiter des informations*

Vous ne remarquerez sa présence que par les poignées et le cadre de sélection.

Trame de fond

A l'intérieur du contour se trouve la zone de remplissage. Dans notre rectangle, cette zone est pour le moment transparente. Un clic sur cette zone sélectionne le rectangle. Pour affecter un autre remplissage à l'objet, appelez la commande **Trame de fond** du menu **Format**.

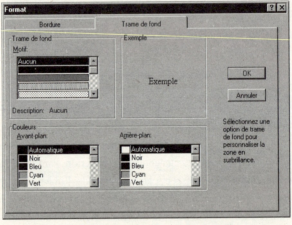

La boîte de dialogue des trames de fond

La liste du haut contient les divers motifs disponibles, avec des points, des rayures, des traits de toutes sortes. Pour le moment, les valeurs par défaut sont un remplissage sans motif (paramètre *Aucun*), avec des couleurs d'avant-plan plan et d'arrière-plan reprenant la mention *Automatique*.

La base de données : Rassembler et exploiter des informations 4

La première option de la liste des trames est le remplissage plein. En jouant des touches ↑ et ↓, vous pourrez feuilleter les divers motifs et en voir un exemple dans la zone *Exemple*.

Dans les deux listes du bas, vous fixerez la couleur de premier plan et d'arrière-plan. Si vous optez pour un motif en pointillé serré, la combinaison de ces deux couleurs aboutira à des teintes nouvelles.

Par **OK**, la boîte de dialogue est refermée et le rectangle est affecté du remplissage défini.

Rectangle monochrome

Les rectangles que vous mettrez en place ne seront pas forcément dotés d'une bordure. Si vous avez besoin d'une zone rectangulaire pleine, d'une teinte unique, pensez à annuler le contour dans la boîte de dialogue **Bordure** du menu **Format**. Sélectionnez simplement la première option de trait, le rectangle vide, et validez par **OK**.

Des couleurs pour l'arrière-plan du formulaire

Normalement, l'arrière-plan du formulaire ne comporte pas de couleur. Vous pourrez y remédier facilement en plaçant le curseur dans un endroit vierge de ce formulaire et en appelant la commande **Trame de fond** du menu **Format**. Sélectionnez les options voulues et validez par **OK**.

Objets au premier plan ou à l'arrière-plan

Nous avons déjà évoqué le fait que les objets du formulaire étaient librement déplaçables et qu'ils se superposaient les uns aux autres. Chaque nouvel objet mis en place est positionné par-dessus les autres objets, au niveau supérieur. Imaginez-vous simplement que chaque objet est placé sur une feuille de transparent et que le formulaire est le résultat de la superposition de tous ces transparents.

Champs et rectangles

Tous les champs définis dans une base de données sont souvent rassemblés en groupes. Dans le fichier des adresses, la distinction porte sur l'état civil, l'adresse et les renseignements d'ordre personnel. Pour matérialiser ces regroupements, vous définirez par exemple un rectangle sans remplissage autour des champs d'un même groupe, ou encore affecterez des couleurs différentes à chaque groupe de champs.

Le problème est que si vous définissez le rectangle après la création des champs, et si vous le placez sur les champs, ceux-ci ne seront plus activables. La solution est toute simple : placer le rectangle en arrière-plan, derrière les champs. Il suffit de sélectionner le rectangle et d'appeler la commande **Arrière-plan** du menu **Format**.

Ainsi, tous les éléments qui étaient placés derrière le rectangle passent devant et redeviennent utilisables.

La base de données : Rassembler et exploiter des informations **4**

Masquer un champ

Un rectangle peut aussi servir à masquer un champ lors de l'impression. Il suffit pour cela de définir un rectangle sans contour et de lui affecter la même couleur de remplissage que la couleur d'arrière-plan du formulaire. Tous les éléments du formulaire ainsi couverts par ce rectangle ne seront pas imprimés.

Incorporation ou liaison d'objets dans un formulaire

Parallèlement aux couleurs, il y a une autre façon d'agencer le formulaire. Vous pourrez par exemple y insérer tous les types d'objets proposés par le menu **Insertion** et établir des liaisons avec d'autres documents ou d'autres applications.

Un objet incorporé ou lié est déplaçable et redimensionnable librement dans le formulaire, comme n'importe quel autre objet. Vous pourrez également le déplacer dans l'ordre des superpositions, par les commandes **Arrière-plan** et **Premier plan** du menu **Format**. Toutes ces opérations sont bien sûr à réaliser en mode Modèle de formulaire. C'est tout particulièrement important pour un objet de type Note-It, car pour lui, dans les autres modes, un double clic ne permettra plus d'afficher les informations qu'il contient.

4 *La base de données : Rassembler et exploiter des informations*

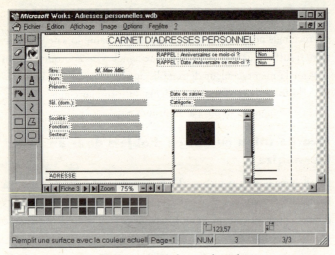

Un objet Paintbrush dans un formulaire

Comme dans le traitement de texte, les objets incorporés peuvent être modifiés et édités ultérieurement, sauf les dessins convertis de MS Draw. Pour les objets liés, c'est le document source qui sera ouvert, avec éventuellement l'application ayant servie à le créer.

Agencement des champs de données

Masquer les noms de champ

Dans certaines circonstances, il est judicieux de masquer certains noms de champs. Si vous envisagez d'utiliser le formulaire pour créer un formulaire pré-imprimé avec les données, les noms de champs ne sont pas souhaitables. Dans ce cas, une option d'impression

La base de données : Rassembler et exploiter des informations **4**

permettra de masquer tous les noms de champ et de n'imprimer que les champs de données.

 Ce bouton permettra de commuter entre affichage et masquage des noms de champs.

Vous pourrez aussi recourir à la commande **Afficher le nom du champ** du menu **Format**. Dans le formulaire, il est facile de se rendre compte si le nom d'un champ est affiché ou non. Dans la suite, nous vous présenterons un exemple où il est pratiquement impossible de s'en rendre compte sauf à jeter un coup d'oeil à la commande de menu, pour vérifier qu'elle est cochée ou non.

Afficher les lignes de champs

Dans les paramètres par défaut, chaque champ est affiché avec une ligne en pointillé. Si un champ s'étend sur plusieurs lignes, chacune d'elles est matérialisée par une ligne en pointillé. Ces pointillés peuvent eux aussi être masqués en cas de besoin. Appelez pour cela la commande **Lignes de champs**, dans le menu **Affichage**. Cette commande s'applique à l'ensemble des champs du formulaire, mais n'a aucune incidence au niveau de l'impression. Pour imprimer ces lignes de champs, vous ferez appel à une option spéciale de la commande **Mise en page** du menu **Fichier**.

4 — La base de données : Rassembler et exploiter des informations

Imprimer avec appui sur la gauche

Une fonction importante en matière d'impression de champs de données est l'alignement de ces champs. Admettons que vous ayez disposé deux champs d'une base de données l'un à côté de l'autre. Le premier contient le nom de la personne, le second son prénom. Comme le nom des personnes peut avoir une longueur très variable, il est impossible de définir la largeur exacte de ce champ Nom pour coller directement derrière le prénom. Cette imprécision incontournable peut aboutir à deux résultats : dans le premier, le champ Nom est trop petit et le nom de la personne est coupé, dans le second, le champ est trop long et un blanc apparaît entre le nom et le prénom.

Pour résoudre ce problème, la solution est fournie par l'option *Appuyer sur la gauche* de la commande **Alignement** du menu **Format**. Grâce à elle, lorsque vous imprimez le formulaire ou passez en Aperçu avant impression, vous constaterez que nom et prénom sont parfaitement positionnés l'un par rapport à l'autre.

La base de données : Rassembler et exploiter des informations 4

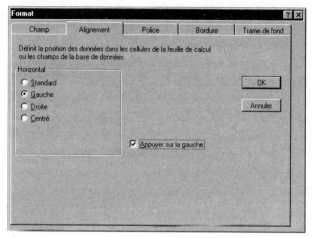

L'option Appuyer sur la gauche dans l'onglet Alignement

REMARQUE *Si les noms des champs sont affichés dans le formulaire, ceux-ci seront également contraints par cette option. Il existe bien une option d'impression permettant de n'imprimer que les champs de données et pas leurs noms. Cette option n'est cependant pas utilisable dans ce cas de figure, car même si les noms ne sont pas imprimés, la place qu'ils occupent est préservée. Les contenus des champs ne seront correctement positionnés que si les deux sont placés sur la même ligne dans le formulaire. Prenez des repères sur les indications de position, à gauche de la ligne d'édition. Au besoin, déplacez les champs. L'activation du quadrillage magnétique peut être d'une aide non négligeable dans cette opération.*

Mise en forme de l'impression

Indications de mesure

Dans la ligne d'édition, à gauche, sont affichées les coordonnées de l'objet sélectionné par rapport aux bords gauche et supérieur de la feuille de papier. Si vous placez le curseur avec précision dans le coin supérieur gauche du formulaire, vous retrouverez dans cette zone les valeurs des marges définies pour le document. C'est un moyen de contrôler la position de l'objet sur la feuille, au moment de l'impression. Sachez cependant que ces coordonnées ne sont pas toujours exactes à l'impression, du fait de l'intervention du gestionnaire de périphérique pilotant l'imprimante. Nous verrons dans la suite comment contourner ces imprécisions.

Mise en page - Insertion de sauts de page

Les sauts de page ont pour effet de ne pas placer l'ensemble des champs sur la même feuille, à l'impression. Si vous parcourez le formulaire à l'aide de la barre de défilement, vous constaterez que ce formulaire présente en certains endroits des traits de séparation horizontaux en pointillé. Ces lignes représentent les sauts de page insérés automatiquement par Works 95. Vous découvrirez également une ligne verticale en pointillé. Cette ligne matérialise la limite de la page, sachant cependant qu'un formulaire ne peut se composer que de pages placées les unes sous les autres et non pas de pages adjacentes. Tout ce qui se trouve à droite de la ligne verticale ne sera pas imprimé et Works 95 vous en avertira le moment venu.

La base de données : Rassembler et exploiter des informations 4

Si vous souhaitez modifier les sauts de page, placez le curseur à la position voulue et appelez la commande **Insertion d'un saut de page**, dans le menu **Format**. Une ligne en pointillé fin apparaît à l'écran, représentant votre saut de page manuel. Les indications des coordonnées par rapport au haut des feuilles sont modifiées en conséquence. Si vous déroulez à nouveau le menu **Format**, vous remarquerez que la commande **Insertion d'un saut de page** n'est plus disponible, mais que le programme propose à cet endroit son opposé, **Suppression d'un saut de page**.

Supprimer un saut de page

Pour supprimer un saut de page manuel placez le curseur directement au-dessus ou en dessous du saut et appelez la commande **Suppression d'un saut de page**, dans le menu **Format**. La ligne en pointillé est supprimée et les coordonnées des objets par rapport au bord supérieur des feuilles sont mises à jour.

Aperçu avant impression - Imprimer

Avant d'imprimer le formulaire avec une fiche, pensez à passer par la commande **Mise en page** du menu **Fichier** pour définir les paramètres de l'opération. Trois onglets vous y attendent.

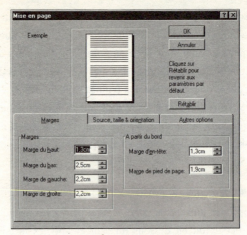

Mise en page du formulaire

Marges

La définition des marges ne change en rien de ce que nous connaissons déjà. Dans la zone *Exemple* est approximativement présenté le futur résultat de l'impression. Les valeurs des marges ont une influence directe sur les sauts de page dans le formulaire.

Source, taille et orientation

Il en va de même pour ce deuxième onglet.

Autres options

Cet onglet comporte quelques options spécifiques à l'impression des formulaires.

Imprimer les contours de champs	Si cette option est active, les contours de champs et les lignes de champs sont imprimées, que ces lignes soient affichées ou non à l'écran.
Saut de page entre les fiches	Cette option a pour effet de passer à une nouvelle page à chaque nouvelle fiche. Si elle est inactive, les fiches seront imprimées les unes à la suite des autres.
Espacement entre les fiches	Cette valeur
Eléments à imprimer/Tous	Cette option imprime l'ensemble des éléments du formulaire (à l'exception des lignes de champs si vous les avez désactivées à l'impression).
Eléments à imprimer/Entrées de champs seulement	Cette option n'imprime pas les noms des champs, ni les étiquettes ni les autres objets mis en place dans le formulaire. Les champs affectés de l'option Appuyer sur la gauche tiennent cependant compte de l'espace des noms de champs s'ils sont affichés.

Adaptation des marges lors de l'impression

Au départ, vous contrôlerez la position de l'impression. N'oubliez pas que beaucoup d'imprimantes posent des contraintes techniques minimales empêchant l'impression de certaines zones de la feuille. Si vous positionnez toutes les marges à 0 dans la boîte de dialogue **Mise en page**, si vous placez un objet dans le coin supérieur gauche du formulaire, en position 0 et si vous imprimez le formulaire, vous vous en apercevrez de suite. Cette zone technique vous donnera les valeurs minimales des marges à mettre en place.

4 *La base de données : Rassembler et exploiter des informations*

En Aperçu avant impression, vous pourrez également vérifier si l'impression est possible jusqu'à la bordure du papier.

Il se peut aussi que vous ayez défini une marge du haut de 2,5 cm alors que cette zone est utilisable par le périphérique. Et pourtant, lorsque vous lancez l'impression, elle ne commence qu'à 3 cm du bord supérieur de la feuille. Que faire ? Soit modifier la position du papier au démarrage de l'impression, si l'imprimante le permet, soit rajouter aux coordonnées affichées la différence constatée, en l'occurrence 0,5 cm.

Un formulaire en Aperçu avant impression

Avec l'option *Eléments à imprimer/Tous*, tout ce qui se trouve sur le formulaire sera imprimé. Avec *Entrées de champs seulement*, vous n'imprimerez que les données saisies dans le formulaire, mais pas les éléments de décor. Si la fiche contient un champ vide, rien ne sera imprimé à cet emplacement.

La base de données : Rassembler et exploiter des informations **4**

Si la base de données contient plusieurs fiches et si vous souhaitez imprimer un formulaire par fiche, vous pourrez choisir de les imprimer en continu (avec éventuellement un espacement entre les fiches) ou de commencer une nouvelle page pour chaque fiche.

L'Aperçu avant impression permet un dernier contrôle avant la sortie sur papier.

Les options d'impression

La boîte de dialogue permettant de définir les options d'impression pour le formulaire est appelée par la commande **Imprimer** du menu **Fichier**. Les paramètres qui y sont définis sont enregistrés avec la base de données. Notez que cette boîte de dialogue n'est affichée que par la commande de menu, pas par les boutons Imprimer de la barre d'outils ou de l'Aperçu avant impression.

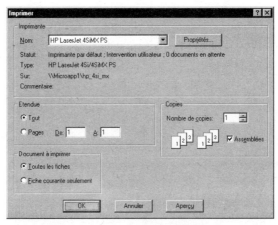

Les options d'impression

Document à imprimer/Toutes les fiches
Par défaut, toutes les fiches non masquées de la base de données seront imprimées.

Document à imprimer/Fiche courante seulement
Cette option a pour effet de limiter l'impression à la fiche courante, celle qui est à l'écran. Cette option est enregistrée en même temps que le fichier et sera rappelée ultérieurement, si vous lancez une impression par les boutons.

Si vous ne souhaitez pas tout imprimer ...
Si certains éléments du formulaire ne doivent pas être imprimés, deux solutions s'offrent à vous. Déplacez ces éléments à droite de la ligne verticale de fin de page, en pointillé, et répondez par **OK** au message d'erreur qui vous sera présenté, ou sur la deuxième page du formulaire et dans ce cas vous limitez l'impression à la première page dans la boîte de dialogue **Fichier/Imprimer**. Pour cela, activez l'option *Pages* de la zone *Etendue* et indiquez dans les zones *De:* et *A:* la même valeur 1.

4.4. L'agencement de la liste

Dans la barre d'outils, deux boutons servent à basculer du mode Formulaire en mode Liste et inversement. Pour arriver en affichage Liste, vous pouvez aussi utiliser les touches **MAJ** + **F9** ou la commande **Liste** du menu **Affichage**. Dans cette liste, les fiches sont présentées sous forme de lignes, chaque ligne étant affectée d'un numéro dans la marge de gauche. Là encore, un certain nombre de mises en forme sont possibles pour aménager cette liste à votre convenance.

Structure de la liste - Techniques de travail

Commençons par quelques notions de base et de techniques de travail relatives aux listes de base de données. Il s'agit en particulier :

- ➤ des composants de la liste,
- ➤ du travail dans la fenêtre,
- ➤ des déplacements dans les listes,
- ➤ de la sélection des cellules, lignes et colonnes,
- ➤ de la saisie de données en liste,
- ➤ des modifications des noms de champ.

L'agencement de la liste

Les champs de la base de données sont organisés en colonnes. Chaque colonne porte le nom d'un champ de la base, mais cette fois sans le double point final. Au départ, toutes les colonnes sont de largeur identique, même si les contenus ne sont pas forcément tous visibles en entier. Si un champ a été défini comme champ numérique et si la valeur qu'il contient dépasse le cadre de la colonne, vous y verrez les caractères ####, en remplacement de la valeur. Pour visualiser l'ensemble des données, il vous faudra modifier les largeurs de certaines colonnes. Le plus simple est d'utiliser la souris. Placez le pointeur sur la limite droite de la colonne à élargir, juste à côté du nom du champ, appuyez et maintenez le bouton de la souris et tirez vers la droite pour élargir ou vers la gauche pour réduire. Cette même technique est applicable à la hauteur des lignes.

Mais il y a encore plus simple : faites un double clic sur le nom du champ placé en en-tête de colonne. Works 95 ajuste alors automatiquement la largeur de la colonne à son plus grand contenu.

Fractionner la fenêtre

Si la base de données contient un grand nombre de champs, la lisibilité du tableau diminue rapidement. Dans ce cas, scindez la fenêtre horizontalement, verticalement, ou dans les deux axes. Il suffit d'appeler la commande **Fractionner** dans le menu **Fenêtre**. Elle affiche à l'écran une barre horizontale et une autre verticale, que vous déplacerez avec la souris ou les flèches de direction. Une action sur la touche **ENTREE** ou un clic de souris rend la scission effective.

Il existe une autre technique qui ne fait pas appel aux menus. Tout en haut de la barre de défilement verticale et tout à gauche de la barre de défilement horizontale, est affichée l'extrémité de la barre de fractionnement. Si vous placez le pointeur de la souris sur ce petit rectangle, il se transforme en une double flèche. Reste alors à tirer la barre de fractionnement en bonne place.

La base de données : Rassembler et exploiter des informations **4**

En tirant la barre hors de l'écran ou en faisant un double clic dessus, la barre de fractionnement disparaît.

La fenêtre fractionnée

Le fractionnement vertical est utile si vous souhaitez garder en vue les noms des personnes tout en feuilletant les autres champs de la base. Dans le premier volet, vous afficherez ces noms, et feuilletterez les champs dans le second volet. Par contre, le fractionnement horizontal s'imposera pour visualiser simultanément deux fiches éloignées l'une de l'autre dans le tableau. La touche **F6** ou des clics de souris serviront à activer successivement l'un ou l'autre volet.

Déplacement dans une liste

Après le passage en mode Liste, un des champs est sélectionné. Il s'agit de celui encadré d'un trait épais. Ce cadre est déplacé par la souris ou au clavier. Avec la souris, cliquez simplement sur la cellule voulue. Si cette cellule n'est pas affichée à l'écran, utilisez les barres de défilement verticale ou horizontale pour la faire apparaître. Au clavier, le cadre de sélection se déplace cellule par cellule par les flèches de direction ou par la touche **TAB** qui saute dans la cellule adjacente de droite. Pour des déplacements plus lointains, voici les autres touches disponibles :

Origine	Premier champ de la ligne
Fin	Dernier champ de la ligne
CTRL + Origine	Premier champ de la première fiche
CTRL + FIN	Dernier champ de la dernière fiche
CTRL + ↑	Première cellule de la colonne
CTRL + ↓	Dernière cellule de la colonne.

Atteindre

Dans la liste, la largeur d'une colonne et la hauteur d'une ligne peuvent être réduites jusqu'à la valeur 0, masquant ainsi la fiche ou le champ en question, bien que cet élément existe toujours. Les champs non visibles ne peuvent plus être activés. Mais la commande **Atteindre** du menu **Edition** et la touche **F5** ouvrent une boîte de dialogue listant l'ensemble des champs, y compris les champs invisibles. Sélectionnez le champ recherché dans cette liste et cliquez sur **OK**. Il reste ensuite à modifier la largeur de la colonne par la commande **Largeur du champ** du menu **Format** et la colonne apparaît à nouveau à l'écran. Si une fiche est masquée par cette

La base de données : Rassembler et exploiter des informations **4**

même technique de réduction de la hauteur de ligne, tapez le numéro de cette fiche dans la zone de saisie de la boîte de dialogue **Atteindre** et cliquez sur **OK**. Puis modifiez la hauteur de ligne par la commande de même nom du menu **Format**.

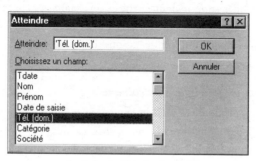

La boîte de dialogue Atteindre

La commande **Atteindre (F5)** peut aussi servir à retrouver une fiche ou un champ dont vous avez perdu la trace dans le tableau.

 La commande **Atteindre** existe aussi sous forme de bouton à placer dans la barre d'outils.

Sélection dans une liste

REMARQUE *Le module Base de données de Works 95 a été doté d'une nouveauté : les fiches peuvent être sélectionnées et ainsi préparées pour certaines opérations spéciales. La commande correspondante est placée dans le menu* **Fiche**, *mais vous trouverez la même commande également dans le menu* **Edition**. *Dans ce dernier cas, elle a pour effet de sélectionner tous les champs d'une fiche. C'est par elle que nous commencerons.*

Dans la liste, il est possible d'activer un champ unique ou un ensemble de champs. Le plus simple pour effectuer une sélection est d'employer la souris. Surlignez la zone à sélectionner en maintenant le bouton de la souris enfoncé. Cette sélection sera nécessaire pour copier, couper, supprimer une fiche ou un champ, et pour insérer et supprimer des colonnes ou des lignes. Pour respecter la logique de la structure du tableau, ces opérations supposent toujours la sélection de lignes ou de colonnes complètes.

Sélectionner une ligne/une colonne

Le plus rapide est de cliquer sur le numéro de la ligne ou le nom du champ, dans l'en-tête de colonne. Si vous maintenez le bouton de la souris enfoncé et tirez par-dessus d'autres lignes ou colonnes, la sélection sera étendue d'autant. Un clic sur la case située à l'intersection des numéros de lignes et des noms de colonnes sélectionne l'ensemble de la liste, y compris les champs et les fiches vierges.

Le même résultat peut être obtenu par les commandes **Sélectionner une fiche**, **Sélectionner un champ** ou **Sélectionner tout**. Les deux premières sont appliquées à la fiche ou le champ dans lequel se trouve la cellule sélectionnée. Au clavier, ces commandes peuvent être exécutées avec **F8** :

CTRL + F8	Sélectionner la fiche
MAJ + F8	Sélectionner le champ
CTRM + MAJ + F8	Sélectionner tout

Mais souvent, il est nécessaire de sélectionner une partie de la fiche ou la fiche complète, par exemple pour une copie, mais sans les champs vierges de la ligne. Dans ce cas, le meilleur moyen est d'utiliser le clavier. Avec **CRTL + Origine**, vous activerez le premier champ de la première fiche, avec **CTRL + Fin** le dernier champ de la dernière fiche. Par **Origine** et **Fin**, vous sauterez au début ou à la fin de la ligne. Pour sélectionner les champs d'une fiche, activez la première cellule de la ligne et étendez la sélection par **MAJ + Fin** jusqu'à la dernière cellule de la même ligne. Vous pourrez ensuite copier la fiche dans le Presse-papiers et la coller ailleurs, dans la même base de données, une autre base ou même un document de traitement de texte.

Etendre et annuler une sélection

La sélection par le clavier commence toujours par la cellule active, puis est étendue à angle droit si vous gardez enfoncée la touche **MAJ** ou activez la touche **F8**, puis jouez des flèches de direction. La plage sélectionnée est affichée en sombre sauf la cellule de départ, qui reste la cellule active. La touche **TAB** pourra vous servir à déplacer la cellule active sans remettre en cause la plage sélectionnée. Mais dès que vous cliquez ailleurs ou que vous utilisez les flèches de direction, la sélection est annulée.

Saisie de texte

En principe, dans un champ de la base de données, il y a deux types de saisie possibles. Le premier type est la saisie de texte, la seconde est la saisie d'une valeur numérique ou d'une formule retournant une valeur numérique. Une entrée sera considérée comme étant du texte si la chaîne commence par un guillemet. Si vous tapez "50 dans une cellule, Works 95 considérera cette entrée comme du texte. La cellule affiche uniquement 50, mais l'alignera à gauche, comme il est d'usage pour un texte. Par contre, si vous tapez 50 dans la cellule, la valeur affichée sera la même, mais cette fois-ci elle sera alignée à droite, comme tous les nombres. Si une entrée n'est pas directement identifiable comme nombre ou formule, elle est considérée comme texte et automatiquement précédée du guillemet. En principe, vous n'aurez pas à vous soucier de cette distinction, sauf cas exceptionnel. La saisie en liste est identique à la saisie en formulaire et ne présente aucune particularité notable.

Valeurs numériques et chiffres

Sont considérées comme valeurs numériques toutes les entrées de chiffres, de dates ou de formules de calcul. Ces valeurs numériques pourront intervenir dans les formules de la base de données. Vous les utiliserez pour calculer des totaux dans les états ou encore comme base pour calculer un autre champ de la même fiche.

Modifier les noms de champ

Dans la liste, il est possible de saisir ou de modifier des noms de champs. Cette liste se compose d'un nombre de colonnes égal au nombre de champs de la base de donné, avec un maximum de 256. Pour rajouter un nouveau champ, appelez la commande **Insertion d'un champ** du menu **Fiche**. A vous de choisir si ce champ doit être inséré avant ou après la colonne de la cellule active. Une boîte de dialogue s'ouvre ensuite pour définir plus précisément le champ. La rubrique du nom de champ porte la mention Champ12. Ce numéro

La base de données : Rassembler et exploiter des informations **4**

12 est important, car il indique que vous venez d'insérer une colonne à la douzième position du tableau (il s'agit de la douzième colonne) et qu'elle interviendra en douzième position au moment de l'activation des champs. Il reste à lui donner un nom expressif, d'en définir le format et de valider l'opération par le bouton **Ajouter**. La boîte de dialogue ne se referme pas et permet au besoin de rajouter d'autres colonnes.

Pour modifier le nom d'un champ déjà en place, appelez d'abord la commande **Format/Champ**. La boîte de dialogue ainsi ouverte affiche le nom de ce champ. C'est ici que vous pourrez le modifier et entreprendre d'autres formatages sur les autres onglets. Validez le tout par **OK**.

Si vous rajoutez des champs de données dans la liste, ces champs seront bien sûr aussi rajoutés dans les formulaire, sur la première ligne libre après le dernier champ. A vous de le déplacer ensuite à l'endroit voulu.

Largeur de colonne et hauteur de ligne

Ces deux paramètres sont faciles à modifier dans la liste et par divers moyens.

Modifier la largeur de colonnes

Cette largeur peut être modifiée avec la souris en plaçant le pointeur sur la limite droite de la colonne, au niveau du nom du champ (le pointeur est accompagné du mot *AJUSTE*), en enfonçant et maintenant le bouton, puis en tirant vers la droite.

4 La base de données : Rassembler et exploiter des informations

Format/Largeur du champ

Cette commande offre plus de possibilités que l'action de la souris. Elle vous permettra de définir avec précision la largeur du champ, en nombre de caractères. Par défaut, les colonnes sont créées avec une largeur de 10 caractères, la largeur maximale étant de 79 caractères.

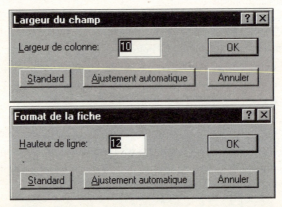

Les deux boîtes de dialogue pour définition de la largeur de colonne et la hauteur de ligne

Largeur optimale

La boîte de dialogue propose également un bouton **Ajustement automatique** affectant au champ la largeur optimale pour afficher son contenu. Ce bouton désactive le champ de saisie. Pour affecter cette option à l'ensemble de la colonne, cette colonne doit être sélectionnée intégralement au préalable. Dans le cas contraire,

La base de données : Rassembler et exploiter des informations **4**

l'option ne sera affectée qu'à la plage sélectionnée. Cette largeur optimale est fonction de l'entrée la plus longue de la colonne.

REMARQUE *Pour la largeur des colonnes contenant des champs, la règle veut que la colonne soit au minimum plus large d'un caractère que le nombre de caractères maximum des entrées qui y prennent place. Dans le cas contraire, vous verrez apparaître les fameux signes ####.*

Définir la hauteur de fiche

En matière de hauteur de fiche, les possibilités sont les mêmes que pour la largeur de champ. L'unité de mesure utilisée est le point, la même que celle utilisée pour la taille des caractères. La hauteur maximale est de 409 points. Si vous augmentez fortement la hauteur de la fiche, le contenu apparaît toujours tout en bas de la ligne. Ce paramètre peut cependant être modifié, nous y reviendrons.

Hauteur optimale

La boîte de dialogue propose également un bouton **Ajustement automatique** affectant à la fiche une hauteur optimale en fonction de son contenu. Cette option ne se justifie vraiment que si vous l'appliquez à l'ensemble du tableau.

Police, bordure, trame de fond et Alignement

Les champs individuels, comme dans le formulaire, peuvent être affectés des polices les plus diverses. Il suffit de sélectionner les éléments à mettre en forme et de choisir police et taille de caractères dans les listes déroulantes de la barre d'outils. Dans le menu **Format**, vous attend aussi la commande **Police et style de caractères**, qui propose en complément l'option *Couleur*. Ces paramètres sont rassemblés dans un onglet de la boîte de dialogue **Format**. Les autres onglets rassemblent d'autres attributs de mises en forme.

Mise en forme de l'écriture

La police et la taille des caractères s'applique toujours à l'ensemble d'une colonne. Dans une ligne ou une fiche il est possible de définir des attributs de caractères différents dans chacun des champs. Si un champ contient des informations longues, il est souvent judicieux de choisir une police et un corps plus petits que le reste du tableau.

Si vous utilisez dans un champ une police plus grande et si le contenu ne peut plus être affiché intégralement, la hauteur de ligne est automatiquement ajustée dans l'ensemble des fiches.

Police par défaut

Les attributs de police sont définissables champ par champ, mais aussi pour l'ensemble du document, y compris les titres des champs et les numéros des fiches. Cette opération peut concerner la base de données active ou une future base de données.

Dans la boîte de dialogue **Format/Police et style de caractères**, vous trouverez un bouton **Défaut**. Définissez une police, une taille, une couleur et cliquez sur ce bouton pour en faire la police par défaut. Toutes les nouvelles bases de données créées avec Works 95 reprendront ces paramètres pour leur liste, indépendamment de la définition du formulaire. Les noms de champ et numéros de fiche sont cependant toujours en noir.

La base de données : Rassembler et exploiter des informations 4

Pour modifier ces éléments de marge dans le document actif, vous devrez d'abord sélectionner l'ensemble de la liste par un clic sur la case située à l'intersection des numéros de fiche et des noms de champ, tout en haut à gauche de la liste, puis définir les attributs. Ces attributs seront appliqués à l'ensemble du document.

Bordures

Dans la liste, la procédure de création de bordure est différente du formulaire. Tous les paramètres sont définis dans la boîte de dialogue **Bordure** du menu **Format**.

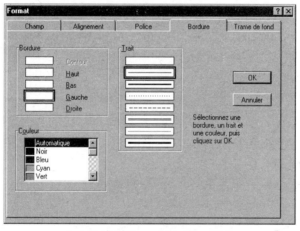

La boîte de dialogue des bordures de liste

Admettons que vous souhaitiez placer une bordure double en haut : cliquez d'abord sur le rectangle Haut pour y faire apparaître une ligne simple, puis cliquez sur le trait double dans la zone

Trait. Le double trait est repris dans l'option *Haut*, il reste au besoin à choisir une couleur.

Des bordures différentes pour les côtés de la cellule

Par cette même technique, vous pourrez définir les trois autres côtés de la cellule. Notez qu'il est tout à fait possible de créer ainsi une bordure composée de traits et de couleurs différents sur chacun des côtés. A la fin de l'opération, validez par **OK**. Cette bordure sera mise en place pour l'ensemble de la colonne dans laquelle se trouvait la cellule sélectionnée.

Les bordures se masquent l'une l'autre

Si vous affectez un style de trait en bas d'une cellule et un autre style en haut de la cellule placée en dessous, vous constaterez qu'une seule des deux options est active. Ceci est dû à la superposition des bordures, l'une masquant l'autre. Le principe est le suivant : la bordure du haut de la cellule du bas masque la bordure du bas de la cellule du haut, la bordure gauche de la cellule de droite masque la bordure droite de la cellule de gauche.

Modifier les bordures

Une bordure en place peut bien sûr être modifiée. Sélectionnez une cellule de la colonne dotée d'une bordure et appelez la commande **Format/Bordure**. Vous y verrez les paramètres en place. Dès que vous cliquez sur une des options, elle devient active et tramée en gris. Cette trame indique que si vous cliquez sur le bouton **OK**, cette bordure ne sera pas modifiée. Un nouveau clic sur la même option affiche le style de trait qui lui a été affecté, un troisième clic supprimant cette bordure. Vous utiliserez ces possibilités de modifi-

La base de données : Rassembler et exploiter des informations **4**

cation pour changer simultanément les bordures de plusieurs colonnes. Dans ce cas, les cases tramées vous seront présentées dès l'ouverture de la boîte de dialogue.

Désactiver le quadrillage

Si vous appliquez des bordures aux cellules, vous pourrez ensuite désactiver le quadrillage. Appelez pour cela la commande **Quadrillage** du menu **Format**, de manière à faire disparaître la coche placée devant cette commande. Un bouton de la barre d'outils permet de réaliser la même opération.

Trame de fond

Chaque colonne de la liste peut être affectée d'une trame ou d'une couleur. Sélectionnez une des cellules de la colonne à traiter et activez la commande **Trame de fond** du menu **Format**. Voici la boîte de dialogue qui s'ouvre :

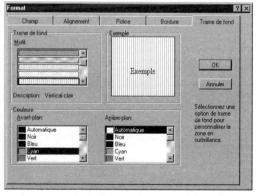

La boîte de dialogue Trame de fond

4 *La base de données : Rassembler et exploiter des informations*

La liste du haut propose les divers motifs disponibles, en points, hachures, rayures etc. Notez que par défaut, les options de couleur de premier plan et d'arrière-plan sont sur *Automatique*, avec un premier plan noir et un arrière-plan blanc. La première mention après *Aucune*, dans la liste des trames, correspond à une couleur de premier plan pleine. Feuilletez la liste des motifs par les flèches de direction, jusqu'à trouver le motif recherché.

Dans les deux listes des couleurs, définissez ensuite la couleur de premier plan (celle du motif) et la couleur d'arrière-plan. Si vous optez pour la trame en point la plus serrée, vous pourrez même créer de nouvelles teintes en combinant les couleurs. Un clic sur **OK** valide vos options.

REMARQUE *Si vous affectez une trame de fond à un champ, le quadrillage est masqué. A vous ensuite de mettre en place des bordures en remplacement du quadrillage.*

Renvoi à la ligne et Alignement

Works 95 propose de nouvelles fonctionnalités en matière d'alignement de texte dans un champ de la liste. Ces possibilités sont liées au fait que les définitions de hauteur de fiche et de police utilisées sont faites séparément. Dès qu'un champ contient un texte long, ce texte ne pourra être affiché que si le champ est extrêmement large, ce qui est toujours gênant pour garder le contrôle de la liste.

Désormais, il est possible de demander des renvois à la ligne dans un champ et d'arriver ainsi à un contenu sur plusieurs lignes. Avec des valeurs numériques, il n'y a pas de renvoi à la ligne possible.

La base de données : Rassembler et exploiter des informations 4

De plus, l'alignement vertical permet de choisir la position du contenu dans les champs hauts.

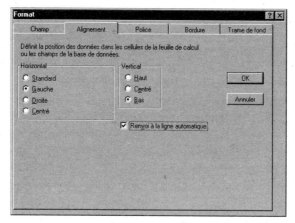

La boîte de dialogue Alignement

Si un champ contient un grand volume de texte, ne modifiez pas la largeur du champ par l'option d'ajustement automatique de la boîte de dialogue **Largeur du champ** ou par un double clic sur le nom du champ dans le titre de la colonne. Rappelez-vous que la largeur maximale d'un champ est de 79 caractères, alors que si vous optez pour le renvoi à la ligne, chacune des lignes du champ pourra s'étendre jusqu'à 79 caractères. Définissez plutôt une largeur correcte par la souris, puis optimisez la hauteur de fiche par un double clic sur le numéro de la ligne.

Copier, Couper et Coller dans la liste

Les colonnes de la liste sont organisées dans l'ordre de création des champs dans le formulaire. Dans certains cas, cet ordre ne vous conviendra pas et vous aurez à modifier l'ordre des colonnes.

Si certaines fiches contiennent des valeurs identiques, il peut être intéressant de copier cette valeur plutôt que de répéter x fois la même saisie. Voici toutes les possibilités offertes par Works 95 dans ce domaine.

- Déplacement du contenu d'un champ, d'une ligne ou d'une colonne
- Couper/Coller de lignes et de colonnes
- Insertion de lignes ou de colonnes
- Copie du contenu de champ
- Suppression du contenu de champ

Pour le déplacement et la copie, vous ferez appel au Glisser-Déplacer par la souris. Cette option doit être activée dans la boîte de dialogue **Outils/Options**, onglet **Généralités**. Normalement, le pointeur de souris dans la liste est une grosse croix blanche. Si vous le placez sur le cadre d'une cellule sélectionnée et si vous cliquez, il est complété par la mention ***DEPLACER***. Maintenez le bouton enfoncé et déplacez la cellule à un autre endroit. Si vous enfoncez la touche **CTRL** avant de relâcher le bouton, il ne s'agira pas d'un déplacement, mais d'une copie, mais sans intervention du Presse-papiers.

La base de données : Rassembler et exploiter des informations **4**

Conséquences sur le contenu du champ

Pour les champs affichant le résultat d'un calcul, c'est le résultat qui sera copié ou déplacé et non pas la formule. Par contre, si vous avez écrasé la formule d'un champ calculé par une saisie manuelle et si vous déplacez cette entrée manuelle, la formule initiale est restaurée. Tous les formats de champ sont intégralement conservés lors des déplacements ou des copies. Par contre, si le champ cible est défini comme champ de texte par la boîte de dialogue **Format/Champ**, la copie d'une valeur numérique dans ce champ ne procédera pas automatiquement à la conversion du chiffre en texte. Le déplacement ou la copie du contenu d'un champ dans un autre champ écrase le contenu du champ cible.

Déplacement de lignes et de colonnes

La procédure est différente si vous déplacez une colonne complète. Cette opération ne travaille pas au niveau du contenu des cellules, c'est un simple déplacement du champ de données, comme nous l'avions déjà étudié dans les formulaires. Sélectionnez le champ en cliquant sur le nom du champ, dans l'en-tête des colonnes, et placez le pointeur sur le contour de la sélection jusqu'à ce qu'il se transforme en flèche. En cliquant et en maintenant le bouton enfoncé, vous pouvez alors déplacer la colonne vers la gauche ou la droite. Une barre verticale noire suivant les déplacements de la souris sert de repère pour l'opération. Cette barre est placée sur la bordure entre deux colonnes et matérialise la position que prendra la colonne déplacée lorsque vous relâcherez le bouton de la souris. Si vous avez sélectionné plusieurs colonnes au départ de l'opération, elles seront toutes regroupées à l'emplacement indiqué.

Il en va de même pour une ligne, donc une fiche. Cliquez sur le numéro de la fiche à déplacer et tirez-la vers le haut ou le bas de la liste. Là encore, une barre noire indique la future position de la ligne en cours de déplacement. Les autres fiches seront décalées en conséquence.

Copie de colonne ou de ligne

Pour copier une colonne ou une ligne par Glisser-Déplacer, il suffit d'enfoncer la touche **CTRL** avant de relâcher le bouton de la souris. Dès que vous appuyez sur **CTRL**, la mention accrochée au pointeur passe de *DEPLACER* à *COPIER* et un cadre en pointillé est placé autour de la ligne ou de la colonne destinée à recevoir la copie. A l'arrivée, le résultat sera cependant fondamentalement différent d'un déplacement de ligne ou de colonne. La colonne ou la ligne cible n'est pas décalée pour laisser place à la copie, le contenu de la ligne ou de la colonne copiée vient remplacer, écraser, le contenu de la ligne ou de la colonne cible.

Créer une nouvelle fiche

Si vous copiez une fiche dans une ligne vierge en bas de la liste, vous créez une nouvelle fiche. Autre solution : insérer une ligne vierge dans la liste et y copier le contenu d'une fiche existante.

Insertion de ligne ou de colonne

Le menu **Fiche** met à votre disposition les commandes **Insertion d'une fiche** et **Insertion d'un champ**. Ces commandes permettant d'insérer au beau milieu de la liste une nouvelle ligne ou colonne vierge. Si vous avez sélectionné plusieurs lignes ou plusieurs colon-

La base de données : Rassembler et exploiter des informations 4

nes avant l'appel de la commande, l'insertion portera sur le même nombre de lignes ou de colonnes que sélectionnées.

Lors de l'insertion de colonne, vous aurez à définir si la nouvelle colonne doit être placée avant ou après la colonne sélectionnée. Puis s'ouvre la boîte de dialogue de définition du champ.

Suppression de ligne ou de colonne

Ce même menu **Fiche** propose également les commandes **Suppression d'une fiche** et **Suppression d'un champ**. Sera supprimé la fiche ou le champ dans lequel des cellules sont sélectionnées. Lors de la suppression des champs, un message d'avertissement vous informe que vous perdrez l'ensemble des données enregistrées dans ce champ. Confirmez par un clic sur **OK**.

 Ce bouton permet de créer de nouveaux champs. Vous pouvez aussi faire appel au menu contextuel (clic droit).

 Ce bouton supprime la fiche dans laquelle une cellule est sélectionnée. Si plusieurs fiches sont sélectionnées, elles seront toutes supprimées. Là encore, le menu contextuel propose la même commande.

Déplacer ligne et colonne par le Presse-papiers

Deux solutions vous sont offertes pour placer une ligne ou une colonne dans le Presse-papiers : la commande **Edition/Couper** ou la commande **Edition/Copier**. Les deux doivent être différenciées au moment de l'insertion du contenu du Presse-papiers dans la liste.

Si une ligne ou une colonne (voire plusieurs) a été coupée pour insertion à un autre endroit, c'est la procédure de déplacement qui est mise en oeuvre. Sélectionnez par exemple une colonne d'un clic sur son titre et appelez la commande **Edition/Couper** ou cliquez sur le bouton *Couper* de la barre d'outils. Sélectionnez ensuite la colonne de la liste devant laquelle la première doit être insérée et activez la commande **Coller** du menu **Edition** ou le bouton correspondant de la barre d'outils. La colonne sélectionnée se déplace d'un cran vers la droite pour faire place à la colonne du Presse-papiers.

Si vous refaites la même opération de **Coller** du Presse-papiers, il se passe la même chose que si vous aviez effectué une copie au départ. Les colonnes affichées restent en place et le contenu de la colonne sélectionnée est remplacé par le contenu du Presse-papiers;

Formules et références

Un autre problème se pose dans ces manipulations : qu'advient-il des formules de calcul faisant référence à un champ que vous venez de couper ? Si vous coupez la colonne de référence d'une formule, il est clair que cette formule ne peut plus être exploitée correctement. Apparaît alors le code *ERR* dans le champ de formule. Mais dès que vous collez la colonne coupée à un autre endroit du tableau, la formule est mise à jour et affiche à nouveau le résultat correct. Si vous ne collez pas la colonne coupée à un autre endroit de la liste, la formule ne fonctionnera plus.

Suppression du contenu d'un champ

Il est possible de supprimer le contenu d'un champ : sélectionnez le champ et appuyez sur **SUPPR**. Le contenu est effacé. Si ce champ

La base de données : Rassembler et exploiter des informations **4**

contenait une entrée manuelle écrasant une formule, l'entrée manuelle sera effacée et la formule remise en place. La même opération peut être effectuée par la commande **Effacer l'entrée de champ** du menu **Edition**. Si vous optez pour **Edition/Couper** ou si vous cliquez sur le bouton correspondant de la barre d'outils, le contenu est également supprimé, mais une copie sera créée dans le Presse-papiers.

Pour supprimer le contenu de plusieurs champs, la technique est la même, sauf que vous sélectionnerez au préalable la plage à traiter.

Saisie et modification des données

La saisie en liste se passe de la même manière que dans le formulaire, avec cependant quelques possibilités complémentaires, spécifiques au travail en liste, et permettant d'automatiser certaines actions :

➤ Recherche d'une entrée de champ et remplacement par une autre valeur
➤ Recopie d'une entrée, vers le bas ou vers la droite
➤ Création de séries automatiques

Autre nouveauté à signaler : la saisie directe dans les cellules, sans passer par la ligne d'édition. Si vous activez l'option *Modifier dans les cellules et non dans la barre de formule*, de la boîte de dialogue **Outils/Options**, onglet **Entrée de données**, la barre de formule est masquée. La cellule n'affichera toujours que l'entrée ou le résultat, si la cellule contient une formule. Un double clic ou la touche **F2** permet de voir le véritable contenu de la cellule et active la barre d'insertion dans le champ. A partir de ce moment, le contenu peut être modifié.

Rechercher une entrée de champ

Comme nous l'avions évoqué au début de cette section, Works 95 permet de lancer une recherche sur un contenu de champ. Tous les champs de la base de données ou d'une plage sélectionnée seront parcourus à la recherche d'une chaîne de caractères précise.

 Ce bouton ouvre la boîte de dialogue **Rechercher**, pour définition du critère et lancement de la recherche par **OK**.

Admettons que vous cherchiez un nom particulier dans la base de données. Appelez la commande **Edition/Rechercher** ou cliquez sur le bouton de la barre d'outils. Tapez le critère de recherche dans la zone de saisie et cliquez sur **OK**. La recherche démarre à partir du champ actif et parcoure chaque fiche. La première occurrence du critère de recherche est activée. Il n'y a pas de distinction faite si le critère de recherche correspond à tout ou partie de l'entrée de champ. Il n'y a pas non plus de prise en compte des majuscules et minuscules.

Répéter la recherche

Lorsque le critère de recherche est défini, il est mémorisé pendant toute la session Works 95. Il est donc facile de répéter la recherche, simplement en activant les touches **MAJ** + **F4**. Cette répétition saute à l'occurrence suivante et l'active.

La fiche suivante

L'option *La fiche suivante* a pour effet de limiter d'abord la recherche à la fiche active, puis à la fiche suivante. Dès que le critère est trouvé, la recherche s'arrête et le champ trouvé est sélectionné.

Pour ces recherches, vous pouvez également faire appel aux jokers ? et *. ? remplace un caractère unique, * remplaçant une chaîne de longueur variable. Ainsi, avec le critère D*T, vous trouverez Dupont, mais aussi Durant, Didot, etc. Il n'y a pas de distinction faite entre majuscules et minuscules.

Toutes les fiches

Si vous activez l'option *Toutes les fiches* dans la boîte de dialogue **Rechercher**, cette recherche se déroulera différemment. Elle portera sur l'ensemble des fiches et aura pour résultat l'affichage de toutes les fiches contenant le critère de recherche. Les autres seront momentanément masquées. Nous aurons l'occasion de revenir plus longuement sur cette procédure par la suite.

Rechercher-Remplacer

A l'inverse du formulaire, la liste permet d'effectuer une recherche et un remplacement dans la base de données. Appelez pour cela la commande **Remplacer** du menu **Edition**, pour ouvrir cette boîte de dialogue :

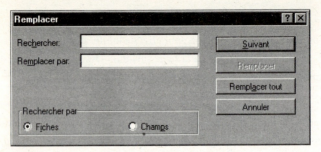

La boîte de dialogue Remplacer

Si vous avez déjà défini un critère de recherche au cours de la présente session, vous le retrouverez dans la zone *Rechercher*. Remplacez-le par le nouveau critère ou tapez le critère requis si la zone est encore vierge.

Tapez ensuite la chaîne de caractères de remplacement dans la zone *Remplacer par*.

Le bouton **Suivant** déclenche la recherche et sélectionne la première occurrence. La boîte de dialogue reste ouverte. Si elle masque le champ sélectionné, déplacez-la.

A vous de décider maintenant si cette occurrence doit être remplacée ou pas. Un nouveau clic sur **Suivant** passe à l'occurrence suivante en conservant la première en l'état, sans remplacement. Un clic sur **Remplacer** écrase la chaîne recherchée par la chaîne de remplacement. Le bouton **Remplacer tout** permet d'effectuer tous les remplacements en automatique.

La base de données : Rassembler et exploiter des informations **4**

> **REMARQUE** *La commande Remplacer ne peut pas être annulée, alors ...Attention ! !*

Les deux options *Fiches* et *Champs* définissent le sens de la recherche, par ligne ou par colonne.

Plage de recherche limitée

Dans cet exemple, il apparaît clairement qu'il est souvent judicieux de limiter l'étendue de la recherche. Dans une boîte de dialogue d'adresses, vous avez défini un champ contenant les numéros d'immeubles et le nom de la rue. Beaucoup des entrées de ce champ devraient contenir le mot Boulevard, mais vous l'abrégez par commodité en Bld au moment de la saisie. Pour les impressions, vous souhaitez remettre en place le mot complet. Faites appel à la commande **Remplacer**, entrez la chaîne de recherche "Bld" et la chaîne de remplacement "Boulevard". Plutôt que de confirmer tous les remplacements, vous décidez de cliquer sur la bouton **Remplacer tout**. Pour limiter ces remplacements au champ des rues, sélectionnez cette colonne.

> **REMARQUE** *Si toutes les fiches ne sont pas affichées, sachez que les fiches masquées ne seront pas traitées par le remplacement.*

Recopier vers le bas ou à droite

Si plusieurs fiches adjacentes doivent contenir la même entrée de champ, vous pourrez faire appel à la commande **Edition/Recopier vers le bas**. Pour saisir dans 5 fiches voisines l'entrée Monsieur dans le champ Titre, tapez cette entrée dans la première fiche, celle du

4 *La base de données : Rassembler et exploiter des informations*

haut, puis étendez la sélection aux 4 autres champs. Appelez la commande **Recopier vers le bas** pour demander à Works 95 de remplir les cellules sélectionnées avec l'entrée de la première.

Il existe également la commande **Recopier à droite**, qui a le même effet mais dans l'axe horizontal. Elle n'a pas beaucoup d'application dans la liste d'une base de données car elle affecte à plusieurs champs d'une même fiche la même valeur.

Ces deux boutons exécutent les commandes **Recopier vers le bas** et **Recopier à droite**.

Créer une suite de valeurs

Du côté gauche de l'écran, vous pouvez distinguer une série de valeurs affectant à chaque fiche un numéro d'ordre. Si vous triez la base de données d'après un critère différent ou si vous insérez de nouvelles fiches, la numérotation est modifiée. Pour équiper chaque fiche d'un numéro fixe, la seule solution est de créer un champ à cet effet et de saisir les numéros. Cette opération est fastidieuse et suppose qu'à chaque création de fiche, vous allez contrôler le dernier numéro utilisé. C'est là une tâche que Works 95 peut parfaitement prendre en charge. Dans le premier champ de la première colonne, celle qui contiendra les numéros de série, tapez le chiffre 1. Sélectionnez ensuite la colonne, par exemple jusqu'à la ligne 200 et appelez la commande **Edition/Créer une suite**. Une boîte de dialogue s'ouvre, permettant de définir l'unité à employer pour la suite, ainsi que l'incrément.

La base de données : Rassembler et exploiter des informations **4**

Les valeurs par défaut proposées nous conviennent parfaitement pour notre exemple, validez simplement par **OK**. Works 95 remplit les champs avec des nombres allant de 1 à 200.

Une suite de valeurs est créée

 Cette opération peut aussi être traitée par ce bouton de la barre d'outils.

Imprimer la liste

Pour une vue d'ensemble des fiches saisies dans la base de données, il est bon de demander l'impression de la liste. Dans la boîte de dialogue **Mise en page**, dans l'onglet **Autres options**, vous pourrez choisir d'imprimer ou de masquer le quadrillage et les étiquettes de fiches/Champs.

4 *La base de données : Rassembler et exploiter des informations*

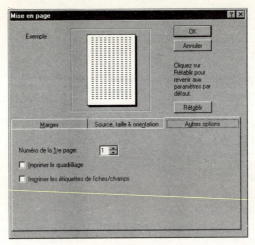

La boîte de dialogue Mise en page ...

Les paramètres de taille de papier et de marges sont définis sur les deux autres onglets de cette boîte de dialogue. Par défaut, les paramètres du formulaire seront repris pour la liste. Il reste ensuite à déclencher l'impression.

Sauts de page

Vous pouvez influer sur le contenu de chaque page en jouant des sauts de page. Si vous sélectionnez une colonne ou une ligne puis appelez la commande **Insertion d'un saut de page** du menu **Format**, un saut de page manuel sera mis en place au-dessus ou à gauche de la sélection. Si la sélection ne porte que sur une cellule, une boîte de dialogue vous sera présentée, dans laquelle vous aurez à choisir entre un saut de page au niveau de la fiche ou de la colonne.

4.5. Exploitation des fiches

Dès que vous aurez alimenté la base de données de quelques fiches, vous n'aurez de cesse d'exploiter ces informations. Par la suite, vous aurez bien évidemment à étendre la base en rajoutant de nouvelles fiches, opération que nous avons déjà abordée dans les sections précédentes, mais surtout vous chercherez à trier et à sélectionner des fiches. Pour créer des lettres types ou des états, il est intéressant de pouvoir masquer ou afficher les fiches en fonction des besoins. Il existe pour cela des commandes directes, mais la procédure la plus courante est de lancer une recherche et de limiter l'affichage au résultat de cette recherche. Dans ce type d'opération, l'outil de base est le filtre, auquel nous consacrerons une section spéciale. Pour le moment, nous allons étudier quelques notions de base du travail avec Works 95.

Copier et Coller des fiches

Copier une fiche dans le formulaire

Il est des situations où des fiches sont identiques à quelques détails près. Pourquoi refaire l'ensemble de la saisie alors qu'il serait si pratique de dupliquer la première fiche et de ne modifier que les quelques détails divergents ? c'est ce que nous allons faire en copiant une fiche, puis en la collant à un emplacement vide. Pour copier une fiche, il faut passer en mode Formulaire et afficher la fiche à copier, puis appeler la commande **Copier la fiche** du menu **Edition** ou activer **CTRL + MAJ + C**. Une copie de la fiche vient prendre place dans le Presse-papiers. Ouvrez ensuite une fiche vierge dans le formulaire, soit en vous plaçant à la fin du fichier, soit en insérant une nouvelle fiche par la commande **Insertion d'une fiche** du menu **Fiche**. Lorsque le formulaire présente cette fiche vierge, collez la fiche du Presse-papiers par **CTRL + V**. Reste à faire les modifications de détail.

Supprimer une fiche dans le formulaire

Vous ferez appel à la commande **Suppression d'une fiche** du menu **Fiche**, pour supprimer la fiche active, celle présentée à l'écran. Autre solution : la commande **Couper la fiche** du menu **Edition** ou la combinaison de touches **CTRL + MAJ + X**. Ces deux techniques placent une copie de la fiche supprimée dans le Presse-papiers. Vous pourrez donc au besoin la coller ailleurs, à un autre endroit de la base ou dans un autre document. Une fiche coupée ne demande pas d'être collée dans une fiche vierge, elle est collée devant la fiche active (mais attention : la commande **Coller** n'agit ainsi qu'une seule fois, si vous rappelez **Coller** une deuxième fois, la fiche coupée viendra écraser la fiche active !).

Modifier et supprimer des entrées de champ

Pour modifier une entrée de champ activez le champ en question et tapez la nouvelle entrée. Dans la barre de formule, l'ancien contenu est remplacé par la saisie. Tant que vous n'avez pas appuyé sur **ENTREE** ou cliqué sur le bouton marqué d'une coche, vous pouvez annuler l'opération en cliquant sur le bouton marqué de la croix, dans la barre de formule. Pour supprimer simplement le contenu d'un champ, cliquez dessus et appuyez sur **SUPPR** ou appelez la commande **Effacer l'entrée de champ** du menu **Edition**.

La base de données : Rassembler et exploiter des informations **4**

Regroupement de fiches : afficher, masquer et sélectionner

Nous utiliserons pour ces explications notre base de données des adresses personnelles. Dans cette base, nous avons enregistré un certain nombre de fiches. Certaines sont déjà anciennes et devraient être supprimées car inutiles. Certaines fiches concernent des relations privées, d'autres des relations professionnelles. Vous avez décidé de créer un répertoire téléphonique à partir de cette base de données, mais ne souhaitez y intégrer que les gens avec lesquels vous entretenez encore des relations.

Fiches affichées - Fiches masquées

Nous allons scinder la base en deux groupes, un groupe des fiches qui interviendront dans une opération spéciale (par exemple une impression) et un autre groupe rassemblant les fiches qui seront exclues de ce traitement. L'important est de garder la base de données en l'état, il n'est pas question ici de supprimer le second groupe de fiches, simplement de le masquer. En résumé, le premier groupe est celui des fiches affichées, le second celui des fiches masquées.

Masquer des fiches

A l'ouverture d'une base de données, toutes les fiches sont affichées. Dans le formulaire, vous avez possibilité de les feuilleter et de décider de l'affichage ou du masquage des fiches individuelles. Pour masquer la fiche individuelle présente à l'écran, appelez la commande **Masquer les fiches** du menu **Fiche**. La fiche disparaît et la fiche suivante vient à l'écran. Notez que dans la barre d'état, en bas

4 *La base de données : Rassembler et exploiter des informations*

de l'écran, les informations ont changé. Si vous aviez 14 fiches dans la base et si la barre d'état affichait précédemment 14/14, elle n'affiche désormais plus que 13/14, indiquant par là qu'une partie du fichier est masquée. Par cette technique, vous pourrez masquer individuellement toutes les fiches que vous ne souhaitez pas retenir pour votre répertoire téléphonique et ne conserver que celles qui vous intéressent.

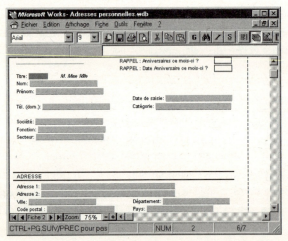

Dans cette base de données, une fiche a été masquée

 Si vous utilisez fréquemment la commande Masquer les fiches, installez ce bouton dans la barre d'outils.

Afficher les fiches masquées

Vous venez de masquer par erreur une fiche et désirez l'afficher à nouveau. Pour ce faire, il vous faut d'abord basculer vers les fiches

La base de données : Rassembler et exploiter des informations **4**

masquées, puis masquer la fiche en question et repasser à l'affichage des fiches masquées.

Pour passer de l'affichage des fiches affichées à celui des fiches masquées, appelez la commande **Afficher** du menu **Fiche**. Le sous-menu propose plusieurs commandes, parmi lesquelles vous choisirez la quatrième, **Fiches masquées**. Vous pouvez aussi installer ce bouton dans la barre d'outils.

Afficher toutes les fiches

Lorsque vous aurez parcouru l'ensemble de la base et masqué les fiches voulues, lancez l'impression du répertoire téléphonique. Le plus simple est de créer un état, de le copier dans le traitement de texte et de l'imprimer sur plusieurs colonnes. Lorsque tout ceci est terminé, vous pourrez rappeler l'ensemble des fiches à l'écran par la commande **Afficher/Toutes les fiches**, du menu **Fiche**. Cette commande est aussi disponible depuis un bouton dans la barre d'outils.

Marquer des fiches

Indépendamment de l'affichage ou du masquage des fiches, il existe dans Works 95 une autre possibilité pour sélectionner des fiches : le marquage. Le marquage des fiches est enregistré avec le fichier, il peut intervenir pour les impressions ou les lettres types.

En mode Liste, vous comprendrez de suite de quoi il en retourne. Devant chaque numéro de fiche, vous avez remarqué la petite case à cocher. Un clic sur l'une de ces cases y fait apparaître une coche.

Une fiche ainsi cochée est dite marquée. Un clic sur la case à cocher placée à l'intersection des étiquettes de lignes et de colonnes marque automatiquement l'ensemble des fiches de la base de données. Un nouveau clic sur la coche annule le marquage.

En mode Formulaire, vous marquerez ou annulerez le marquage des fiches par la commande **Marquer les fiches** du menu **Fiche**. La fiche sera marquée si cette commande est pourvue d'une coche. Cette même commande fonctionne également en mode Liste.

La commande **Fiche/Afficher/Fiches marquées** limite l'affichage aux fiches dotées d'une coche. Son corollaire, **Fiche/Afficher/Fiches non marquées**, bascule vers l'affichage des fiches non marquées.

La recherche de fiches

Nous avons déjà évoqué la recherche d'une entrée de champ. Cette technique peut donner l'occasion d'un filtre simple qui aura pour conséquence de masquer toutes les fiches ne répondant pas au critère spécifié.

L'option Toutes les fiches masque toutes celles qui ne répondent pas au critère défini.

Définissez le critère et activez l'option *Toutes les fiches*. Après validation par **OK**, seules les fiches contenant le critère, dans un quelconque de leurs champs, seront affichées. Les autres fiches sont masquées. Si la recherche n'a pas donné de résultat, l'ensemble des fiches restent à l'écran.

4.6. Les requêtes

Ces possibilités de sélection des fiches, si elles sont intéressantes, sont cependant très limitées et souvent fastidieuses à mettre en oeuvre. Si vous avez toujours les mêmes recherches à effectuer, il vous faut des fonctions plus souples et plus puissantes. C'est là qu'interviennent les requêtes. Avec une requête, vous allez pouvoir définir l'entrée qu'un champ devra contenir pour que la fiche soit sélectionnée. Le résultat de la requête est la scission du fichier en deux groupes de fiches, celles remplissant le critère et les autres.

Voici les possibilités offertes par Works 95 dans ce domaine :

- ➤ Création d'une requête par une boîte de dialogue,
- ➤ Création de 8 requêtes et leur enregistrement sous un nom, avec possibilité de rappel ultérieur,
- ➤ Combinaison d'une requête et d'un état,
- ➤ Modification ultérieure d'une requête, changement de son nom, duplication et suppression de la requête.

Après application de la requête, les fiches sont réparties en deux groupes. Ces groupes sont représentés de telle manière que si l'un est affiché, l'autre est masqué. Dans la ligne d'état est indiqué le nombre de fiches composant le groupe présent à l'écran.

Les fiches masquées ne sont nullement supprimées, elles sont simplement invisibles. Par la commande **Afficher** du menu **Fiche**, vous avez possibilité de choisir les fiches que vous souhaitez voir apparaître, ou encore de toutes les rappeler. Si une base de données a fait l'objet d'une sélection de ce type, les commandes que vous lancerez, par exemple l'impression d'une lettre type ou d'étiquettes, ne prendra en compte que le groupe de fiches visibles à l'écran. Il en va de même des états, qui n'intégreront que les fiches visibles.

Création d'une requête

Avant de créer une requête, vous devez être clair sur le but de l'opération. Revenons à la création de notre répertoire téléphonique, mais en limitant cette fois-ci l'impression aux relations d'ordre privé. Pour arriver à ce résultat, il faut trouver un champ de la base de données à partir duquel il sera possible de déterminer si une fiche relève des relations privées ou des relations professionnelles. Par chance, nous disposons d'un champ Catégorie dans lequel nous avons saisi "Privé" pour les relations d'ordre privé. Notre requête aura donc pour mission de vérifier la présence de cette entrée dans le champ Catégorie.

Créer une nouvelle requête

Appelez la commande Requêtes du menu Outils. Une boîte de dialogue s'ouvre, qui vous guidera au travers des diverses étapes de la création. Par défaut, le programme propose comme nom Requête 1. Remplacez cette mention par un nom plus expressif, sur 15 caractères au maximum. Validez ce nom par OK. La première rubrique, Nom du champ, est sélectionnée.

La base de données : Rassembler et exploiter des informations **4**

Un clic sur le bouton placé à droite déroule la liste des champs de notre base de données. Cherchez le champ Catégorie et cliquez dessus. Par la touche TAB, passez à la rubrique suivante, Comparaison. Vous allez y définir l'opérateur de comparaison à employer. Déroulez, là encore, la liste des propositions et optez pour la mention Contient. Reste à définir la dernière rubrique, Elément de comparaison. Tapez Privé dans cette rubrique, sans tenir compte des majuscules et des minuscules. Un clic sur le bouton Appliquer la requête lance l'opération. Toutes les fiches contenant "Privé" dans le champ Catégorie sont affichées, les autres sont masquées.

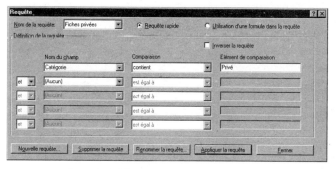

La boîte de dialogue de création d'une nouvelle requête

Créer et utiliser plusieurs requêtes

Cette même boîte de dialogue permet également la combinaison de plusieurs critères de requête. Vous adopterez cette solution pour ne parcourir qu'une certaine partie de la base de données ou pour définir un deuxième champ de recherche pour la même requête.

4 *La base de données : Rassembler et exploiter des informations*

A titre d'exemple, nous allons maintenant créer une requête cherchant toutes les personnes qui auront 30 ans au cours de cette année.

Il s'agit donc de gens dont la date de naissance est comprise entre le 1/1/66 et le 31/12/66. Pour ce faire, vous utiliserons des opérateurs de comparaison *est inférieur ou égal à* et *est supérieur ou égal à*. Nous appellerons cette requête Anniversaire30. Dans la première rubrique, sélectionnons le champ Anniv., avec l'opérateur *est supérieur ou égal à* et l'élément de comparaison 1/1/66. Voilà pour la première partie de la requête.

Liaison de requêtes

Dans la seconde ligne, il nous faut maintenant définir la seconde limite de notre fourchette de date. Pour commencer, il faut choisir l'un des deux opérateurs de liaison *et* et *ou*. Dans cet exemple, nous prendrons bien sûr l'option *et*.

Reste à sélectionner une nouvelle fois le champ Anniv., puis l'opérateur *est inférieur ou égal à* et à taper l'élément de comparaison 31/12/66.

Un clic sur le bouton **Appliquer la requête** parcourt l'ensemble des fiches de la base de données et présente à l'écran les fiches des personnes qui ont eu ou auront 30 ans durant l'année 1996.

Enregistrement de requête

La requête définie est enregistrée avec le document, aucune mesure d'enregistrement spéciale n'est requise pour la retrouver lors de la prochaine session.

La base de données : Rassembler et exploiter des informations 4

Rappeler une requête existante

Appelez la commande **Appliquer la requête** du menu **Fiche**. Elle déroule la liste des requêtes existantes, dans laquelle vous ferez votre choix. Ce choix déclenche automatiquement l'application du filtre, la base de données n'affichant plus que les fiches correspondantes.

Ce bouton peut être mis en place dans la barre d'outils pour rappeler la dernière requête utilisée. Dans le menu, cette requête est marquée d'une coche.

Texte comme critère de requête

Dans une requête, l'élément de comparaison n'est pas forcément une valeur numérique, il peut aussi s'agir d'une chaîne de caractères ou d'un texte. Vous cherchez par exemple à sélectionner toutes les fiches des personnes habitant dans une ville précise. Ouvrez d'abord la boîte de dialogue de création de requête par **Outils/Requête**. Sélectionnez le champ Ville, l'opérateur de comparaison *est égal à* et tapez le nom de la ville en question, par exemple Paris, dans la rubrique *Elément de comparaison*. Après application de cette requête, ne resteront à l'écran que les fiches des personnes habitant la ville mentionnée. Veillez cependant à l'orthographe de la ville, qui doit correspondre parfaitement avec les entrées de champ.

Rechercher une chaîne de caractères

Si les recherches sur des fourchettes de valeurs sont possibles, il en va de même des chaînes de caractères. Reprenons l'exemple précédent et admettons que vous ayez saisi certaines adresses parisiennes sous la forme Paris 15 ème, Paris 8 ème, etc. Avec la requête précédente, ces fiches ne feront pas partie de la sélection, ne seront retenues que les fiches contenant exactement la chaîne Paris dans leur champ Ville (du fait de l'opérateur *est égal à*). La solution est toute simple : définir la même requête que précédemment, mais en utilisant l'opérateur *contient* au lieu de *est égal à*. Là encore, attention. Après exécution de la requête, vous constaterez que toutes les fiches de Paris sont bien sélectionnées, mais également celle de Ville Parisis, de Parisot, de Treparis, etc. Au besoin, complétez la requête par une seconde requête portant par exemple sur une fourchette de codes postaux.

Requête sur une fourchette alphabétique

Les requêtes sur des fourchettes alphabétiques sont tout à fait possibles. Vous cherchez par exemple à sélectionner toutes les fiches dont le nom commence par une lettre comprise entre L et Z. La solution est toute simple : une requête basée sur le champ Nom, un opérateur *est supérieur ou égal à*" et un élément de comparaison "L".

Orthographe inconnue

Dans certains cas, vous aurez des doutes quant à l'orthographe de certains mots ou de certains noms. Ce sera peut-être le cas avec le nom Dupont, qui peut s'écrire avec un "t" ou un "d" final. Dans ce type d'incertitude, la seule solution est de faire appel aux jokers * et ? . Souvenez-vous que le point d'interrogation remplace un caractère unique, l'étoile remplaçant une chaîne de caractères de longueur variable, y compris une chaîne vide (0 caractère). Si vous souhaitez retrouver tous les Dupont et les Dupond, vous pourriez définir une requête basée bien sûr sur le champ Nom, avec l'opérateur *est égal à* et un élément de comparaison Dupon*. Toutes les fiches commençant par Dupon seront sélectionnées, y compris Dupontel, Duponnel, etc. Par contre, si vous remplacez l'étoile par un point d'interrogation, vous ne sélectionnerez que les fiches dont le nom commence par Dupon, suivi d'une autre lettre.

Suppression d'une requête

La base de données ne sait mémoriser que 8 requêtes, d'où la nécessité de supprimer les requêtes devenues inutiles pour faire place à de nouvelles opportunités. Pour supprimer une requête, appelez la commande **Outils/Requête** et sélectionnez la requête à supprimer dans la liste *Nom de la requête*. Il reste ensuite à cliquer sur le bouton **Supprimer la requête** et à confirmer l'opération par un clic sur Oui.

Renommer une requête

Renommer une requête est tout aussi simple. Appliquez exactement la même technique que pour la suppression, mais cliquez en final sur le bouton **Renommer la requête** de la boîte de dialogue et tapez le nouveau nom.

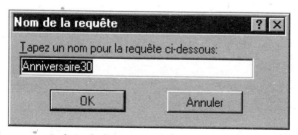

La boîte de dialogue pour renommer une requête

Modification d'une requête

Pour le moment, nous ne vous avons présenté que les outils de Works 95 destinés à la création de requêtes simples et rapides. Il existe cependant bien d'autres possibilités, en particulier grâce aux fonctions de Works 95, pour créer des requêtes; Dans la fenêtre de création de la requête, une option vous propose l'utilisation d'une formule dans la requête. Si vous activez cette option, la fenêtre change d'aspect et présente la formule de requête. Voyons avec un exemple les éléments nécessaires pour atteindre des objectifs de requête précis.

Une requête doit être créée pour visualiser les personnes ayant leur anniversaire aujourd'hui. Pour cela, il nous faut bien évidemment un champ contenant la date d'anniversaire, puis une formule comparant le jour et le mois de cette date au jour et au mois de la date courante. Une telle requête ne peut pas être construite entièrement avec les requêtes rapides de Works 95. Les requêtes rapides permettront tout au plus de préparer la formule, mais l'option *Utilisation d'une formule dans la requête* est indispensable.

```
JOUR(Date) retourne le numéro du jour (1-31) de la date
MOIS(Date) retourne le numéro du mois (1-12) de la date
MAINTENANT() retourne la date du jour
```

Le filtre doit exécuter une comparaison : JOUR(Anniv.) doit être égal à JOUR(MAINTENANT()) et MOIS(Anniv.) doit être égal à MOIS(MAINTENANT()).

En préparation de la requête, ouvrez la boîte de dialogue **Requête** et cliquez sur le bouton **Nouvelle requête**. Appelez la requête "Anniv. du jour" et définissez comme champ de comparaison, le champ

La base de données : Rassembler et exploiter des informations 4

Anniv., comme opérateur *est égal à* et comme élément de comparaison JOUR(MAINTENANT()).

Les fonctions JOUR(MAINTENANT()) calculent le numéro du jour de la date courante. Cette valeur doit être comparée au numéro du jour de la date d'anniversaire. Dans la requête rapide, cette comparaison n'est pas possible, seuls des champs peuvent faire l'objet de comparaison.

La seconde comparaison est du même ordre, mais concerne les mois. Choisissez comme opérateur logique *et* et spécifiez le même critère que dans la première ligne, sauf pour l'élément de comparaison qui sera ici MOIS(MAINTENANT()).

Préparation de la requête sur les dates d'anniversaire

Si vous appliquez le filtre en l'état, vous n'obtiendriez aucun résultat, même si certaines personnes avaient leur anniversaire aujourd'hui. Jetons un coup d'oeil sur la manière dont fonctionne la requête et les modifications qu'il y a lieu d'entreprendre. Cliquez sur l'option **Utilisation d'une formule dans la requête**.

4   *La base de données : Rassembler et exploiter des informations*

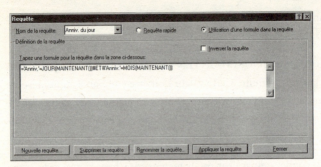

La formule de requête

Voici les composants de cette formule :

=	Le signe d'égalité indique au programme qu'un calcul doit être effectué.
Anniv.	Le nom du champ intervenant dans la comparaison.
=	Ce signe d'égalité est l'opérateur de comparaison à appliquer.
JOUR(MAINTENANT())	Il s'agit de l'élément de comparaison que nous avons saisi dans la dernière rubrique de la première ligne de requête.
#ET#	Opérateur de liaison entre les deux critères
Anniv.	Le nom du second champ intervenant dans la comparaison.
=	Ce signe d'égalité est l'opérateur de comparaison à appliquer pour le second critère.
MOIS(MAINTENANT())	Elément de comparaison saisi dans la dernière rubrique de la seconde ligne de requête.

Dans cette formule le champ Anniv. apparaît à deux reprises, alors qu'en fait, ce n'est pas le contenu de ce champ qui doit faire l'objet de la comparaison, c'est seulement le numéro du jour, puis celui du mois. Et c'est là que vous devrez intervenir manuellement, car Works 95 n'est pas en mesure de résoudre le problème tout seul. Pour extraire le numéro du jour et du mois du contenu de Anniv., il faut faire appel aux fonctions JOUR(Anniv.) et MOIS(Anniv.). Intégrez ces fonctions dans la formule pour arriver au résultat suivant :

```
=JOUR(Anniv.)=JOUR(MAINTENANT())#ET#MOIS(Anniv.)
=MOIS(MAINTENANT())
```

Un clic sur le bouton **Appliquer la requête** déclenche l'opération et ne resteront plus à l'écran que les fiches des personnes ayant leur anniversaire aujourd'hui. Si aucune fiche ne répond aux critères de la requête, le programme vous fera part de l'échec de la fonction et il vous restera à quitter la boîte de dialogue par le bouton **Fermer**.

Syntaxe des formules de requête

Vous venez de créer quelques requêtes rapides ainsi qu'une requête avec formule et avez certainement noté qu'une bonne connaissance de la syntaxe des requêtes facilite grandement ces définitions. Commençons par étudier les possibilités offertes par Works 95 dans la boîte de dialogue **Requête**.

Théoriquement, une requête est composée de trois éléments : une référence de champ, un opérateur de comparaison et un élément de comparaison. L'important est de toujours commencer la formule par le signe =. Works 95 parcourt toutes les fiches de la base de

4 *La base de données : Rassembler et exploiter des informations*

données, effectue la comparaison spécifiée et ne garde à l'écran que les fiches répondant au critère.

Liaisons

Si plusieurs critères de comparaison sont définis, ils doivent impérativement être liés par un opérateur logique ET ou OU. Vous les retrouverez dans les formules sous la forme #ET# ou #OU#. C'est à vous de définir si les fiches sélectionnées doivent remplir à tout prix les deux critères (ET) ou si elles peuvent se contenter de remplir un des critères définis (OU).

Si les deux critères portent tous deux sur le même champ (exemple de notre fourchette de dates pour les personnes ayant 30 ans en 1996), les deux critères seront liés par un ET logique, avec recherche des personnes nées après le 1/1/1966 ET avant le 31/12/1966. Prenons l'exemple suivant : nous recherchons toutes les personnes nées au mois de janvier 1950. La fourchette de recherche est délimitée par le 1/1/1950 et le 31/1/1950. Les dates étant simplement une forme de représentation d'une valeur numérique, la comparaison directe n'est pas possible. Au besoin, vous passerez par l'intermédiaire d'une fonction de conversion, par exemple CNUM("texte"). Voici à quoi ressemblera la formule :

`=Nom de champ=CNUM("1/1/1950")#ET#Nom de champ=CNUM("31/1/1950")`

Requête OU

Dans certaines requêtes, vous aurez à chercher plusieurs valeurs d'un même champ. Dans ce cas, l'opérateur logique sera OU. Vous cherchez par exemple toutes les personnes habitant Paris ou Strasbourg.

La requête correspondante sera :

`=Ville="paris"#OU#Ville="strasbourg"`

Majuscules et minuscules n'ont aucune espèce d'importance, la casse n'est pas prise en compte dans le critère. L'élément de comparaison, en l'occurrence le texte recherché, est placé entre des guillemets. Cette formule peut être construite directement par la fenêtre de requête rapide.

Voici les opérateurs de recherche possibles dans les requêtes :

Caractère	Signification
=	est égal à
>	est supérieur à
>=	est supérieur ou égal à
<	est inférieur à
<=	est inférieur ou égal à
<>	est différent de
="*x*"	contient x

Recherche de chaînes de caractères

Parmi ces opérateurs, l'un occupe une place à part : ***contient***. Il définit une recherche où les entrées peuvent contenir n'importe quoi, pourvu que la chaîne spécifiée y soit incluse. Ainsi, la formule =Ville="*paris*" présente toutes les fiches dont le champ Ville contient, sous une forme ou une autre, la chaîne "paris".

Inversion de la requête

Vous cherchez toutes les fiches dont un champ précis contient la lettre A. La requête peut être exprimée sous la forme :

`=Nom de champ="*A*"`

Pour trouver toutes les fiches ne contenant pas A dans ce champ, inversez la requête, en activant l'option *Inverser la requête* ou en intégrant #NON# dans la formule, comme ci-dessous :

`=#NON#Nom de champ="*A*"`.

Il est évident que l'option proposée par la boîte de dialogue est plus facile d'emploi que le code; Vous réserverez celui-ci dans les cas où seul un critère de la requête doit être inversé et non pas l'ensemble de la requête.

4.7. Exploitation de la base de données par les états

Dans cette section, vous apprendrez comment créer un état et les possibilités qu'ils offrent. Nous présenterons toutes ces procédures sur la base d'un exemple pratique.

Avec un outil tout simple, le *Créateur d'états*, vous allez apprendre comment construire un état parfaitement structuré, sans connaissance particulière. Puis nous verrons comment modifier et améliorer ces états.

Le Créateur d'états

Dans la section que nous venons de consacrer aux requêtes, nous avons vu comment sélectionner les fiches de la base de données concernant les personnes ayant 30 ans en 1996. Voyons maintenant comment créer un état listant ces personnes et contenant certaines informations provenant de ces fiches.

Pour définir l'état, appelez la commande **Créateur d'états** du menu **Outils**. Une fenêtre s'ouvre dans laquelle vous donnerez un nom de 15 caractères maximum pour cet état. Un clic sur **OK** ouvre la boîte de dialogue **Créateur d'états**. Les étapes suivantes sont automatisées, il vous suffira de cliquer sur le bouton **Suivant>** pour passer à la prochaine.

Titre

Dans l'onglet **Titre**, indiquez le titre de l'état, qui sera imprimé tout en haut du document. Works 95 propose par défaut le nom de l'état et le nom de la base de données. Modifiez au besoin ce titre. Profitez-en pour définir l'orientation du papier et la police à utiliser. Un clic sur **Suivant>** passe à l'onglet suivant.

Champs

Choisissez les champs devant apparaître sur l'état. Dans notre cas, nous avons retenu le nom, le prénom, la date d'anniversaire et le téléphone du domicile. Sélectionnez successivement les champs puis cliquez sur le bouton **Ajouter >**, pour les faire passer dans la liste de droite, *Ordre des champs*. Si vous avez retenu par erreur un champ, sélectionnez-le dans la liste de droite et cliquez sur **< Retirer**.

Dans cet onglet, deux options sont à votre disposition. La première, *Afficher le nom des champs en haut de chaque page*, est activée par défaut. Elle imprime en haut de chaque page le nom des champs de l'état. La seconde, *Afficher uniquement la synthèse*, a pour effet de ne pas imprimer le contenu des champs, mais uniquement les récapitulatifs que vous spécifierez sur le dernier onglet. Cette option est déconseillée à ce stade, vous pourrez régler ce problème par la suite dans la mise en page. Lorsque tous les champs sont en bonne place, cliquez sur **Suivant>**.

Tri

Il est possible de trier les fiches selon trois critères, avant de les imprimer dans l'état. Si vous ne définissez pas de tri préalable, les fiches apparaîtront dans l'ordre où elles sont affichées dans la base de données. Pour notre fichier d'adresses, il serait judicieux de trier les fiches d'après l'ordre alphabétique des noms. Dans la rubrique *Trier par*, cliquez sur le bouton marqué d'une flèche pour dérouler la liste des champs de la base et sélectionner le champ Nom.

Regroupement

Si vous avez défini des critères de tri pour cet état, vous pouvez créer des regroupements par occurrences de tri. A chaque fois que la valeur du champ de tri change dans l'état, une séparation est mise en place. Ces regroupements pourront éventuellement faire l'objet de récapitulatifs, mais dans ce premier exemple, nous n'en userons pas.

Requête

L'onglet suivant permet de mettre au point une requête sélectionnant les fiches à présenter dans l'état. Nous savons désormais que les fiches ne répondant pas au critère de requête seront masquées. Dans cet exemple, nous appliquerons la requête des personnes ayant

La base de données : Rassembler et exploiter des informations 4

leur trentième anniversaire en 1996. Pour cela, nous avons opté pour la requête Anniversaire30 dans la liste des requêtes.

Synthèse

Nous voici à l'onglet final, celui des synthèses. A gauche est affichée la liste des champs formant l'état et à droite une liste d'opérations réalisables sur ces champs. Dans cet exemple, nous n'avons pas besoin de synthèse et passerons directement à la suite par le bouton **Terminé**. Ce clic lance la création de l'état et en propose un aperçu ou la modification de la définition de l'état. Voici à quoi ressemble cette définition.

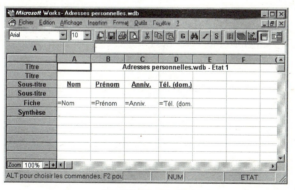

La définition de l'état

Cet affichage n'est pas très expressif, mais si vous passez en Aperçu avant impression vous verrez que le résultat final est des plus satisfaisants.

Différents types de lignes

Ces différents types sont définis les uns après les autres dans l'état. Il n'est pas possible d'en changer l'ordre, car il s'agit de l'ordre logique de création de l'état. Nous allons les étudier dans cet ordre logique.

Titre

Les lignes de type Titre concernent l'ensemble de l'état. Elles sont placées en tête de l'état et contiennent normalement le titre de l'état, des informations sur son contenu et sa date de création.

Sous-titre

Les lignes de sous-titre sont imprimées au haut de chaque page de l'état et contiennent les titres des colonnes.

Fiche

La ligne Fiche contient l'indication des entrées de champ à placer dans les colonnes. Chaque fiche correspondra à une ligne de l'état. Si plusieurs lignes de type *Fiche* sont définies, chaque fiche sera présentée avec cet ensemble de ligne. Ne seront cependant listées que les fiches répondant aux critères de la requête.

Synthèse

A la fin de l'état sont indiqués les calculs de synthèse effectués sur chaque champ de l'état. Ces calculs ne sont possibles que dans les lignes de ce type. Voici les calculs statistiques possibles :

La base de données : Rassembler et exploiter des informations 4

SOMME	Addition des valeurs de la colonne, les entrées de texte ont une valeur 0
MOYENNE	Moyenne des valeurs de la colonne, les entrées de texte ont une valeur 0
NB	Nombre de fiches présentées dans l'état
MAX	La plus grande valeur de la colonne
MIN	La plus petite valeur de la colonne
ECARTYPE	Ecart-Type des valeurs de la colonne
VAR	Variance des valeurs

Intro

Si vous avez défini un critère de tri pour l'état, la ligne Fiche sera précédée d'une ligne Intro Nom qui séparera les diverses occurrences.

Synt

Après chaque occurrence, il est possible d'effectuer des calculs statistiques sur l'occurrence. Ces calculs sont définis dans cette ligne.

Tri et regroupements dans les états

Il est possible d'insérer d'autres types de lignes dans un état. Ces autres types exploiteront les regroupements de fiches (les occurrences de tri) sous forme statistique. Ce type de ligne n'est intégré dans la définition de l'état que si vous avez défini un ou plusieurs critères de tri.

4 — La base de données : Rassembler et exploiter des informations

Pour chaque état, il est possible de définir jusqu'à 3 critères de tri. Ces critères définissent l'ordre de présentation des fiches dans l'état, quel que soit leur ordre initial.

Dans ce cas, vous aurez l'occasion de définir des lignes spéciales liées à ces regroupements. Pour y accéder, appelez la commande **Format/Mise en forme de l'état**. Dans cette boîte de dialogue, trois rubriques sont à votre disposition pour la définition des critères de tri. Dans chacune d'elles, vous attend la liste des champs de la base de données. Pour que le nouveau type de ligne apparaisse, vous activerez au minimum pour un des regroupements, l'option *Quand le contenu change*, dans l'onglet **Regroupement**.

Nous venons de voir qu'un état pouvait faire l'objet d'un tri sur un champ. Mais qu'en est-il si vous souhaitez trier vos fiches d'après une date, avec cependant un regroupement par mois ? Voici comment faire : L'état doit contenir un champ pour ce mois. Passez en mode Formulaire, et tapez dans une zone vierge le mot Mois: de manière à créer ce champ. Dans le champ, saisissez la formule =MOIS(Date), avec, pour l'argument Date, le nom du champ contenant la date complète. Dans le nouveau champ Mois, vous trouverez des valeurs comprises entre 1 et 12 et représentant les numéros des mois de la date. Bien sûr, ce champ Mois ne sera pas affiché dans le formulaire, il ne présente aucun intérêt en lui même. Après l'avoir sélectionné, appelez la commande **Format/Arrière-plan** et masquez-le avec un rectangle de couleur. Revenez ensuite à l'état par le bouton de la barre d'outils.

La base de données : Rassembler et exploiter des informations **4**

Appelez la commande **Format/Mise en forme de l'état** et définissez comme critère de tri le champ Date, dans la rubrique *Trier par*, puis le champ Date dans la rubrique *Puis par*. Comme le regroupement est à réaliser sur le mois, profitez-en pour passer sur l'onglet **Regroupement** et activez l'option *Quand le contenu change* dans la zone Puis par Mois. Ceci fait, cliquez sur le bouton **Terminé**. Sous la ligne *Fiche de l'état*, vous remarquerez qu'a été rajoutée une ligne Synt. Mois, dans laquelle vous pourrez définir les opérations statistiques à effectuer pour chaque regroupement.

A partir de là, vous pourrez également rajouter un sous-titre pour les regroupements. Si vous retenez cette option, nous vous conseillons de rajouter deux lignes complémentaires, une première faisant état du numéro du mois et une seconde en guise de séparation entre le sous-titre et les fiches. Pour insérer ces deux lignes, sélectionnez deux lignes de définition de l'état et appelez la commande **Insertion/Insertion d'une ligne**. Une boîte de dialogue affiche les divers types de lignes disponibles. Le fait d'avoir sélectionné deux lignes dans l'état indique à Works 95 que vous souhaitez insérer deux lignes. Dans la liste des types, deux nouveaux types vous sont proposés : Intro Mois et Synt Mois. Le type Intro Mois est automatiquement mis en place avant la ligne Fiche. Sélectionnez-le et cliquez sur **OK**. Les lignes sont intégrées à la définition de l'état, il vous reste à saisir dans la première le sous-titre de regroupement requis : dans la cellule tout à gauche tapez Mois et dans la cellule voisine, à droite, définissez une formule toute simple =Mois. Cette formule positionnera ici le contenu du champ Mois.

Les critères de tri sont mémorisés dans la définition de l'état et seront appliqués systématiquement à chaque appel de l'état, quel que soit l'ordre des fiches au moment de cet appel.

La définition de l'état

Jetons un bref coup d'oeil sur cette définition et la manière dont elle est exploitée. L'écran de la définition ressemble au mode Liste, sauf qu'à la place des numéros de ligne, nous y trouvons les noms de lignes. Les champs portent les mentions A, B, C, etc. La largeur des colonnes correspond à la largeur des champs du mode Liste. La définition commence par deux lignes Titre, vides si vous n'avez pas affecté de titre à l'état. Ces deux lignes peuvent être modifiées manuellement. Si l'état dépasse le cadre de la page, ce titre sera repris en haut de chaque page.

Sous-titre

Viennent ensuite deux lignes *Sous-titre*. La première, en caractères gras, centrés et soulignés, affiche le nom des champs en guise de titres des colonnes. Cette mise en forme peut être modifiée, la barre d'outils proposant les mêmes attributs de formatage qu'en mode Formulaire ou Liste.

La ligne suivante est la ligne *Fiche*. Elle contient aussi les noms des champs, mais précédés du signe =, indiquant qu'il s'agit d'une formule. Chaque fiche non masquée de la base de données sera représentée dans l'état par une ligne de ce type, reprenant les entrées des champs concernés. Là encore, il est possible de faire appel aux formats de champs pour définir l'apparence des entrées dans cet état, indépendamment de la liste.

Puis viennent des lignes de synthèses, en fonction des regroupements statistiques définis. Deux présentations sont possibles pour ces statistiques : soit sous chaque colonne de référence, soit rassemblées dans des lignes en fin d'état.

Un état peut être modifié à tout moment. Pour commencer, formatez le titre en utilisant toutes les fonctions déjà évoquées précédemment. Si vous souhaitez centrer le titre au milieu de la page, coupez-le, collez le dans la première cellule de la ligne, puis sélectionnez la ligne par **MAJ + FIN**. Appelez la commande **Format/Alignement** et activez l'option *Centrer sur plusieurs colonnes*. Il sera ainsi centré automatiquement, même si vous modifiez la largeur des colonnes.

Après le titre principal, il est bon de laisser un espace avant le nom des champs. Vous le créerez en insérant une ligne du type *Titre* après le titre effectif. Rappelez-vous que les lignes insérées le sont toujours au-dessus de la cellule active : sélectionnez une cellule de la seconde ligne et appelez la commande **Insertion/Insertion d'une ligne**. Une boîte de dialogue s'ouvre, demandant si l'insertion concerne une ligne ou une colonne. Cliquez sur *Ligne* et sur **OK**. La boîte de dialogue suivante présente les divers types de lignes possibles, vous y choisirez une ligne de type *Titre*.

Agencement de l'état

Nous connaissons déjà une bonne partie des fonctions de mise en forme possibles dans les états. La définition de l'état n'aboutit pas à un forme définitive. Il est possible de modifier manuellement la structure de l'état en rajoutant des colonnes de données, de changer la largeur des colonnes, etc.

4 *La base de données : Rassembler et exploiter des informations*

Insertion d'un nom de champ et des entrées de champ

Si vous avez inséré une nouvelle colonne dans l'état, le menu **Insertion** vous proposera la commande **Nom de champ** pour mettre en place le nom du champ auquel correspond cette colonne. De même, vous disposerez de la commande **Insertion/Entrée de champ** pour mettre en place la formule affichant les entrées de ce champ dans les lignes de type Fiche. Ces deux commandes ouvrent une boîte de dialogue proposant l'ensemble des champs de la base de données, à charge pour vous d'en sélectionner un. Avec **Insertion/Champ de synthèse**, c'est la boîte de dialogue affichant les divers noms de champs et les opérations statistiques qui est proposée.

Lors de l'appel de ces diverses commandes d'insertion, pensez à sélectionner la cellule dans la bonne ligne (les champs de synthèse, par exemple, doivent bien évidemment être placés dans les lignes de synthèse).

Insertion d'un champ de synthèse

La base de données : Rassembler et exploiter des informations **4**

Saut de page

A gauche ou au-dessus d'un champ sélectionné, il est possible d'insérer un saut de page par la commande **Saut de page** du :menu **Format**. Ainsi arriverez-vous à positionner les informations de synthèse sur une nouvelle page en insérant un saut de page avant la ligne Synthèse, ou encore à imprimer les regroupements sur des pages séparées en insérant une ligne de type Synt. Nom de champ précédée d'un saut de page.

Définir les formats de champ

Ce n'est pas parce que les champs de la base de données contiennent des montants sous forme monétaire ou des dates, que ces formats de champs sont repris dans l'état. En cas de problème, pensez à définir les formats de champ, principalement pour les dates et les nombres. La commande **Nombre** du menu **Format** est à votre disposition pour cela.

Créer et gérer plusieurs états

Dans le menu **Outils**, plusieurs commandes sont prévues pour la gestion des états.

Dupliquer un état

Pour créer un nouvel état déviant légèrement d'un état déjà existant, choisissez la commande **Dupliquer l'état** et modifiez la copie. Une fenêtre s'ouvre, listant l'ensemble des états existants. Sélectionnez celui que vous souhaitez utiliser comme modèle, puis tapez le nom du nouvel état dans la zone de saisie, au bas de la boîte de dialogue. Validez par un clic sur le bouton **Dupliquer**. Le duplicata est ainsi repris dans la liste des états existants et un clic sur **OK** procède à la duplication. Il reste ensuite à activer le menu **Affichage** et sa commande **Etat**, à sélectionner le duplicata et à procéder aux modifications.

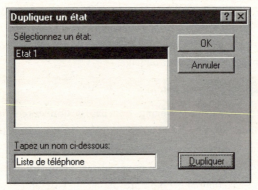

Dupliquer un état

Renommer un état

Si vous avez omis de donner un nom expressif à un état au moment de sa création ou lors d'une duplication, Works 95 lui affectera d'office le nom Etat x, où "x" est un numéro d'ordre. Pour modifier ultérieurement ce nom, appelez la commande **Renommer l'état** du menu **Outils** et sélectionnez l'état à traiter dans la boîte de dialogue suivante, puis tapez le nouveau nom dans la zone de saisie. Validez par le bouton **Renommer** et par un clic sur **OK**.

Supprimer un état

Si un état ne présente plus d'intérêt, supprimez-le. Appelez la commande **Supprimer l'état** du menu **Outils**, sélectionnez celui que vous souhaitez éliminer et validez par **Supprimer** puis **OK**. Si vous changez d'avis après le clic sur **Supprimer**, cliquez sur **Annuler**.

Impression des états

La finalité d'un état est son impression sur papier. Deux possibilités s'offrent à vous : soit imprimer l'état tel que vous l'avez conçu, soit le copier dans un traitement de texte, le modifier et l'imprimer à partir du traitement de texte.

L'état, dans la fenêtre de définition, peut être mis en forme de la même manière que la liste. Chaque champ peut disposer d'une police et d'attributs de caractères spécifiques. Vous pourrez leur affecter des bordures, des trames de fond et jouer des alignements, y compris des renvois à la ligne. Hauteur de ligne et largeur de colonnes sont réglables à loisir.

En complément, un état peut être muni d'un en-tête et d'un pied de page, mais limités tous deux à une ligne. Appelez pour cela la commande **En-têtes et pieds de page** du menu **Affichage** et tapez les éléments requis dans les deux zones de saisie. Vous pourrez utiliser les codes suivants :

&p	numéros de page
&t	date courante (24/1/95)
&n	nom du fichier

&l	date courante (exemple 24 Janvier 1995)
&h	heure courante
&g	alignement à gauche des caractères suivants
&d	alignement à droite des caractères suivants
&c	alignement au centre des caractères suivants

Pour la mise en page, veillez à prévoir suffisamment de place pour l'en-tête et le pied de page et passez par l'Aperçu avant impression pour vérifier le résultat de vos options avant de lancer l'impression définitive.

Si l'état est plus large que la feuille de papier, vous pourrez éventuellement modifier la taille des caractères ou modifier les marges de gauche et de droite. Autre solution : optez pour une orientation *Paysage*.

Impression sans fiche

Si vous ne cherchez qu'une vue d'ensemble rapide, limitée à la synthèse, appelez la commande **Mise en page** du menu **Fichier**, activez l'onglet **Autres options** et la case à cocher *Imprimer tout sauf les lignes des fiches*. L'ensemble de la définition de l'état sera imprimé, sauf les éléments de la ligne de type *Fiche*, c'est-à-dire les formules =Nom de champ.

Copier un état dans le traitement de texte

Un état peut être réutilisé avec d'autres fiches, en lui appliquant simplement une autre requête. Vous voulez copier l'état dans un

La base de données : Rassembler et exploiter des informations 4

document de traitement de texte ? Pas de problème. Ouvrez le menu **Edition** et activez la commande **Copier l'état**. Toutes les données composant l'état sont copiées dans le Presse-papiers, y compris les champs de synthèse. Attention, si l'état est long, cette opération peut durer plusieurs secondes. Dans la barre d'état, le pourcentage d'avancement est affiché.

Ouvrez ensuite un nouveau document de traitement de texte et copiez le contenu du Presse-papiers par **CTRL + V**. L'état apparaît dans le document sous la même forme que si vous l'aviez imprimé. Les champs sont séparés par des tabulations reprenant exactement les largeurs de colonnes et les alignements de l'état. Chaque ligne est terminée par une marque de paragraphe.

Poursuivre l'exploitation dans une feuille de calcul

Ce même état peut aussi être copié dans une feuille de calcul du tableur. Chaque entrée est placée dans une cellule et vous avez ainsi possibilité de poursuivre l'exploitation des données de la base à l'aide des fonctions du tableur. Comme il est possible d'incorporer des feuilles de calcul dans les formulaires, il est possible d'intégrer des états sous forme de feuille de calcul, directement dans la base de données.

4.8. Lettres types, enveloppes et étiquettes

Mais les possibilités d'impression des bases de données ne se limitent pas au formulaire, à la liste et aux états. Pourquoi ne pas utiliser les données de la base dans le traitement de texte ? La base de données dispose d'un lien direct avec le traitement de texte, permettant la livraison des données de la base dans des documents de traitement

4 *La base de données : Rassembler et exploiter des informations*

de texte. La situation typique est celle où vous envisagez d'envoyer une même lettre à plusieurs destinataires. Une solution consisterait à imprimer la lettre, à la copier et à expédier des copies, mais ces copies ne feraient pas état des coordonnées des destinataires. Ces coordonnées peuvent être reprises par le traitement de texte de Works 95 depuis une base de données de Works 95. Cette procédure est bien sûr pratique pour un publipostage de masse, mais aussi pour récupérer des données stockées dans la base de données, par exemple pour établir une facture. L'avantage est d'éviter les saisies redondantes.

Base de données pour lettre type

Pour l'impression d'une lettre type, la condition préalable est l'existence d'une base de données contenant toutes les adresses. Ces adresses sont en principe composées des champs Titre, Nom, Prénom, Rue, Code postal et Ville. En compléments, des informations telles que le numéro de téléphone peuvent être intéressantes, en cas de relance ultérieure, par exemple. D'autres bases de données intègrent le nom d'un éventuel interlocuteur, ou une boîte postale. Tout est fonction des circonstances, c'est à vous de décider et de mettre au point ces données.

Lettres avec les Assistants

Les Assistants peuvent vous aider à créer rapidement un courrier. Ils vous aideront dans la mise en place des codes de champ faisant référence à la base de données. Voici les étapes suivies par l'Assistant Lettre type.

La base de données : Rassembler et exploiter des informations **4**

Après avoir sélectionné l'Assistant Lettre type, dans la catégorie *Correspondance*, deux types de courrier vous sont proposés : *Mise en page professionnelle* ou *Mise en page simple*.

Dans la fenêtre suivante, vous définirez les composants de la lettre, *En-tête*, *Adresse*, *Objet*, *Style de texte*, ou *Autres informations*. Puis vient le moment de rédiger le texte de la lettre.

Voyons plus en détail la définition de l'adresse, car c'est là qu'intervient la base de données. Cliquez sur le bouton placé à droite d'Adresse et activez l'option *Je souhaite la choisir dans une des bases de données de Works*.

La boîte de dialogue suivante liste les bases de données existantes. Sélectionnez celle que vous souhaitez utiliser et cliquez sur Suivant >.

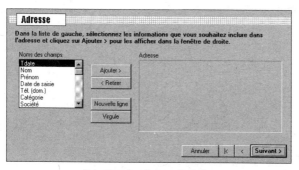

Insertion des champs de l'adresse

Sélectionnez les champs requis et insérez-les avec le bouton Ajouter >. Sélectionnez d'abord le champ Titre et ajoutez-le à l'adresse. Ceci fait, il faut passer à la ligne suivante : cliquez sur **Nouvelle ligne**. Continuez ainsi jusqu'à ce que tous les champs de l'adresse soient en bonne place. Cliquez sur **Suivant >**.

Dans la boîte de dialogue suivante, vous pouvez également affecter un champ de la base à la formule d'appel, si vous disposez d'un champ adéquat. Avec **Suivant >** et **OK**, la mise en place de l'adresse est terminée.

Après la création du document, vous constaterez que l'adresse se compose des noms de champs de la base de données. Ces codes de champ seront remplacés au moment de l'impression ou de l'Aperçu avant impression par les données récupérées à partir des fiches. Cet Assistant, pour pratique qu'il soit, n'est bien sûr pas en mesure de créer à votre place le contenu du courrier, c'est à vous d'en rédiger le corps, mais l'important ici est de récupérer les données de la base.

Utilisation de la base de données

Lors de la création de la lettre, vous avez fait appel à une base de données, mais il n'est pas encore défini clairement que c'est sur la base de ce fichier que se déroulera l'impression. Ouvrez le menu **Outils** et activez la commande **Lettres types** et son onglet **Source de données**. Une fois encore, vous voici devant la liste des bases de données existantes. Vous pouvez éventuellement modifier votre choix initial.

Passez ensuite dans l'onglet **Fiches** pour définir les fiches à utiliser pour les lettres types. A vous de choisir les options. Si vous activez l'option *Fiches sélectionnées dans la base de données*, vous aurez

La base de données : Rassembler et exploiter des informations **4**

l'occasion de choisir également la requête à appliquer au ficher. Si vous ne trouvez pas votre bonheur dans la liste des requêtes, cliquez sur le bouton **Autre requête**. Ceci vous permettra soit de modifier une requête existante soit encore de créer une nouvelle requête.

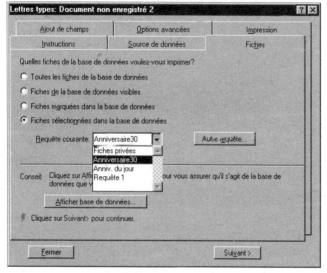

Les options pour l'utilisation des fiches

Il reste ensuite à imprimer les lettres types. Comme l'Assistant s'en est allé, vous pouvez continuer à formater ou à modifier librement le courrier pour finalement lancer son impression sur papier. Aucune option complémentaire n'est nécessaire, Works 95 s'est chargé de tout. Appelez l'onglet **Impression** de la boîte de dialogue **Lettres types**, du menu **Outils**, et cliquez soit sur **Aperçu**, soit sur **Imprimer**.

Création et impression de lettres types manuelles

L'Assistant n'est pas obligatoire pour créer une lettre type. Vous pouvez parfaitement réaliser toute l'opération manuellement, Works 95 vous viendra en aide au moment opportun. Les conditions de base pour l'impression d'une lettre type sont les suivantes :

➤ existence d'une base de données rassemblant les informations requises par la lettre type.

➤ sélection des fiches à utiliser pour la lettre type, à l'aide d'une requête. Vous pouvez aussi marquer les fiches concernées ou masquer toutes celles que vous ne souhaitez pas employer pour l'impression.

➤ mise en place dans un document texte de codes de champs qui seront remplacés au moment de l'impression par les données de la base.

➤ définition d'une option quant aux fiches à utiliser pour l'impression.

Partons du principe que le corps de la lettre est rédigé et que vous souhaitez maintenant vous attaquer à l'adresse à reprendre d'une base de données. Le fait que la base de données soit ouverte ou non n'a pas d'importance.

Insertion des codes de champ

La première opération est d'insérer les codes de champs dans le document de texte. Ces codes de champs matérialisent le lien avec la base de données. Placez le curseur à l'emplacement de l'adresse

La base de données : Rassembler et exploiter des informations 4

et appelez la commande **Insertion/Champ de base de données**. Une boîte de dialogue s'ouvre, listant les bases de données existantes.

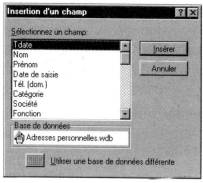

La boîte d'insertion de champs de base de données

Si la base de données recherchée n'est pas listée, cliquez sur le bouton **Utiliser une base de données différente**.

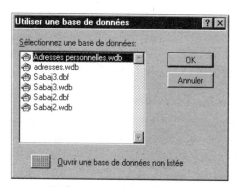

Utiliser une autre base de données

Lorsque vous aurez choisi la bonne base de données, un clic sur **OK** vous ramènera à la boîte de dialogue présentant les champs disponibles.

 Les champs de la base de données peuvent aussi être insérés par ce bouton.

Sélectionnez le champ Titre et cliquez sur le bouton **Insérer**. Le nom du champ, placé entre des chevrons, est intégré dans le document de traitement de texte. La boîte de dialogue reste ouverte pour la sélection des autres champs nécessaires. Lorsqu'ils sont tous en place, cliquez sur le bouton **Fermer**.

Revenons un instant sur la possibilité de mettre en place des codes de champs par Glisser-Déplacer. Pour cela, les deux documents, base de données et traitement de texte doivent être ouverts dans des fenêtres visibles toutes deux. Dans la base de données, le formulaire doit être actif. Si ces conditions sont réunies, vous pourrez sélectionner un champ dans le formulaire et le tirer dans la fenêtre de traitement de texte. Si vous relâchez le bouton de la souris au bon endroit, le code de champs sera inséré. Une fois ces codes en place, l'adresse peut être mise en forme comme le reste du texte.

Formats de caractères pour les codes de champ

Au départ, définissez la police et la taille de chaque code de champ. Les attributs affectés aux codes de champ seront appliqués également aux valeurs récupérées dans la base de données. Pour formater les adresses, il suffit de formater en conséquence les codes de champ.

Notez qu'il n'est pas nécessaire de formater les chevrons, ceux-ci n'influent en rien sur le formatage des données.

Format de paragraphe des adresses

Après les attributs de caractères, définissez le format de paragraphe. Rappelez-vous que cette adresse doit être visible dans la fenêtre d'une enveloppe. Définissez en conséquence le retrait à gauche, l'interligne, les espacements avant et après.

Codes de champ avec une entrée vide

Lors de l'impression, les codes de champ sont remplacés par les entrées correspondantes de la base de données. Si un des champs en question est vide, sa place reste vide dans la lettre type.

Paragraphe ou ligne vierge

La structure de l'adresse est telle que certaines lignes ne contiennent qu'un seul code de champ. Si le champ correspondant de la base de données est vide, la ligne complète ne sera pas prise en compte au moment de l'impression. L'intérêt de la chose est que cette structure d'adresse est très souple et peut être utilisée dans de nombreuses circonstances. Si le champ correspondant au code est vide, la suite de l'adresse remonte d'une ligne, évitant ainsi les "trous".

Allons plus loin. Vous venez de vous apercevoir que dans cette adresse, vous avez besoin d'une boîte postale. A cet effet, vous insérez dans la base de données un champ Boîte postale. Reste ensuite à intégrer ce champ dans l'adresse de la lettre type. Veillez simplement à placer ce code de champ dans un paragraphe à part. Ainsi, une adresse sans boîte postale ne présentera pas de trou.

Aperçu avant impression

C'est l'Aperçu avant impression qui sera le meilleur moyen de contrôle. Cliquez simplement sur le bouton correspondant de la barre d'outils. La fenêtre de l'aperçu montre toutes les lettres types, en fonction des fiches utilisées de la base de données. Si ces fiches ne sont pas les bonnes, appelez la commande **Outils/Lettres types** et son onglet **Fiches**. Augmentez le coefficient d'affichage de manière à pouvoir lire les lettres et feuilletez-les à l'aide du bouton Suivante.

Trier la base de données, utiliser des fiches

Lors de l'impression d'une lettre type, les fiches de la base de données sont exploitées dans l'ordre où elles sont affichées dans la base. C'est l'ordre des fiches de la base de données qui définit l'ordre d'impression des lettres. Si l'impression des lettres types est une impression de masse, il est intéressant de trier les lettres par code postal dès l'impression. Ouvrez la base de données et triez les fiches par Code postal. Si vous employez une requête dans le cadre de l'impression des lettres types, vous pourrez intégrer dans cette requête l'ordre de tri voulu.

Pour employer une requête ou définir les fiches à employer pour l'impression, appelez la commande **Outils/Lettres types**. Dans l'onglet **Source de données**, est affichée la base à laquelle font référence les codes de champs. Dans l'onglet **Fiches**, vous aurez à choisir entre les options suivantes :

➤ Toutes les fiches de la base de données
    Aucune sélection, toutes les fiches sont imprimées.

➤ Fiches de la base de données visibles
 Cette option suppose que la base de données soit ouverte et que des fiches sont masquées. Celles-ci ne seront pas imprimées. Cette option est pratique pour des sélections variables de fiches.

➤ Fiches marquées dans la base de données
 Dans la base de données, il est possible de marquer des fiches. Lors de l'impression, il n'est pas nécessaire que la base soit ouverte, car les marquages sont enregistrés. Utilisez cette option si les sélections dans la base et dans l'impression des lettres types ne se font pas au même moment.

➤ Fiches sélectionnées dans la base de données
 La requête définie est appliquée à la base de données. Pour cela, il n'est pas nécessaire que la base soit ouverte.

Ajout de champs

Il est fréquent qu'une lettre type contienne une note personnelle en répétant le nom du destinataire dans le corps même du texte, en principe dans l'introduction. Mais là se pose le problème de l'accord de Cher Monsieur x ou de Chère Madame x. Ces distinctions peuvent être solutionnées dans la base de données par ajout d'un nouveau champ dans lequel vous saisirez la formule à employer. Créez ce champ en l'appelant Titre 2 et en lui affectant la formule suivante :

```
=SI(Titre="Monsieur"#OU#"Messieurs";"Cher
Monsieur";Si(Titre="Madame";"Chère Madame";""))
```

La formule vérifie le contenu du champ Titre. S'il contient les chaînes Monsieur ou Messieurs, Titre 2 contiendra Cher Monsieur, si Titre contient Madame, Titre 2 contiendra Chère Madame et si Titre est vide, Titre 2 sera aussi vide.

Lettre individuelle avec Lettre type

La fonction de lettres types permet également d'écrire des lettres individuelles personnalisées, tout en faisant appel aux informations de la base de données. Dans ce cas, vous pourrez utiliser toutes les bases de données existantes, à la seule condition qu'elles contiennent des champs de même nom que les codes de champ de la lettre.

Dans le traitement de texte, vous pourrez même créer un modèle reprenant les éléments fixes, les titres, formules de politesse et bien sûr les codes de champs requis. Lorsque vous ferez appel à ce modèle, vous pourrez choisir la base de données à employer par l'intermédiaire de la commande **Lettres types** du menu **Outils** et son onglet **Source de données**.

Imprimer des enveloppes

Si votre imprimante le permet, ces fonctions pourront aussi vous servir à imprimer des enveloppes. Ouvrez pour cela un nouveau document de traitement de texte et appelez la commande **Outils/Enveloppes**.

La base de données : Rassembler et exploiter des informations 4

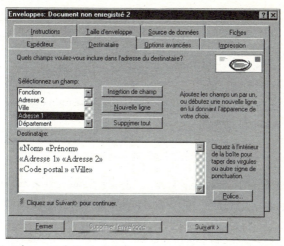

C'est dans cette boîte de dialogue que vous mettrez en place les codes de champ pour les enveloppes.

L'enveloppe en Aperçu avant impression

Cette boîte de dialogue est dotée d'un grand nombre d'onglets reprenant toutes les données nécessaires à la création et à l'impression d'enveloppes. Le bouton **Suivant >** vous guide pas à pas.

Les étapes de la création des enveloppes

Même lorsque vous en aurez terminé avec la création des enveloppes, vous pourrez à tout moment en modifier les paramètres. Pour ce faire, vous utiliserez la même boîte de dialogue, mais en vous limitant aux onglets traitant des éléments à modifier.

La première des choses à faire est de sélectionner le format des enveloppes. Choisissez un format dans la liste ou définissez un format personnel par le bouton **Taille personnalisée**. Dans ce cas, vous en indiquerez la largeur et la hauteur. La liste proposera ensuite la mention *Taille d'enveloppe personnalisée*. Elle sera sélectionnée par défaut pour la prochaine création d'enveloppes.

L'étape suivante concerne la sélection de la base de données. Vous sont présentées sous forme de liste les bases de données créées avec Works 95. Par le bouton **Ouvrir une base de données non listée**, vous pourrez encore en chercher d'autres. Au besoin jetez un coup d'oeil sur la base sélectionnée, par **Afficher base de données**. Ce bouton masque la boîte de dialogue, affiche la base de données requise, dans laquelle vous pourrez même travailler (pour éventuellement sélectionner ou marquer des fiches). Le bouton **Précédent** permet de revenir à la définition des enveloppes.

La base de données : Rassembler et exploiter des informations 4

Déterminez ensuite les destinataires. Là encore, tous les moyens de sélection, de marquage ou de masquage sont à votre disposition. Au besoin, repassez dans la base de données, choisissez les fiches, puis revenez par **Précédent**.

Vient ensuite l'indication de l'expéditeur. Si vous avez déjà créé une enveloppe, le programme affichera le dernier expéditeur connu. Reprenez ces informations ou modifiez les. Le bouton **Police** permet de formater l'expéditeur.

C'est dans l'onglet suivant qu'est créée l'adresse. Pour ce faire, vous ferez à nouveau appel aux codes de champ liés à la base de données. Cherchez les champs nécessaires dans la liste et positionnez-les par le bouton **Insertion de champ** et **Nouvelle ligne** dans la zone *Destinataire*. Là également, le bouton **Police** permet de formater l'adresse.

Ne manquent plus que les options d'impression. Dans l'Aperçu, l'enveloppe est présentée en miniature, telle qu'elle sera imprimée. Le bouton **Test** permet d'imprimer une enveloppe d'essai et le bouton **Imprimer** lance l'impression définitive. Si vous cliquez sur le bouton **Fermer**, l'enveloppe est créée et affichée. A partir de là, toutes les fonctions de traitement de texte sont à votre disposition pour aménager ou agencer cette enveloppe. Ce sera le moment de mettre par exemple en caractères gras le code postal et la ville.

Imprimer des étiquettes

La procédure de création d'étiquettes est tout aussi simple que celle des enveloppes. Ouvrez un nouveau document de traitement de texte et appelez la commande **Outils/Etiquettes**. Le premier choix concerne soit la création d'étiquettes à partir d'une base de données, soit l'impression de plusieurs copies d'une même étiquette, mais sans intervention d'une base de données.

Ici aussi, vous serez confronté à une boîte de dialogue de plusieurs onglets, parmi lesquels vous serez guidé par le bouton **Suivant >**. Pour commencer, déterminez la taille des étiquettes. Une longue liste d'étiquettes prédéfinies vous est présentée. Si vous ne trouvez pas le format requis, activez le bouton **Taille personnalisée**.

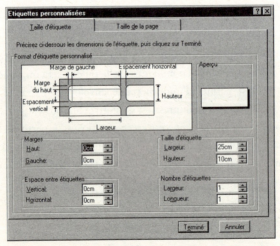

La définition d'une étiquette personnalisée

Taille de l'étiquette

Dans cet onglet, tapez les dimensions de l'étiquette et des différentes zones de la planche, telles que définies sur l'illustration. Dans l'onglet **Taille de la page**, fixez le format de la planche et les marges de la planche. Si les dimensions ainsi indiquées s'avèrent incorrectes, un message d'erreur vous sera affiché lorsque vous cliquerez sur terminé.

Puis viennent les mêmes étapes que pour les enveloppes :

- sélection de la base de données,
- sélection des fiches,
- création de l'adresse par des codes de champ,
- définition des options d'impression.

Pour ces options d'impression, une particularité est à signaler. Il se peut que la planche ne soit pas exploitée totalement. Dans la zone *Première ligne à imprimer*, vous pourrez définir à quelle rangée sur la planche, l'impression doit commencer. Si les trois premières lignes sont inutilisables, spécifiez que la première ligne à imprimer sera la ligne N° 4. Ce paramètre sera appliqué à la première planche, l'impression de la seconde commençant dès la première ligne. En Aperçu avant impression, vous pourrez voir avec précision l'effet de vos options.

Par le bouton **Fermer**, l'étiquette sera créée. Là aussi, le traitement de texte vous permettra de modifier l'agencement.

4 *La base de données : Rassembler et exploiter des informations*

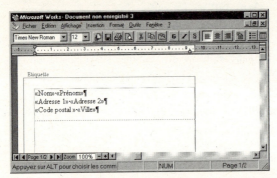

L'étiquette dans le traitement de texte

Impression test

L'impression des étiquettes est toujours une opération délicate. C'est pourquoi le programme propose un test d'impression. Vous pouvez aussi appeler pour cela la commande **Imprimer** du menu **Fichier**.

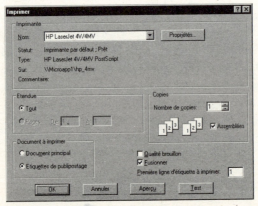

Les options d'impression des étiquettes

La base de données : Rassembler et exploiter des informations **4**

Ce test d'impression n'imprime que les deux premières lignes des étiquettes.

REMARQUE *En cas d'entrée de champ très long, un renvoi à la ligne automatique sera mis en place, même si cette entrée ne comporte qu'un seul mot. Le mot sera alors coupé en son milieu. Pour éviter ce désagrément, réduisez la taille des caractères du code de champ concerné ou utilisez des étiquettes plus larges.*

Modifications des étiquettes ou des enveloppes

Une fois que le document d'étiquettes ou d'enveloppes est enregistré, vous pourrez lui appliquer à tout moment des modifications. Ouvrez simplement le document à l'écran et appelez la commande **Etiquettes** ou **Enveloppes** du menu **Outils**.

Changez les paramètres des différents onglets et validez ces modifications par un clic sur **Terminé**.

4 La base de données : Rassembler et exploiter des informations

5. Le tableur : des tableaux et des graphiques

Le tableur joue un double rôle. Il permet de créer des tableaux dans lesquels des calculs sont effectués par des opérateurs mathématiques, des fonctions prédéfinies ou des fonctions personnalisées. Ces calculs sont véritablement le point fort du tableur. Mais il sait aussi représenter les données des tableaux sous forme graphique, histogramme, diagramme, graphique à secteurs, courbes, etc.

Voici la démarche que nous suivrons pour découvrir les principes de base du tableur.

- Sur la base d'un simple tableau, nous verrons la structure et les composants d'un tableau, texte, nombres, et formules, ainsi que leur mise en forme.
- Nous aborderons ensuite les entrées de cellule, leur formatage et les possibilités de calcul.
- Pour finir, nous aborderons la représentation graphique de ces données.

5.1. Création et mise en forme d'un tableau

Etiquettes de lignes et de colonnes

Tout en haut de la fenêtre, une ligne horizontale est marquée des caractères A, B, C, etc. Sur le côté gauche, une ligne similaire mais verticale porte les numéros 1, 2, 3, etc.

Puis vient la zone de travail dans laquelle nous allons créer le tableau. Il suffit pour cela de saisir les informations dans les cellules. Le tableau sera reconnu automatiquement par Works 95, avec possibilité de mise en forme par la commande **Format automatique** du menu **Format**.

Saisie et modification des données

Avant de vous lancer dans la création d'un tableau, jetez un coup d'oeil sur le tableau de l'illustration. Comme vous le constatez, ce tableau ne commence pas directement dans le coin supérieur gauche, certaines lignes et colonnes ont été laissées libres. Théoriquement, le tableau peut être placé au beau milieu de l'espace de travail, mais sur un plan pratique ce n'est pas une bonne solution.

Au départ, nous commencerons par saisir les titres des colonnes. Déplacez le cadre de sélection depuis la cellule A1 jusqu'à la cellule B3 à l'aide des touches de direction ou d'un clic de souris. Tapez le mot "Mois". Notez que le mot apparaît à la fois dans la cellule et dans la ligne d'édition, appelée aussi barre de formule, juste sous la barre d'outils. Dans la barre de formule, deux boutons sont apparus dès le début de la saisie. L'un est marqué d'une croix et sert à annuler la saisie ou la modification que vous venez de faire, l'autre, marqué d'une coche, servant à valider la saisie ou la modification.

Le tableur : des tableaux et des graphiques

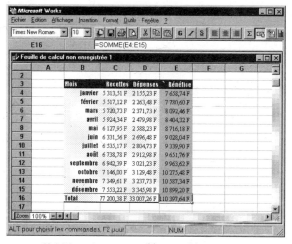

Voici à quoi peut ressembler un tableau terminé

Lorsque vous aurez tapé "Mois", validez cette entrée par le bouton marqué d'une coche ou la touche **ENTREE**. Dans la barre de formule, les deux boutons disparaissent et la sélection saute à la cellule B4. Si vous faites un clic sur B3, vous constaterez que le mot Mois est précédé, dans la ligne d'édition, d'un guillemet ("). Ce guillemet indique que l'entrée est de type Texte, à la différence des entrées de type Nombre. Le texte est aligné à gauche dans la cellule, les nombres sont alignés à droite. Mais il s'agit là des paramètres par défaut, et ils sont librement modifiables.

Déplacez ensuite le cadre de sélection sur la cellule C3 et tapez le mot "Recettes". Dans la cellule voisine, D3, tapez "Dépenses" et en E3 "Bénéfice".

Chaque entrée de cellule peut être librement modifiée. Il suffit de sélectionner la cellule en question et d'appuyer sur **F2**. Le curseur clignote dans la cellule et vous pouvez procéder aux changements. Notez également que la barre d'état affiche *MODIFIE*. Vous pouvez déplacer le curseur par les touches de direction, supprimer des caractères par la touche **SUPPR** ou **RETOUR ARRIERE** et insérer de nouveaux caractères. Pour sélectionner un passage de texte, surlignez-le avec la souris ou jouez de la touche **MAJ** + → ou ↓. En cas de sélection, toute saisie de caractère viendra remplacer les caractères sélectionnés.

Nombres et calculs

Sous la cellule contenant le mot Mois, nous allons saisir les noms des mois, de Janvier à Décembre. Sélectionnez la première de ces cellules et tapez le mot "Janvier". Après validation par la touche **ENTREE**, remarquez que votre saisie a été remplacée par "janvier" et que cette entrée est alignée à droite de la cellule. La raison en est simple : vous n'avez pas saisi un texte, mais un nombre, nombre affiché sous forme d'un nom de mois. Works 95 traite les indications de date à partir de nombres affichés sous une forme particulière.

Entrée automatique des mois

En ce qui concerne les autres mois, vous n'aurez pas à les saisir manuellement, Works 95 s'en chargera. Sélectionnez pour cela la plage des cellules B4 à B15 en surlignant ces cellules avec la souris tout en maintenant le bouton enfoncé. Autre solution : sélectionnez la cellule B4, enfoncez et maintenez la touche **MAJ** et utilisez la touche ↓ jusqu'à noircir la zone requise.

Le tableur : des tableaux et des graphiques

Ceci fait, appelez la commande **Edition/Créer une suite**. Dans la boîte de dialogue, sélectionnez l'option *Mois* et lancez la création de la suite par un clic sur **OK**. Tous les noms de mois sont alignés à droite. Notez que ces noms peuvent être complets ou abrégés, selon les options de Windows dans le module **Paramètres régionaux**.

Plus vite avec la souris

Avez-vous déjà remarqué le petit carré placé sur le coin inférieur droit du cadre de sélection ? Si vous placez le pointeur de la souris sur ce petit carré magique, il change de forme et devient une croix noire accompagnée du mot *REMPLIR*. Cette fonction souris permet aussi de créer des séries. Pour cela, il faut au minimum que deux cellules soient remplies. La première sert à déterminer la valeur de départ et la seconde sert à définir l'incrément (par différence par rapport à la première). Si ces conditions sont réunies, sélectionnez les deux cellules et tirez ce carré magique avec le bouton de la souris enfoncé, vers le bas. Lorsque le bouton est relâché, la zone sélectionnée est remplie de la série de données.

Sous la cellule portant le mot Décembre, tapez "Total". Dans les cellules à droite de Total, nous calculerons le total des recettes, des dépenses et des bénéfices sur les 12 mois de l'année.

Saisissez ensuite les valeurs requises pour les divers mois, mis à part les cellules de totalisation. Pour calculer ces totaux, aucune connaissance particulière n'est requise, il suffit de cliquer dans la cellule C16 puis sur le bouton *Somme automatique*, marqué du signe Sigma.

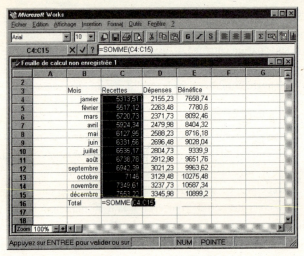

Calcul d'une somme dans le tableau

Comme vous le voyez, la fonction SOMME a été automatiquement insérée dans la cellule C16, avec sélection de l'ensemble des cellules portant des valeurs numériques au-dessus de C16. A titre d'exemple, si la cellule des recettes du mois de juin avait été vide, la sélection se serait arrêtée au mois de juillet. Cela dit, il existe des solutions pour étendre la sélection de la fonction Somme. Un second clic sur le bouton *Somme automatique* de la barre d'outils valide l'opération et effectue le calcul. C16 affiche maintenant le total des recettes des 12 mois.

L'étape suivante consiste à créer la même formule dans les cellules D16 et E16. Mais plutôt que de répéter ces opérations, voici comment gagner du temps avec la souris :

Sélectionnez la cellule C16, placez le pointeur sur le petit carré dans le coin inférieur droit du cadre, enfoncez et maintenez le bouton de la souris et tirez sur les deux cellules adjacentes. Lorsque le bouton est relâché, ces deux cellules sont affectées d'une fonction de somme additionnant les valeurs correspondantes des 12 mois.

Mettre en forme un tableau

La saisie du tableau étant terminée, il reste à lui donner une apparence plus présentable. La mise en forme ne demande pas non plus beaucoup de connaissances car Works 95 s'en charge parfaitement tout seul. Il suffit pour cela de sélectionner une des cellules du tableau. Appelez ensuite la commande **Format automatique** du menu **Format** pour ouvrir la boîte de dialogue suivante :

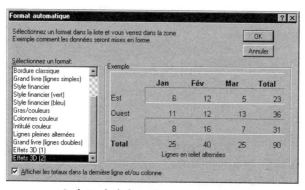

La boîte de dialogue Format automatique

Déplacez cette boîte de dialogue pour garder un oeil sur votre tableau. Remarquez que l'ensemble du tableau a été automatiquement sélectionné. Dans la boîte de dialogue, la liste de gauche présente l'ensemble des formats automatiques disponibles. Déplacez-vous dans cette liste par les touches ↓ et ↑ et regardez dans la zone *Exemple* à quoi ressemblent ces formats. Si vous en trouvez un qui vous convient, cliquez sur **OK** pour l'appliquer à votre tableau.

Afficher des valeurs en Francs

Les valeurs saisies dans le tableau ne ressemblent pas encore à grand chose, car le nombre de décimales est variable d'une cellule à l'autre. Le plus simple serait de présenter ces valeurs en représentation monétaire. Facile : sélectionnez la plage des valeurs en surlignant les cellules depuis le coin supérieur gauche jusqu'au coin inférieur droit, avec le bouton de la souris enfoncé. Cliquez ensuite sur le bouton de la barre d'outils marqué d'un billet de banque et de pièces de monnaie. Toutes les valeurs sont désormais présentées avec deux décimales, séparateur de milliers et suivies du symbole F. Dans la barre de formule, sont toujours affichées les valeurs saisies, indépendamment de leur mise en forme.

Il se peut que, du fait de la modification de mise en forme, une colonne soit devenue trop petite et affiche des signes ####. Ces signes indiquent que la colonne n'est pas assez large pour présenter le contenu des cellules. Le problème est facile à résoudre : faites un double clic sur l'étiquette de la colonne, celle portant une initiale. Cette simple action ajuste la largeur de la colonne à l'entrée la plus longue de la colonne.

Comme vous le voyez, il n'est pas très compliqué de créer un tableau de calcul avec Works 95. Avec un minimum de connaissances, vous venez de mettre au point un tableau tout à fait présentable.

Le tableur : des tableaux et des graphiques **5**

Et vous ne connaissez pour le moment qu'une petite fraction des possibilités du tableur. Dans les sections suivantes, nous allons approfondir ces connaissances pas à pas.

5.2. Les entrées de cellule : texte, nombre, formule et fonction

Un tableau est formé de lignes et de colonnes. L'intersection d'une ligne et d'une colonne définit une cellule. Chaque cellule accepte divers types d'entrée.

Pour faire une saisie dans le tableur, la première chose à faire est de sélectionner la cellule concernée. Cette cellule doit porter le cadre de sélection. Dès la saisie du premier caractère, lettre ou chiffre, ce caractère apparaît dans la barre de formule et dans la cellule active. Par **ENTREE** ou un clic sur le bouton marqué de la coche, dans la barre de formule, la saisie est validée et reprise dans la cellule.

Saisie de texte ou de nombre

On distingue deux types d'entrée : le texte et les nombres. Le texte est pourvu par Works 95 d'un guillemet (") en début de chaîne, guillemet qui n'apparaît cependant que dans la barre de formule. Tout entrée commençant par un guillemet est par voie de conséquence considérée comme du texte, y compris les nombres. Works 95 sait également créer du texte à partir de formules ou de fonctions.

Alignement de textes et de nombres

Mis à part le guillemet d'introduction, il existe un autre moyen de distinguer texte et nombre : leur alignement par défaut.

Un texte est aligné à gauche de la cellule, un nombre est aligné à droite de la cellule. Cet alignement peut bien sûr être modifié par commande ou par les boutons de la barre d'outils.

Comme les entrées de texte peuvent être relativement longues, il se peut que ce texte déborde du cadre de la cellule. Dans ce cas, vous le répartirez dans plusieurs cellules côte à côte ou placées l'une sous l'autre. Cette technique ne s'applique pas aux valeurs numériques.

Dans le tableur, la technique de saisie la plus pratique consiste à sélectionner une cellule, à taper la valeur, puis à passer à la cellule suivante par la souris ou les touches de direction et de continuer ainsi. Le déplacement de la sélection, après validation de la saisie, peut aussi être obtenu avec la touche **ENTREE**, à condition d'activer dans la boîte de dialogue **Outils/Options**, dans l'onglet **Entrée de données**, la case à cocher *Déplacer la sélection après Entrée*. La touche **TAB** constitue une autre technique de déplacement dans une même ligne.

Formats de cellule standardisés

L'entrée de cellule peut être affichée de diverses façons. En général, la barre de formule affiche toujours l'entrée brute saisie par l'utilisateur, valeur, texte ou formule, et la cellule affiche cette entrée avec le format affecté à la cellule. Trois formes sont à distinguer : affichage dans la barre de formule, valeur dans la cellule et affichage de la valeur formatée. A noter que le format de la cellule n'influe en rien sur l'entrée de la cellule.

Le tableur : des tableaux et des graphiques **5**

Le menu contextuel

Une technique extrêmement pratique pour le formatage des cellules est le menu contextuel. Cliquez sur la cellule en question ou la plage de cellules à formater, avec le bouton droit de la souris, et activez dans le menu contextuel la commande **Mise en forme**. Une fenêtre s'ouvre alors permettant le formatage des valeurs numériques, mais aussi le choix de la police, de l'alignement, des bordures et des trames de fond.

Mise en forme par saisie

Si vous ne vous contentez pas de saisir un chiffre ou une formule, mais une date, un montant de Francs ou un pourcentage, la cellule prend automatiquement le format requis. Ce format sera maintenu même en cas de modification de l'entrée, sauf si cette nouvelle entrée dispose elle-même d'un format spécifique. Par contre ce format de saisie est modifiable par les boutons de la barre d'outils ou la commande **Nombre** du menu **Format**. Si un nombre n'a pas suffisamment de place pour tenir dans la cellule, le programme affiche les caractères ####. Ceci ne remet pas en cause l'entrée de la cellule, c'est un simple problème d'affichage, il suffit d'élargir la colonne.

Mise en forme standard

Si une cellule n'a pas été affectée d'un format particulier, elle utilise le format standard. La cellule affiche un nombre, saisi ou calculé. En cas de calcul, le nombre présentera autant de décimales que le permet la largeur de la cellule, la dernière étant arrondie. Cet arrondi ne modifie pas la valeur en elle-même, il sert simplement à l'affichage. Le nombre maximum de décimales est de 9.

Si une cellule est dotée d'un format définissable par les boutons de la barre d'outils, vous pourrez annuler cette mise en forme en cliquant à nouveau sur le bouton utilisé. Dans le cas contraire, appelez la commande **Nombre** du menu **Format** et sélectionnez l'option *Standard*. Pour les nombres, il est possible de rajouter plusieurs boutons dans la barre d'outils.

 Ce bouton formate un nombre sous forme de pourcentage, avec deux décimales.

 Ce bouton affiche le nombre avec une virgule, deux décimales et des séparateurs de milliers.

Tant qu'aucun format n'est appliqué à une cellule, c'est l'option *Standard* qui entre en jeu. La distinction entre textes et nombres est faite selon les critères cités précédemment. Les nombres sont affichés avec un maximum de 9 décimales.

Définition du nombre de décimales : Format fixe

Avec les nombres, et en particulier les nombres calculés, il n'est pas rare de voir des suites sans fin de décimales. Works 95 affiche jusqu'à 9 décimales si la cellule est assez large. Dans la barre de formule, par contre, vous verrez jusqu'à 15 décimales. En cas d'utilisation d'un tel nombre dans un calcul, c'est toujours sa valeur exacte, non arrondie, qui sera employée. Cela dit, même avec 9 décimales, un chiffre n'est pas très facile à lire, à manipuler ou à afficher.

Le tableur : des tableaux et des graphiques

Grâce à la définition d'un nombre fixe de décimales, l'affichage redevient lisible. Appelez la commande **Nombre** dans le menu **Format** et sélectionnez l'option *Fixe*. Définissez à droite le nombre de décimales que vous souhaitez voir affiché. Cette option ne modifie en rien la valeur contenue dans la cellule, elle est simplement arrondie. Dans ce cas, la valeur affichée n'est pas adaptée à la largeur de la cellule, la cellule montrera #### si le nombre est trop grand.

Format monétaire

Pour afficher des nombres représentant des montants monétaires, appelez la commande **Nombre** du menu **Format** et choisissez le format *Monétaire*. Une zone de saisie *Nombre de décimales* sert à définir le nombre de positions après la virgule (entre 0 et 7). Le symbole monétaire affiché est fonction des options prises dans le module **Paramètres régionaux** de Windows. Le nombre est toujours affiché avec des séparateurs de milliers.

Milliers

Même si un nombre n'est pas présenté en format monétaire, il peut bénéficier de séparateurs de milliers. Choisissez l'option *Milliers* de la commande **Format/Nombre** et définissez le nombre de décimales. La valeur affichée sera arrondie à ce nombre de décimales, mais c'est toujours la valeur complète qui sera utilisée dans le cadre d'autres calculs. Pour les nombres négatifs, il est possible de choisir un affichage en couleur rouge.

Pourcentage

Cette autre option de la commande **Nombre** du menu **Format** part du principe que l'entier, en l'occurrence la valeur 100 %, est égal à 1. Ainsi, 12 % correspondra à la valeur 0,12 et c'est 0,12 que vous verrez dans la barre de formule. Pour saisir 15 % dans une cellule, tapez 15 % ou 0,15. Si vous vous contentez de taper 15, la cellule affichera 1500 %. Ce format peut aussi être appliqué par le bouton correspondant de la barre d'outils ou les touches **CTRL** + **5** (sans la touche **MAJ**).

Format exponentiel

Les nombres très grands nécessitent en principe des colonnes très larges. La notation exponentielle vous permettra de gagner de la place. Ainsi, la valeur 23506257 affichée en format exponentiel, avec deux décimales, se limitera à 2,35E+07. Ceci signifie que la virgule doit être déplacée de 7 positions vers la droite pour arriver au chiffre effectif. Pour éviter d'avoir à afficher ces 7 chiffres, le chiffre exponentiel n'est qu'une approximation. Par contre, dans la barre de formule vous verrez le nombre exact.

Zéros non significatifs

Si vous saisissez un nombre commençant par un zéro, ce zéro est purement et simplement supprimé. Si le nombre en question est un code postal, sur 5 caractères, ces zéros "non significatifs" deviennent hautement significatifs : en tapant le code postal de Nice par exemple, 06000, Works 95 n'affiche plus que 6000 dans la cellule si le format Standard est appliqué.

Le tableur : des tableaux et des graphiques

Sélectionnez cette option avec la commande **Nombre** du menu **Format** et définissez le nombre total de chiffres (pour le code postal, tapez 5). Si le nombre saisi dans la cellule dépasse ce nombre de chiffre spécifié, Works 95 n'affichera que les derniers chiffres.

Fraction

Le format *Fraction* affiche un nombre mixte dans la cellule, la partie entière restant sous forme numérique et les décimales étant représentées par une fraction. Même en cas de valeur comprise en 0 et 1, la valeur entière 0 sera affichée. Ainsi, 0,25 sera représenté sous la forme 0 1/4. Dans la boîte de dialogue, vous pourrez définir la fraction à utiliser. Si vous avez opté pour la fraction 1/4, le nombre 5,27 sera représenté sous la forme 5 1/4. L'option *Ne pas réduire* empêchera Works 95 de réduire la fraction. Si elle est active la valeur 5 2/8 ne deviendra pas 5 1/4.

Vrai/Faux

Si vous choisissez ce format de nombre, la valeur Vrai apparaîtra dans la cellule et dans la barre de formule si la cellule contient autre chose qu'une valeur nulle. Dans le cas contraire, vous y verrez la valeur Faux.

Date

Le format de cellule Date affiche un nombre sous forme d'une date. Les jours entre le 1/1/1900 et le 3/6/2079 sont gérés sous forme de nombres de 1 à 65534. Ce sont d'ailleurs ces nombres qui sont utilisés pour les calculs sur les dates. Que vous saisissiez 1 ou 1/1/1900 dans une cellule formaté en date n'a aucune importance, dans les deux cas le programme affichera 1/1/00.

Dans la boîte de dialogue des formats de nombre, divers formats de date sont proposés, sans que ces formats influent sur l'entrée dans la cellule. Si la cellule est formatée en date, vous ne pourrez y saisir que des valeurs de date. Toutes les autres entrées seront précédées d'un guillemet, interdisant leur utilisation dans des calculs de date.

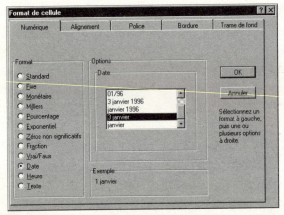

La format de cellule Date

Heure

L'heure est une subdivision de la journée et correspond aux décimales du nombre représentant la date. Chaque date peut donc être complétée d'une indication d'heure, simplement en rajoutant des décimales au nombre matérialisant cette date. Si vous ne saisissez dans une cellule de format Heure que la valeur 12:15, le programme crée un nombre compris entre 0 et 1, dans l'exemple 0,51041. Ce nombre ne peut pas être converti en une date. La boîte de dialogue propose divers formats d'heure.

Le tableur : des tableaux et des graphiques

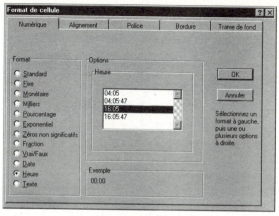

Le format Heure

Texte

Avec l'option *Texte* de la boîte de dialogue **Format de cellule**, vous obligerez Works 95 à n'accepter que du texte dans cette cellule. Si vous prenez la liberté d'y saisir un nombre, ce nombre ne sera pas converti en texte. Par contre, toutes les autres entrées, quelles qu'elles soient, seront transformées en chaîne de caractères. Si vous tapez 5 mars 1995, ce n'est pas une date que contiendra la cellule, mais un texte précédé d'un guillemet.

REMARQUE *La fonction CNUM(texte) permet de convertir un nombre saisi sous forme de texte en une valeur numérique utilisable dans un calcul.*

5   *Le tableur : des tableaux et des graphiques*

Formules et fonctions

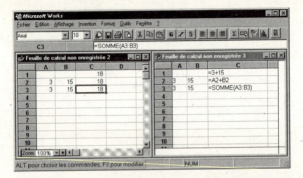

Formules et fonctions dans un tableau. Dans le tableau de gauche sont affichés les résultats, dans celui de droite les formules.

Pour qu'un calcul soit effectué dans une cellule, il y a une syntaxe particulière à respecter : la formule doit toujours commencer par le signe =. Il indique à Works 95 qu'une opération est à exécuter. En cas d'erreur dans la formule, un message est affiché à l'écran et Works 95 sélectionne l'élément incorrect de la formule. Si la formule est correcte, le calcul est effectué et la cellule en affiche le résultat. Si vous avez saisi la formule =5*12, cette formule sera affichée dans la barre de formule et la cellule mentionnera 60.

Récupérer la valeur d'une cellule

L'un des buts des formules est de récupérer une valeur dans une autre formule et de l'intégrer dans un calcul. Pour ces calculs, vous avez le choix entre écrire vos propres formules ou utiliser les fonctions prédéfinies de Works 95. L'une des fonctions les plus courantes est celle associée au bouton *Somme automatique* de la barre d'outils. Si vous faites un clic sur ce bouton, Works 95 insère la fonction =SOMME(). Si, dans la même colonne ou dans la même ligne, la cellule portant la fonction est précédée de cellules contenant des valeurs numériques, Works 95 sélectionnera automatiquement la plage concernée. Cette plage est affichée entre parenthèses et peut être modifiée.

Si vous souhaitez d'autres fonctions, installez ce bouton dans la barre d'outils. Il ouvre la boîte de dialogue **Insertion de fonction**, dans laquelle sont listées toutes les fonctions prédéfinies de Works 95. Si vous sélectionnez une de ces fonctions et validez par **OK**, cette dernière est reprise dans la barre de formule. Si elle demande des arguments complémentaires, ils sont placés entre parenthèses, le premier étant sélectionné. A vous de renseigner ces arguments. Par **ENTREE**, la fonction est validée.

La structure des fonctions

Les fonctions sont composées de trois éléments : le nom de la fonction, les parenthèses et, entre parenthèses, les arguments nécessaires séparés les uns des autres par des points virgules. Ces arguments peuvent être très divers et ne se limitent pas à des références de cellules. Il peut s'agir de références de plages de cellules ou d'autres informations.

Création d'un calcul dans une cellule

Saisir une formule

Voyons d'abord comment saisir une formule et mettre en place des références de cellules. L'objectif est d'additionner les contenus de deux cellules dans une troisième. Activez d'abord la cellule cible, celle qui contiendra la formule et en affichera le résultat. Tapez le signe =. Cliquez ensuite sur la première des deux cellules à additionner. Dans la barre d'état s'affiche le mot *POINTE* et la barre de formule affiche les coordonnées de cette cellule. Tapez ensuite l'opérateur + et cliquez sur la seconde cellule. Validez la formule par **ENTREE** ou un clic sur le bouton marqué de la coche. La barre de formule affiche la formule, la cellule le résultat.

Formules rapides

Lorsque vous maîtriserez bien la technique de construction des formules, vous travaillerez avec encore plus d'efficacité en passant par les formules rapides. Cette fonction permet de construire des

Le tableur : des tableaux et des graphiques 5

opérations simples, mais aussi d'insérer automatiquement des fonctions.

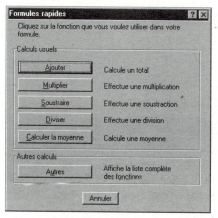

Utiliser les formules rapides

Pour des opérations simples, telles qu'addition ou division, un clic sur le bouton correspondant ouvre une fenêtre dans laquelle des zones attendent vos options complémentaires. Si la formule doit faire appel à une cellule ou une plage de cellules, il vous suffira de la ou les sélectionner dans le tableau. Un clic sur **Suivant>** vous entraîne dans la fenêtre suivante où il vous restera à définir la cellule cible, celle dans laquelle la formule doit être mise en place. Là encore, cliquez sur cette cellule cible puis sur le bouton **Fin**.

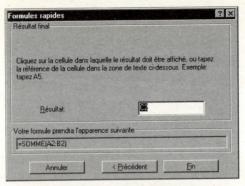

Les éléments de la formule

Pour utiliser une fonction de Works 95, cliquez dans la boîte de dialogue **Formules rapides**, sur le bouton **Autres**. Ce bouton ouvre la liste des fonctions prédéfinies de Works 95, comme celle de la commande **Insertion/Fonction**. Une fois la fonction choisie, la seconde fenêtre s'ouvre dans laquelle vous préciserez les cellules à traiter. La plupart des fonctions nécessitant plusieurs arguments, vous y trouverez tous les champs de saisie requis. Chaque champ de saisie est décrit avec précision. La saisie peut être directe, au clavier, ou par sélection dans le tableau. L'opération se termine comme précédemment.

Afficher la fonction

Une commande spéciale permet également d'afficher les formules dans le tableau et non pas seulement dans la barre de formule. Elle est surtout utile pour contrôler des formules incorrectes.

Le tableur : des tableaux et des graphiques

Appelez simplement la commande **Affichage/Formules**. Pour revenir à l'affichage normal, rappelez une seconde fois la même commande.

Définir une plage dans une fonction

Une plage est un ensemble de cellules adjacentes, formant un rectangle. Une plage est définie par les coordonnées de son coin supérieur gauche et de son coin inférieur droit. Seules les fonctions de Works 95 sont en mesure d'exploiter des plages, vos formules personnelles basées sur les opérateurs +, -, * et / ne le peuvent pas. Pour intégrer une plage dans une fonction, il suffit de la sélectionner.

Les noms de plage

Parallèlement à la définition d'une plage à partir de ses coordonnées, une autre technique est à évoquer ici : une plage peut porter un nom, tout comme d'ailleurs une cellule. Une fois le nom défini, vous pourrez faire référence à la cellule ou la plage en utilisant ce nom, sans vous préoccuper des coordonnées. Admettons que vous ayez donné un nom, Recettes, à l'ensemble des cellules contenant les recettes, dans notre tableau exemple. La formule additionnant l'ensemble des recettes ne sera plus alors =SOMME(C4:C15), mais =SOMME(Recettes).

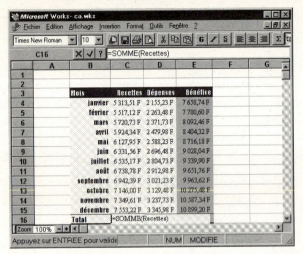

La fonction SOMME avec un nom de plage

Pour donner ce nom à la plage, commencez par sélectionner la plage en question. Appelez ensuite la commande **Insertion/Gérer les noms de cellules**. Comme la cellule placée juste au-dessus de la sélection porte un nom, Works 95 propose automatiquement de donner ce nom à la plage. Il vous reste à cliquer sur **OK**. Si vous ouvrez la commande **Atteindre** du menu **Edition**, vous constaterez qu'elle propose désormais ce nom de plage. Sélectionnez ce nom de plage et cliquez sur **OK** : la plage est entièrement sélectionnée. Cette seule possibilité est déjà bien utile dans la construction des formules.

Si vous en êtes dans la construction de la formule au stade de la définition d'une plage, vous pourrez faire appel à cette commande

Le tableur : des tableaux et des graphiques

Atteindre par **F5**, sélectionner la plage et cliquer sur **OK**. La plage est sélectionnée et son nom apparaît dans la fonction.

Calcul manuel

En fonction de la taille de votre tableau et de la complexité des formules, le tableau demandera plus de temps pour la mise là jour. Si vous êtes amené à faire de nombreuses saisies dans un tableau de ce type, ces attentes après chaque validation deviendront vite gênantes. La solution consistera alors à activer l'option *Effectuer un calcul manuel* dans la boîte de dialogue **Outils/options**, onglet **Entrée de données**. Lors de la saisie, le programme ne recalculera plus systématiquement toutes les cellules après une validation. Au moment d'actualiser le tableau, appelez la commande **Calculer maintenant** du menu **Outils** ou appuyez sur **F9**.

> **REMARQUE** *Même en calcul manuel, il se peut que les temps d'attente après la saisie deviennent longs et gênants. Dans ce cas, actualisez le tableau par F9 et tout ira mieux.*

Remplacer une formule par une valeur

Lorsqu'un tableau est dans sa forme finale et qu'aucune modification ne lui sera plus apportée, vous pouvez demander le remplacement de toutes les formules par leur valeur de résultat. Lors des prochaines ouvertures du fichier, il n'y aura plus aucun calcul à effectuer, d'où un gain de temps appréciable pour des tableaux volumineux. Pour remplacer les formules, commencez par actualiser le tableau par **F9**. Sélectionnez ensuite le tableau ou la zone à convertir et copiez-le dans le Presse-papiers par **CTRL** + **C** ou le bouton de la barre d'outils. Puis collez le contenu du Presse-papiers par la commande **Collage spécial**, du menu **Edition**. L'option *Valeurs uniquement* est sélectionnée par défaut, il ne vous reste qu'à cliquer sur **OK**. Toutes les entrées de cellules sont remplacées par le contenu du Presse-papiers, à la place des formules et des fonctions, vous y trouverez les résultats des calculs.

Collage spécial

Un tableau destiné à servir à maintes reprises est facile à dupliquer. Sélectionnez le tableau et faites le Glisser-Déplacer dans une zone de travail vierge de Works 95. Dès que vous relâchez le bouton de la souris, Works 95 insère automatiquement le tableau dans un nouveau document Feuille de calcul. Vous pourrez ainsi éventuellement y saisir d'autres valeurs et finir en cumulant les deux tableaux. Pour ce faire, copiez l'un des tableaux dans le Presse-papiers, puis sélectionnez la première cellule de l'autre et appelez la commande **Collage spécial**. En activant l'option *Ajouter les valeurs*, les deux tableaux seront additionnés.

Protection des données

Dans les tableaux comportant des formules complexes, il est bon de protéger les cellules contenant ces formules contre toute suppression inopportune. Pour cela, appelez la commande **Protection** du menu **Format** et cochez l'option *Protéger les données*. A partir de là, toute modification du tableau est impossible, même les changements de format.

Protéger des zones sélectionnées

En principe, les tableaux ne sont pas protégés en intégralité, il y a toujours des cellules demandant une entrée ou un changement de

Le tableur : des tableaux et des graphiques **5**

valeur. D'où la possibilité de désactiver cette protection pour une cellule ou une sélection de cellules. Sélectionnez la zone concernée et rappelez la commande **Protection**. Dans la boîte de dialogue, désactivez l'option *Protéger les données.*

 Ce bouton sert à activer ou à désactiver une sélection de cellules, s'il est installé dans la barre d'outils.

Ce bouton sert à activer ou à désactiver une protection de cellules s'il est installé dans la barre d'outils.

En résumé, un tableau se composera de zones protégées et d'autres zones d'accès libre.

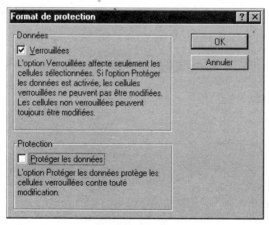

L'option de protection

La première option de cette boîte de dialogue est le verrouillage des données. Elle est active par défaut. Pour modifier ce paramètre pour une cellule, sélectionnez cette cellule et activez la commande **Protection**, puis retirez la coche de cette option. Avec **OK**, elle est validée. La seconde option, Protéger les données, n'a d'effet que si le verrouillage des données est actif.

REMARQUE *Pour des déplacements rapides dans un tableau comportant des cellules verrouillées et protégées, le plus simple est d'utiliser la touche TAB, car elle ne saute que sur les cellules disponibles. Par contre, la souris ou les flèches de direction permettent également de sélectionner des cellules protégées.*

Références de cellules - Absolues et relatives

La saisie de formules consiste le plus souvent à définir des références de cellules. Une addition se présentera par exemple sous la forme =A1+A2+A3. Cette formule a pour effet d'additionner les contenus des trois cellules A1, A2 et A3. Mais que se passe-t-il si vous copiez la formule ? La copie additionne-t-elle toujours A1, A2 et A3 ou exécute-t-elle une autre action ? En fait, tout dépend des références que vous aurez mises en place, absolues ou relatives.

Références relatives

	A	B	C	D
1	Référence relative	3	15	=B1+C1
2	Référence absolue	3	15	=$B$2+$C$2
3				
4				
5				
6				

Formule avec des références absolues et relatives

Le tableur : des tableaux et des graphiques

Si vous recevez l'ordre suivant : "Marchez 2 km vers le sud, puis 500 mètres vers l'est et vous trouverez une auberge", vous savez pertinemment que cette instruction est liée à un point de départ précis. Si vous partez d'une mauvaise position, vous n'aurez aucune chance de trouver l'auberge. Il s'agit ici d'une référence relative, la destination dépend de l'origine. Toutes les formules que nous avons utilisées jusqu'à présent font appel à des références relatives.

Pour répondre à la question précédente : si vous copiez vers la cellule placée à droite une formule contenant des références relatives (par exemple =A1+A2+A3), elle ne fera plus référence aux cellules du départ, mais à celles placées un cran plus à droite, en l'occurrence =B1+B2+B3.

Références absolues

Lorsque vous dites "L'auberge 5 km au sud de Paris", le problème ne se pose plus de la même manière : quel que soit l'endroit où vous soyez, à Londres ou New York, cette auberge est toujours à 5 km au sud de Paris. Il s'agit d'une référence absolue. Dans les formules de Works 95, il est aussi possible de travailler avec des références absolues. Pour les représenter, vous utiliserez le signe $. Ce signe $ peut être appliqué à une cellule et même à un nom de plage, par exemple $Recettes.

Références mixtes

Une cellule peut faire l'objet d'une référence relative, d'une référence absolue, voire même d'une référence mixte. Une référence mixte est une référence dont l'un des composants est absolu, par exemple la ligne, alors que l'autre est relatif, la colonne.

Représentation	Référence
A1	Relative
Recettes	Relative (nom de plage)
$A$1	Absolue
$Recettes	Absolue (plage)
$A1	Colonne A absolue, ligne 1 relative
A$1	Colonne A relative, ligne 1 absolue
$C$3:$E$7	Plage absolue
C$3:E$7	Colonne de C à E relatives, lignes 3 à 7 absolues
$C3:$E7	Colonne C à E absolues, lignes 3 à 7 relatives

Saisir des références

Le type de référence, absolue ou relative, est à définir à chaque saisie de formule. Si vous cliquez sur la cellule C1, tapez le signe = et cliquez sur la cellule A1, la barre de formule affichera =A1. Si cette référence doit être absolue, appuyez sur **F4**. Ceci fait, la barre de formule affichera =$A$1. Si vous appuyez une nouvelle fois sur **F4**, la formule devient =A$1, une autre pression sur **F4** la transforme en =$A1, et pour finir, elle redevient =A1. Cette touche **F4** permet de commuter entre les divers types de référence. Lorsque vous aurez trouvé la bonne formulation, poursuivez la saisie de la formule.

REMARQUE *Si vous utilisez le bouton Somme automatique, la touche F4 a la même fonction.*

Le tableur : des tableaux et des graphiques

REMARQUE *La modification d'une référence relative en référence absolue par F4 fonctionne également dans les formules rapides.*

Modifier ultérieurement la référence

Une référence peut être modifiée ultérieurement avec un minimum d'effort. Soit vous supprimez ou rajoutez les signes $ manuellement, soit vous sélectionnez la référence par la souris, mais dans ce cas il vous faudra resélectionner la cellule ou la plage avant de pouvoir la convertir par F4.

Copier une formule

Très intéressante opération que celle de la copie d'une formule contenant des références de cellule ou de plage. Si les références de la formule sont relatives, ces références seront actualisées en fonction du déplacement de la formule. Si la formule copiée, =A1+B1, se trouve dans la cellule C1 et si vous la collez dans la cellule C2, les références deviendront =A2+B2. En la copiant dans F1, elle deviendra =D1+E1. Cette conversion est effectuée automatiquement par Works 95 au moment du déplacement.

Par contre, si la formule dans C4 contient des références absolues, par exemple =$A$4+$B$4 et si vous la copiez dans F3, elle ne subira aucune conversion et additionnera toujours A4 et B4. Vous trouverez toujours dans la barre de formule de F3 la formule =$A$4+$B$4.

En résumé, tant qu'une formule fait état de références de type A1 ou Recettes, elle sera convertie pour tenir compte du déplacement. Si une partie des références fait état de signes $, par exemple $A$1 ou $Recettes, la copie n'aura aucune conséquence sur ces références en cas de déplacement de la formule.

Pour finir, un exemple de références mixtes. La formule de C6 est =$A6+B$6. Si cette formule est copiée dans la cellule D7, elle deviendra =$A7+C$6. Les parties relatives des références bougent, les parties absolues restent fixes.

> **REMARQUE** *Il s'agit de faire la distinction entre Couper/Coller et Copier/Coller d'une formule, car les effets ne sont pas du tout les mêmes.*

Couper/Coller une formule

Si vous coupez une formule par la commande **Couper** du menu **Edition** ou le bouton correspondant de la barre d'outils, ou encore par **CTRL + X**, et si vous la collez dans une autre cellule, les références, mêmes relatives, restent identiques à celles de la formule de départ. Aucune conversion n'est à noter. Par contre, si vous la collez une seconde fois à un autre endroit, elle sera traitée comme une copie et les références relatives seront converties.

Déplacer la cible d'une référence

Il en va de même si vous coupez la cellule à laquelle fait référence une formule et si vous la collez ailleurs. La formule prend acte du déplacement et adapte les références de la formule. Ce n'est pas le cas avec la fonction **Copier**.

Cellules protégées et protection des données

Le contenu d'une cellule peut être protégé contre des modifications involontaires. Cette protection sera particulièrement judicieuse pour les cellules calculées dont le contenu ne doit en aucun cas être modifié manuellement.

La commande **Protection** peut aussi être installée dans la barre d'outils par l'intermédiaire du bouton *Protéger les données*. Attention cependant, certaines commandes telles que **Recopier vers le bas**, ne sont pas possibles sur des cellules verrouillées.

L'option *Protéger les données* concerne les données saisies. Dans certaines circonstances, elles ne pourront plus être modifiées ou supprimées.

L'activation de la protection des données sur les cellules individuelles a des effets divers. Une cellule peut être dotée d'une protection spéciale. Sélectionnez la cellule et appelez la commande **Protection** du menu **Format**.

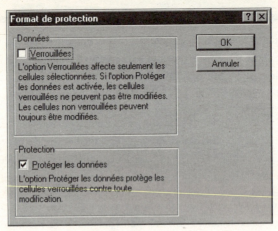

La boîte de dialogue de protection des données

Protéger judicieusement les cellules

Pour permettre des actions différenciées en fonction du niveau de protection des cellules, vous aurez d'abord à choisir les cellules sur lesquelles il ne faudra permettre aucune modification. Puis toutes les autres seront sélectionnées et vous désactiverez pour elles l'option *Verrouillées* dans la boîte de dialogue **Format de protection**. Vous en profiterez pour activer en même temps l'option *Protéger les données* et validerez par **OK**. Essayez ensuite d'activer des cellules avec **TAB** : vous constaterez que les cellules verrouillées, celles pour lesquelles l'option *Verrouillées* n'a pas été désactivée, ne peuvent plus être atteintes.

Le tableur : des tableaux et des graphiques **5**

REMARQUE *Si l'option Verrouillées est active pour toutes les cellules et si vous activez la protection des données, vous ne pourrez plus accéder à aucune cellule par TAB.*

Voici les commandes indisponibles en cas de protection des données :

➤ Elles ne peuvent plus être accédées par **TAB**, mais seulement avec la souris ou les flèches de direction.
➤ Toute saisie y est impossible, même par Copier/Coller.
➤ Leur format est figé, même en ce qui concerne la police et la taille des caractères.
➤ Seules les hauteurs de lignes et largeurs de colonnes sont modifiables.
➤ Les commandes Recopier à droite et Recopier vers le bas ne sont pas utilisables.

5.3. Autres possibilités d'édition des tableaux

Un tableau créé peut être étendu à tout moment. Vous pourrez rajouter ou supprimer des lignes et des colonnes dans toutes les zones de la feuille de calcul. Une plage coupée pourra être collée ailleurs. Une commande **Collage spécial** permet même d'additionner ou de soustraire le contenu du Presse-papiers aux données en place.

Options

Pour le moment, nous avons fait appel, pour toutes nos opérations d'édition, à la barre de formule. Mais ceci n'est pas une obligation, tout dépend des options que vous avez sélectionnées dans la boîte de dialogue **Outils/Options**. Dans cette boîte de dialogue et son onglet **Entrée de données**, trois possibilités vous sont proposées : *Modifier dans les cellules et la barre de formule*, *Modifier dans la barre de formule, et non dans les cellules* et enfin *Modifier dans les cellules, et non dans la barre de formule*. Avec l'option qui désactive la barre de formule, vous devrez appuyer sur **F2** pour éditer le contenu de la cellule sélectionnée.

Déplacement dans le tableau

Dans un tableau, il y a toujours une cellule active, quelle que soit la zone sélectionnée. Si une plage est sélectionnée, elle comporte toujours la cellule active, celle qui acceptera la saisie. A l'aide des touches de direction, vous pourrez déplacer cette cellule active dans le tableau, dans une plage vous utiliserez les touches **TAB** et **ENTREE**. Rappelez-vous que si une plage est sélectionnée, le clic de souris ou une action sur les touches de direction annule la sélection.

Zone d'édition

Dans une feuille de calcul, vous pouvez utiliser les colonnes A à IV (un total de 256 colonnes) et les lignes 1 à 16384, soit un total de 4 194 304 cellules. Mais Works 95 n'utilise véritablement que les cellules dont vous avez véritablement besoin. Il maintient une zone d'édition qu'il met à votre disposition. Si vous faites une entrée dans la cellule B10 d'un tableau vierge, la zone d'édition couvrira les colonnes A et B, jusqu'à la ligne 10. Pour activer la dernière cellule d'un tableau, appuyez sur **CTRL** + **FIN**, la première par **CTRL** + **ORIGINE**.

Le tableur : des tableaux et des graphiques

Réduire la zone d'édition

Si vous supprimez par la suite l'entrée de B10, cette cellule restera malgré tout la dernière de la zone d'édition. Durant le processus de création des tableaux, il arrive fréquemment que, lors des déplacements de cellules et de plages, vous alliez très loin dans la feuille et que ces entrées soient ensuite supprimées. En appuyant sur **CTRL + FIN**, vous vous apercevrez que la marque de sélection saute bien au-delà des données. Pour réduire la zone d'édition, sélectionnez les lignes et colonnes inutiles de la zone d'édition et supprimez-les par la commande **Couper** du menu **Edition**.

Feuilleter la feuille de calcul

Les feuilles de calcul vastes ne tiennent en général pas à l'écran. Pour vous déplacer dans la feuille, vous pourrez utiliser les barres de défilement. Elles ont un avantage déterminant : elles déplacent l'affichage sans modifier la sélection. Ce ne sera pas le cas si vous utilisez les touches **PgPréc** ou **PgSuiv**, car ces touches déplacent à la fois l'affichage et la sélection.

Déplacement dans les lignes et les colonnes

Les touches de direction permettent de déplacer la cellule active. Pour des déplacements plus importants, vous ferez appel à la touche **Fin** pour sauter, dans la même ligne, à la limite de la zone d'édition, à la touche **Origine** pour sauter à la première cellule de la ligne.

Nous l'avons déjà évoqué, les plages dotées d'un nom peuvent aussi être employées pour effectuer des déplacements. Il suffit d'ouvrir la boîte de dialogue **Atteindre** par la touche **F5** et de sélectionner la plage requise dans la liste proposée.

Un clic sur **OK** valide l'opération et la plage nommée est sélectionnée. La combinaison de touches **MAJ** + **F5** permet de sauter d'une plage nommée à l'autre.

 La commande **Atteindre** peut faire l'objet d'un bouton à installer dans la barre d'outils.

Dans la boîte de dialogue **Atteindre**, rien ne vous oblige à utiliser les noms de plage, vous pouvez aussi saisir les coordonnées d'une cellule ou d'une plage. Si vous souhaitez sauter à la cellule A15, appuyez sur **F5**, tapez A15 dans la zone de saisie et cliquez sur **OK**. LA cellule A15 est instantanément sélectionnée. Pour sélectionner une plage, saisissez par exemple F20:K30. Toutes les cellules de cette plage sont instantanément sélectionnées.

Rechercher une entrée de champ

Il est aussi possible de rechercher une cellule en fonction de son contenu. Il peut s'agir d'un texte ou d'un nombre. Le problème est que la recherche portera strictement sur le contenu "affiché" de la cellule. Dans une valeur numérique, il faudra tenir compte des séparateurs de milliers, dans une date des zéros inutiles, etc. Si vous cherchez une entrée particulière, appelez la commande **Rechercher** du menu **Edition** et tapez le critère de recherche. Validez par OK. La recherche se déroule ligne par ligne, jusqu'à ce que le contenu d'une cellule corresponde au critère. Le critère peut ne représenter qu'une partie du contenu, la recherche sera couronnée de succès. Un pression sur **MAJ** + **F4** poursuit la recherche et passe à l'occurrence suivante. Si le critère de recherche n'est pas trouvé, un message d'erreur vous en avertit.

Le tableur : des tableaux et des graphiques **5**

Rechercher des formules

Normalement, les formules ne sont pas affichées dans les cellules, celles-ci ne montrent que les résultats. Si vous cherchez une formule précise, vous devrez d'abord afficher les formules dans les cellules par **Affichage/Formules**. Ceci fait, lancez la recherche.

Dans le tableau, il est même possible de procéder à des remplacements. Appelez pour cela la commande **Edition/Remplacer**. Voici la boîte de dialogue qui vous sera présentée :

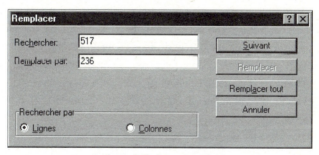

La boîte de dialogue Remplacer

Si vous avez déjà fait appel à la commande **Rechercher** durant la session de travail en cours, vous retrouverez le dernier critère dans la zone de saisie. Si c'est le cas, remplacez-le par le critère de recherche, dans le cas contraire, saisissez-le. Dans le champ *Remplacer par*, tapez la chaîne de remplacement. Le bouton **Suivant** saute à la première occurrence de recherche et la sélectionne. La boîte de dialogue reste bien sûr ouverte. En cas de besoin, déplacez-la. A vous de décider maintenant si cette occurrence doit être remplacée ou non. Le bouton **Remplacer** remplace l'occurrence par la chaîne

Remplacer par et saute à l'occurrence suivante. Le bouton **Remplacer tout** remplace en une seule fois toutes les occurrences, de manière automatique.

REMARQUE *La commande Remplacer ne peut pas être annulée.*

Taille de cellule, Alignement du contenu, Police

Taille de cellule

Dans un tableau, Works 95 permet de modifier la hauteur de ligne et la largeur de colonne. Ces actions relèvent des commandes **Largeur de colonne** et **Hauteur de ligne** du menu **Format**. Les deux ouvrent une boîte de dialogue similaire, permettant la saisie de la largeur ou de la hauteur. La largeur est exprimée en caractères (256 au maximum), la hauteur en points (1008 au maximum)

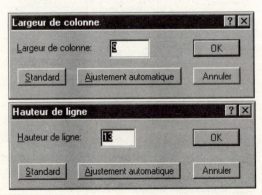

Largeur de colonne et Hauteur de lignes

Le tableur : des tableaux et des graphiques 5

Dans les deux fenêtres est proposé le bouton **Ajustement automatique**, qui adapte la largeur ou la hauteur de la cellule à l'entrée la plus grande.

Avec la souris

Le moyen le plus rapide pour modifier largeur et hauteur est la souris. Placez le pointeur sur la bordure droite de la colonne à traiter ou la bordure inférieure de la ligne, dans la marge du haut ou de gauche, à l'endroit où il se transforme en une double flèche. Enfoncez et maintenez le bouton de la souris et tirez.

La hauteur ou la largeur optimale est obtenue par un double clic sur l'initiale de la colonne ou le numéro de la ligne.

Alignement dans la cellule

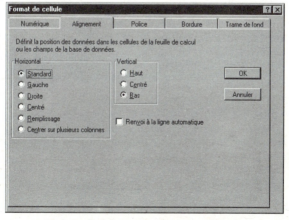

La boîte de dialogue des alignements de texte

Par défaut, les nombres sont alignés à gauche dans la cellule et les textes à droite. Si vous augmentez la hauteur de ligne, vous constaterez que le contenu de la cellule est aligné sur le plan vertical dans le bas. Une entrée de cellule peut donc être alignée selon deux axes, l'axe vertical et l'axe horizontal.

Dans le plan vertical, vous aurez à choisir entre *Haut*, *Bas* et *Centré*, dans le plan horizontal, les options sont *Standard* (texte à gauche, nombre à droite), *Gauche*, *Centré* et *Droite*.

Remplissage

Le contenu de la cellule est répété jusqu'à occuper toute la largeur. Si la cellule placée à droite est vide et dispose du même format *Remplissage*, elle reprend elle aussi le contenu de sa voisine de gauche. C'est un bon moyen de tirer un trait horizontal au travers de plusieurs cellules, indépendamment de la largeur des colonnes.

Centrer sur plusieurs colonnes

Pour que ce format soit suivi d'effet, un ensemble de cellules d'une même ligne doit être sélectionné. Le contenu de la cellule la plus à gauche de la sélection est centré au milieu de la sélection, indépendamment de la largeur des colonnes de la sélection.

Les options d'alignement horizontal sont exclusives, sauf la case à cocher *Renvoi à la ligne automatique*.

Le tableur : des tableaux et des graphiques

Renvoi à la ligne automatique

Procède à un renvoi à la ligne du texte contenu dans une cellule, ce texte étant présenté sur plusieurs lignes. Le renvoi est fonction de la largeur de la cellule.

Si une cellule contient beaucoup de texte, y compris un texte avec renvoi à la ligne, n'activez pas la bouton **Ajustement automatique** de la boîte de dialogue **Largeur de colonne**. Elle aurait pour effet d'étendre la colonne jusqu'à 246 caractères malgré les renvois à la ligne. Dans ce cas, la meilleure solution est de régler la largeur avec la souris, puis d'optimiser la hauteur d'un double clic sur le numéro de ligne.

Mise en forme du texte

Chaque cellule peut être affectée d'une police et d'attributs de caractères. La technique est simple : sélectionnez la ou les cellules et activez les boutons correspondants de la barre d'outils. Dans le menu **Format**, vous disposez également de la commande **Police et style de caractères** où vous trouverez en complément l'attribut de couleur de texte. Si vous appliquez à une cellule une taille de caractères importante et que les caractères ne tiennent plus en hauteur, l'ensemble de la hauteur de ligne sera modifié pour permettre l'affichage des caractères complets. En cas de problème, faites un double clic sur le numéro de la ligne pour activer l'ajustement automatique.

Police par défaut

La police est modifiable pour les cellules individuelles, mais aussi pour le tableau complet, y compris les marges avec initiales de colonnes ou numéros de lignes. Dans la boîte de dialogue de la commande **Format/Police et style de caractères**, sélectionnez les attributs de la future police par défaut, puis cliquez sur le bouton **Défaut**. Cette police sera utilisée pour tous les tableaux futurs. Seule contrainte : les initiales de colonnes et numéros de ligne sont toujours affichés en noir. Pour modifier la présentation de ces marges, il faut sélectionner l'ensemble du tableau d'un clic dans la cellule grise placée à l'intersection des en-tête de lignes et de colonnes, puis sélectionner les attributs requis. Ils seront appliqués à l'ensemble du document.

Quadrillage, bordures et trames de fond

La zone de travail est équipée en standard d'un quadrillage matérialisant les cellules. Ce quadrillage ne sera imprimé qu'en cas d'activation de l'option *Imprimer le quadrillage*, dans l'onglet **Autres options** de la boîte de dialogue **Fichier/Mise en page**. Dans le cas contraire, le quadrillage ne sera pas imprimé, il servira simplement d'orientation pour l'affichage. Pour l'impression, mais aussi pour l'écran, il est souvent judicieux de remplacer le quadrillage par des bordures qui, elles, seront imprimées.

Masquer le quadrillage

Dans le menu **Affichage**, se trouve la commande **Quadrillage**. Si le quadrillage est visible à l'écran, cette commande est dotée d'une coche.

Pour désactiver le quadrillage, cliquez sur cette commande. La coche disparaît en même temps que le quadrillage. Avant de mettre en place des bordures, il est recommandé de masquer le quadrillage.

 Si vous mettez en place des bordures de cellules, vous pouvez ensuite masquer le quadrillage.

Bordure autour d'une cellule

Le menu **Format** contient la commande **Bordure**. Cette commande permet la mise en place d'une bordure autour de la cellule active. Sélectionnez la cellule que vous souhaitez encadrer et appelez la commande **Bordure**. Dans la boîte de dialogue ainsi ouverte, vous choisirez les côtés de la cellule devant recevoir un trait de bordure. Si vous choisissez l'option *Contour*, les quatre côtés seront munis d'un trait. Un clic sur OK valide l'opération. Si vous rappelez ensuite la commande **Bordure**, vous constaterez que les quatre options *Haut*, *Bas*, *Gauche* et *Droite* indiquent la présence de trait de bordure. Pour supprimer un des côtés, cliquez sur l'option jusqu'à ce qu'elle soit à nouveau entièrement vide.

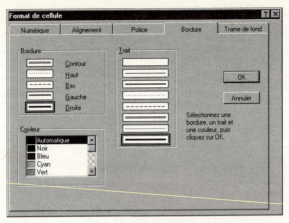

La boîte de dialogue Bordure

Comme le montre l'illustration, il est tout à fait possible de définir individuellement les quatre côtés de la bordure. Admettons que vous souhaitiez encadrer une cellule, mais avec un trait double sur le côté *Haut*. Cliquez d'abord sur l'option *Haut*. Une ligne simple y apparaît. Cliquez ensuite sur le type de trait voulu, en l'occurrence le double trait. Ce type de trait est repris dans l'option *Haut*. Au besoin, vous pourrez choisir une couleur. Par cette technique, vous pouvez traiter les quatre côtés d'une cellule tout à fait librement.

Bordure autour d'une plage de cellules

Il est également possible de mettre en place une bordure autour d'une plage de cellules. Sélectionnez la plage requise et appelez la commande **Bordure** du menu **Format**.

Le tableur : des tableaux et des graphiques

Cette fois-ci, l'option *Contour* s'appliquera à la plage sélectionnée et non pas aux cellules individuelles. Les cellules individuelles sont traitées par les quatre options individuelles *Haut*, *Bas*, *Gauche* et *Droite*.

Si, en plus du contour, vous faites un clic sur l'option *Haut*, l'ensemble de la plage sera encadré et chaque ligne sera matérialisée par un trait.

Supprimer une bordure de plage

Pour supprimer une bordure dans une plage sélectionnée, ouvrez la boîte de dialogue **Bordure** et cliquez sur l'option à annuler jusqu'à ce qu'elle soit à nouveau vierge. Une autre solution consiste à sélectionner l'option d'un clic, puis à lui affecter le type de trait vide (le premier en partant du haut).

Trame de fond

Chaque cellule du tableau peut être complétée par une couleur ou une trame de fond. Il suffit de sélectionner la cellule ou les cellules et d'appeler la commande **Format/Trame de fond**.

5   *Le tableur : des tableaux et des graphiques*

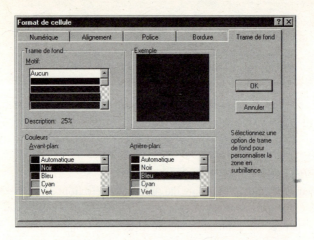

La boîte de dialogue Trame de fond

La liste du haut contient les divers types de trame disponibles, pointillés, hachures, rayures, etc. Au départ, les couleurs d'avant-plan et d'arrière-plan sont placées sur ***Automatique***, noir pour l'avant-plan et blanc pour l'arrière-plan. La première trame de la liste n'en est en fait pas une, il s'agit de la couleur pleine appliquée à l'avant-plan.

A vous de choisir dans les deux listes de couleurs celles que vous souhaitez utiliser pour l'avant et l'arrière-plan. Si vous optez pour une trame pointillée très serrée, la combinaison des deux couleurs vous permettra de créer de nouvelles teintes.

Le tableur : des tableaux et des graphiques **5**

Un clic sur **OK** valide vos options et referme la boîte de dialogue. Si vous souhaitez affecter la même trame de fond à une autre cellule, sélectionnez-la et appuyez sur **MAJ + F7**.

> **REMARQUE** *Si vous définissez une trame pour une cellule, son quadrillage sera masqué, mais si vous lui appliquez une bordure celle-ci sera imprimée.*

Copies et déplacements dans le tableau

> **REMARQUE** *Les commandes que nous allons étudier sont presque toutes intégrées dans le menu contextuel. Si une de ces commandes doit être appliquée à une cellule, faites un clic droit sur cette cellule. Pour traiter une plage, sélectionnez la plage, puis faites un clic droit dans la sélection.*

Insérer des lignes et des colonnes

Vous avez créé un tableau et mis en place les titres de colonnes dans la première ligne. Vous décidez ensuite de rajouter un titre au-dessus de ce tableau. La seule solution est d'insérer des lignes au-dessus du tableau. Avant d'insérer ces lignes, vous indiquerez à Works 95 à quel endroit vous souhaitez les rajouter. Pour cela, le programme se basera sur la cellule active. Dans cet exemple, la solution consiste à sélectionner une cellule de la première ligne, puis d'appeler la commande **Insertion/Insertion d'une ligne**. Une nouvelle ligne est insérée avant la ligne 1 et la numérotation des lignes est actualisée.

La même opération peut aussi se faire par le menu contextuel. Cliquez avec le bouton droit de la souris sur une cellule de la première ligne et activez la commande **Insertion de ligne**.

Pour l'insertion des colonnes, il en va de même. Vous voulez rajouter une nouvelle colonne devant la colonne D ? Activez une cellule de la colonne D et appelez la commande **Insertion/Insertion d'une colonne**. La nouvelle colonne vient prendre place à gauche de l'ancienne colonne D et les initiales des colonnes sont mises à jour. Là encore, la même commande est disponible dans le menu contextuel.

Insérer plusieurs lignes ou colonnes

La sélection préalable permet de signaler à Works 95 si vous désirez insérer des lignes ou des colonnes et de définir le nombre de lignes ou de colonnes souhaité. Pour le titre du tableau, vous souhaitez insérer 3 lignes vierges avant la ligne 1. Sélectionnez les lignes 1, 2 et 3 et appelez la commande **Insertion/Insertion d'une ligne**. Immédiatement, trois nouvelles lignes sont insérées. Pour les colonnes, la procédure est la même, sauf que vous sélectionnerez préalablement des colonnes.

Copier/Coller des lignes, des colonnes ou des plages de cellules

Le Presse-papiers permet de copier des lignes ou des colonnes d'un endroit à un autre. Pour ce faire, appelez la commande **Copier** du menu **Edition** ou activez les touches **CTRL + C**. Le contenu du Presse-papiers est inséré par la commande **Edition/Coller** ou **CTRL + V**. L'ancien contenu de la ligne ou de la colonne est remplacé par le contenu du Presse-papiers. Il en va de même pour la copie d'une cellule ou d'une plage de cellule. La commande **Edition/Annuler** permet d'annuler l'opération, mais à condition de l'appeler immédiatement après le collage. Le copier/coller ne transfère pas seulement le contenu des cellules, mais aussi leur format.

Collage spécial

Le contenu du Presse-papiers peut aussi être collé par une commande particulière du menu **Edition, Collage spécial**. Cette commande ne remplace pas purement et simplement le contenu de la cible par le Presse-papiers, elle permet de combiner les deux zones. Elle ouvre une boîte de dialogue proposant trois alternatives :

Collage spécial

Avec l'option *Valeurs uniquement*, les données du Presse-papiers sont collées dans la cible, les anciennes valeurs en place étant écrasées. Si la source contenait une formule, ce n'est pas la formule qui est collée, mais son résultat.

Les deux autres options permettent d'effectuer une addition ou une soustraction entre les valeurs en place dans la zone cible et les valeurs du Presse-papiers.

Les formules restent en place

Si la commande **Collage spécial** tombe sur une formule dans la zone cible et si vous avez opté pour *Ajouter les valeurs* ou *Soustraire les valeurs*, le contenu de la cellule cible reste en place et ne sera pas affecté par le collage. A l'inverse, si le Presse-papiers contient des formules et si vous avez choisi l'addition ou la soustraction des valeurs, ce n'est pas la formule qui sera utilisée, mais son résultat.

Une particularité est à noter en matière de collage de lignes ou de colonnes par l'intermédiaire du Presse-papiers. Tout dépend de la façon dont la ligne ou la colonne a été placée dans le Presse-papiers. Pour une copie simple, il suffit de sélectionner la plage et d'appeler la commande **Copier** du menu **Edition** ou de cliquer sur le bouton correspondant de la barre d'outils. A partir de là, le contenu du Presse-papiers peut être collé aussi souvent que nécessaire.

Il existe cependant une deuxième solution pour transférer une copie d'une plage dans le Presse-papiers : la commande **Couper** du menu **Edition**, le bouton *Couper* de la barre d'outils ou la combinaison de touches **CTRL + X**. Dans ce cas, l'opération **Coller** se passe différemment.

Si vous avez coupé une colonne et si vous souhaitez la coller à un autre endroit du tableau, la colonne cible ne sera pas écrasée par le contenu du Presse-papiers, elle sera déplacée d'un cran vers la droite pour faire place à la colonne collée. Par contre, si vous répétez l'opération **Coller** une seconde fois, la colonne cible sera écrasée.

Le tableur : des tableaux et des graphiques

Nommer des plages de cellules

Dans un tableau, vous avez mis en place des étiquettes de colonnes et de lignes pour identifier le contenu du tableau. Ainsi, la colonne B contient le montant des loyers et vous avez tapé dans la cellule B1 le texte Loyer. Le loyer étant une charge mensuelle, chaque ligne de la plage A2 à A13 porte dans sa première cellule un nom de mois. La plage B2 à B13 contient les divers loyers mensuels. Si vous sélectionnez cette plage, les coordonnées B2:B13 sont affichées à droite de la barre de formule. Ce sont ces coordonnées que vous utiliserez dans les formules. Mais il existe une autre façon d'identifier une plage de cellule : lui donner un nom. Ceci fait, l'indication du nom servira à faire référence à cette plage dans les formules ou à l'atteindre rapidement.

Pour donner un nom à la plage des loyers, sélectionnez les cellules de B2 à B13 et appelez la commande **Gérer les noms de cellules** dans le menu Insertion. Une boîte de dialogue s'ouvre, munie d'une zone de saisie pour le nom de la plage. Par défaut, cette zone contient la valeur de la cellule placée au-dessus de la plage, si elle contient un texte. Dans notre exemple, elle contient le mot Loyer. A vous d'accepter ou de modifier cette proposition. Un clic sur **OK** applique le nom à la plage.

Il est bien sûr aussi possible d'affecter un nom à une ligne. Si vous souhaitez nommer la plage des dépenses de janvier, sélectionnez les cellules concernées et appelez la commande. La seule différence est que dans le cas d'une ligne Works 95 ne fait pas de proposition de nom. Et c'est logique car la première cellule de la ligne contient

Janvier, qu'il s'agisse d'une entrée de format Date, donc d'un nombre et non pas d'un texte. Les nombres ne sont jamais proposés comme nom de plage. Ce sera donc à vous de taper le nom Janvier dans la zone de saisie.

Utiliser des noms de cellules

Une fois la plage dotée d'un nom, vous pourrez l'utiliser de deux façons. Si vous cherchez une plage précise dans un tableau de grande dimension, la commande **Atteindre** du menu **Edition** ou la touche **F5** vous permettra de sélectionner le nom de la plage dans une boîte de dialogue et vous y emmènera en sélectionnant l'ensemble de la plage.

Utiliser les noms dans les formules

La deuxième utilisation possible a déjà été évoquée. Lors de la création d'une formule, plutôt que de définir les coordonnées de la plage, vous ferez appel à son nom. Le nom peut aussi intervenir dans les fonctions prédéfinies de Works 95. Pour calculer le loyer moyen sur les 12 mois, vous pourrez faire appel à la fonction MOYENNE(). Activez la cellule devant contenir ce calcul et appelez la commande **Insertion/Fonction**. Sélectionnez la fonction MOYENNE(RéférencePlage0;RéférencePlage1;...) et cliquez sur **Insérer**. Appuyez ensuite sur **MAJ + F5** à plusieurs reprises, jusqu'à sélectionner la plage Loyer. Vous venez de mettre en place ce nom de plage dans la formule. Il reste à supprimer les arguments inutiles de la fonction et à valider par **ENTREE**.

Le tableur : des tableaux et des graphiques **5**

Avec les formules rapides, vous pourrez arriver directement à cette fonction par le bouton *Calculer la moyenne*, puis activez **MAJ** + **F5**. La boîte de dialogue **Atteindre** s'ouvre, dans laquelle vous sélectionnerez la plage requise. Validez par OK.

Supprimer des noms de plage

Dans la boîte de dialogue **Insertion/Gérer les noms de cellules**, vous attend le bouton **Supprimer**. Il permet de supprimer le nom de plage sélectionné dans la liste. Si ce nom était utilisé dans des formules, le nom y sera remplacé par les coordonnées effectives de la plage.

Supprimer des plages, des lignes ou des colonnes

Les commandes **Suppression d'une ligne** et **Suppression d'une colonne** permettent de supprimer une plage de cellules. Le même résultat sera obtenu en sélectionnant la plage et en lui appliquant la commande **Edition/Couper** ou la combinaison de touches **CTRL** + **X**. Si une cellule est supprimée de cette façon dans une plage, la plage sera réduite d'autant. Par contre, si vous supprimez la première ou la dernière cellule, vous constaterez que la boîte de dialogue **Atteindre** affiche un message d'erreur pour la plage en question. Cette plage ne pourra plus être utilisée pour la commande **Atteindre** ou dans le cadre de formules.

> **REMARQUE** *Si vous coupez la première ou la dernière cellule d'une plage nommée et si vous la collez ailleurs, la référence de plage sera modifiée pour tenir compte du déplacement de la cellule. En général, cette conséquence n'est pas souhaitée.*

5   *Le tableur : des tableaux et des graphiques*

Créer une suite

Dans l'exemple de notre tableau des loyers, nous avions décidé de placer, dans la première colonne, les noms des mois de l'année. Pour mettre en place ces noms de mois, inutile de les saisir tous, il suffit de faire appel à la commande **Créer une suite** du menu **Edition**. Ainsi Works 95 fera le travail à votre place.

Pour créer ces noms de mois, tapez dans la première cellule le texte Janvier. Puis sélectionnez cette cellule ainsi que les onze suivantes et appelez la commande **Créer une suite**. Une boîte de dialogue s'ouvre, dans laquelle vous choisirez le type de série requis, *Nombre*, *Jour*w, *Jour ouvrable*, *Mois* ou *Année*. Notez que l'option *Nombre* n'est pas disponible, car la première cellule contient une indication de date. A vous de définir le pas. Dans notre exemple, sélectionnez l'option *Mois* et cliquez sur **OK**.

La série des noms de mois

Voici le détail des options proposées :

Jour	Suite de noms de jour de la semaine
Jour ouvrable	Suite de noms de jours de la semaine, mais sans les samedis et les dimanches
Mois	Suite de mois. Si la première valeur est 31/1, les suivantes reprendront le dernier jour de chaque mois, y compris le 29/2.
Année	Suite d'années. Si la date de départ est le 29/2, la valeur suivante sera le 28/2 et les années bissextiles sont prises en compte.

REMARQUE *Si, pour des indications de date, vous définissez un pas inférieur à 1, la date sera répétée autant de fois que nécessaire. Ainsi, une suite de jours avec un pas de 0,5 affichera chaque jour deux fois.*

Recopier vers le bas ou vers la droite

Lors de la saisie et tout particulièrement celle des formules, les commandes **Recopier** sont intéressantes si plusieurs cellules adjacentes doivent effectuer un calcul similaire. Tapez la formule dans la première cellule, étendez la sélection vers le bas par **MAJ** + ↓ ou vers la droite par **MAJ** + →, puis appelez la commande **Recopier vers le bas** ou **Recopier vers la droite** du menu **Edition**. La formule sera recopiée et les références relatives seront mises à jour en fonction du déplacement.

Autre possibilité de simplification : saisir en une fois la même valeur dans une plage de cellule. Sélectionnez la plage, saisissez la valeur dans la cellule active et validez par **CTRL + ENTREE**.

Trier

Le tableur de Works 95 sait trier les lignes ou les colonnes de ses tableaux. Le point de départ du tri est la sélection d'une plage de cellules. Le tri traite toujours les cellules ou les lignes complètes correspondant à la plage.

Admettons que vous ayez placé dans une colonne un certain nombre d'indications de dates, les unes sous les autres, et qu'à chaque date corresponde une valeur placée dans la cellule à sa droite. Vous souhaitez trier ce tableau d'après les dates, en ordre croissant.

Sélectionnez la plage des dates puis appelez la commande **Outils/Trier**. Une boîte de dialogue apparaît :

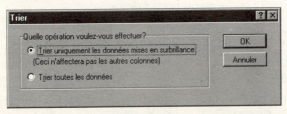

Que trier ?

L'option *Trier uniquement les données mises en surbrillance* a pour effet de ne trier que la plage sélectionnée, la zone non sélectionnée reste en l'état. L'option *Trier toutes les données* a pour effet de trier l'intégralité des lignes correspondant à la plage.

Le tableur : des tableaux et des graphiques

Dans notre exemple, nous retiendrons la deuxième option, pour conserver la correspondance entre les dates et les montants qui leur ont été affectés.

Tri sur la plage sélectionnée

Puis est affichée la colonne qui servira de critère de tri. Dans la zone **Ma liste contient**, vous pouvez choisir si la première ligne de la sélection est une ligne de titre ou non. Dans le premier cas, cette ligne ne sera pas intégrée dans le tri. Faites votre choix et validez par le bouton **Trier**.

Tri sur plusieurs colonnes ou plusieurs plages

Dans ce premier exemple, nous sommes partis de l'hypothèse d'un tri sur un seul critère, donc faisant référence à une colonne unique et portant sur l'intégralité des lignes. Si la feuille de calcul contient plusieurs tableaux placés côte à côte, ces options ne sont pas correctes car le tri affecterait dans ce cas de figure, l'ensemble des tableaux. La solution consiste à sélectionner l'ensemble du tableau à trier. Cette solution permet également de définir plusieurs critères de tri.

Prenons comme base le même tableau que précédemment, avec dates et montants. Il est possible qu'une même date intervienne à plusieurs reprises dans cette liste, avec des montants différents. Nous allons faire en sorte de trier ce tableau d'après les dates, et en cas de répétition de dates de faire un second tri sur les montants.

Pour commencer, sélectionnez l'ensemble du tableau et appelez la commande **Outils/Trier**. Comme le reste de la feuille de calcul ne doit pas être touché par le tri, sélectionnez la première option *Trier uniquement les données mises en surbrillance* et validez par **OK**. Sélectionnez ensuite la colonne devant servir de critère de tri principal, celle contenant les dates. Pour définir le critère de tri secondaire, la colonne des montants, cliquez sur le bouton **Avancé**.

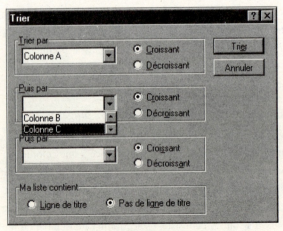

Tri sur plusieurs critères

Dans la zone *Trier par* est reprise la colonne de tri primaire. A vous de définir maintenant la colonne de tri secondaire dans la zone *Puis par*. Validez ensuite l'opération par le bouton **Trier**. En résultat, la plage sera triée par dates et en cas de répétition d'une même date, les montants seront eux aussi triés par ordre croissant.

Figer les titres

Si votre tableau est vaste et si vous êtes amené à le feuilleter fréquemment, vous avez certainement déjà connu la gêne liée au fait que les étiquettes de colonnes ou de lignes disparaissent au cours des défilements. L'idéal serait de pouvoir figer la ligne 1 et la colonne A de manière à avoir toujours un point de repère. C'est exactement l'effet de la commande **Figer les titres** du menu **Format**. Activez la cellule B2 et appelez cette commande. Si vous déroulez à nouveau le menu **Format**, vous noterez que **Figer les titres** est désormais cochée. Si vous faites défiler le tableau, la ligne 1 et la colonne A restent en place, toujours visibles. Si, dans cette situation, vous activez la combinaison de touches **CTRL + Origine**, vous ne sauterez pas à la cellule A1, mais à la première cellule libre de la zone non figée, soit B2.

Modification de la zone figée

Les cellules de la zone figée ne sont plus accessibles aussi facilement qu'auparavant. Les touches de direction et un clic de souris permettent de les activer, mais plus par **TAB** ou les combinaisons **CTRL + Origine** et **CTRL + Fin**.

Imprimer une feuille de calcul

A l'occasion, vous chercherez certainement à imprimer votre tableau. Si vous passez en Aperçu avant impression, vous constaterez que la zone sur laquelle vous avez travaillé est imprimée. Mais comme vous ne souhaitez pas imprimer l'intégralité des données, vous allez utiliser une fonction pour définir précisément la plage à imprimer. Sélectionnez la plage de cellules que vous souhaitez imprimer et appelez la commande **Définir la zone d'impression** du menu **Format**. Validez la boîte de dialogue par **OK**. En repassant en Aperçu avant impression, vous noterez que seule la zone définie est affichée.

Impression des en-têtes de lignes et de colonnes

Dans la boîte de dialogue associée à la commande **Fichier/Mise en page**, dans l'onglet **Autres options**, vous définirez si les en-têtes de lignes et de colonnes doivent être imprimés ou non. Si vous activez cette option, les zones de marges portant les initiales de colonnes et les numéros de lignes seront imprimées. En cas de définition d'une zone d'impression, ne seront bien sûr imprimés que les en-têtes correspondants.

Dans cet onglet, vous pouvez également choisir d'imprimer ou non le quadrillage. Si vous avez mis en place des bordures, désactivez cette option. Attention, l'impression du quadrillage est totalement indépendante de son affichage à l'écran.

Le tableur : des tableaux et des graphiques

Impression en orientation Paysage

Pour certains tableaux, il est intéressant de les imprimer en orientation Paysage. Cette option vous attend dans l'onglet **Source, taille & orientation** de la boîte de dialogue **Mise en page**.

5.4. Des nombres sous forme de graphiques

Le rôle d'un graphique est de représenter des séries de valeurs d'une manière beaucoup plus explicite. Sur le plan du principe, on distingue en général deux types de graphiques : les graphiques à une série et les graphiques à séries multiples. Works 95 connaît un type supplémentaire, mixte : il sait représenter côte à côte plusieurs graphiques à série unique pour en montrer l'évolution.

Voyons d'abord comment créer un graphique à partir d'un tableau.

Principes de base

Les graphiques sont classés en deux types. Les graphiques à une série, par exemple les graphiques à secteurs, montrent la quote-part des valeurs par rapport au total des valeurs. Les graphiques à séries multiples, par exemple les histogrammes, montrent l'évolution des séries individuelles et les rapports entre les séries.

Voici les composants que nous retrouverons dans tous les graphiques :

Séries de données	Les valeurs représentées dans les graphiques sont organisées dans le tableau sous forme de séries. Plusieurs séries sont représentées les unes à côté des autres dans le graphique et regroupées en catégories.

Titre	Chaque graphique peut être accompagné d'un titre.
Etiquettes	Ces étiquettes permettent d'expliciter l'axe X ainsi qu'un ou deux axes Y.
Quadrillage	Les catégories peuvent être matérialisées dans le graphique par l'intermédiaire de lignes verticales. L'axe Y accepte également des lignes horizontales correspondant à ses subdivisions.
Légende	La légende indique ce que représente chaque courbe ou chaque série de barres.

Le graphique à secteurs fait état de quelques particularités. Il ne dispose pas de légende, les zones acceptant des étiquettes directes. Les divers secteurs peuvent être éclatés, c'est-à-dire séparés du reste du graphique. Ce type de graphique ne dispose bien évidemment pas d'axe X ou Y.

Créer un nouveau graphique

Nous prendrons comme base un tableau tout simple. Une colonne contient un titre, puis plusieurs valeurs les unes sous les autres. A gauche des valeurs, les cellules contiennent des étiquettes de ligne.

Ce tableau doit être représenté sous forme graphique. Sélectionnez la zone que vous souhaitez représenter, c'est-à-dire la plage contenant les étiquettes de lignes, le titre de la colonne des valeurs et les valeurs elles mêmes. Cliquez ensuite sur le bouton *Nouveau graphique* de la barre d'outils standard ou appelez la commande de même nom dans le menu **Outils**.

Le tableur : des tableaux et des graphiques 5

	A	B	C	D	E
		janvier			
1	Alimentation	458,00 F			
2	Habillement	932,00 F			
3	Loisirs	86,00 F			
4	Téléphone	223,00 F			
5					
6					

Voici la base de notre futur graphique

Une boîte de dialogue s'ouvre, proposant un certain nombre d'options.

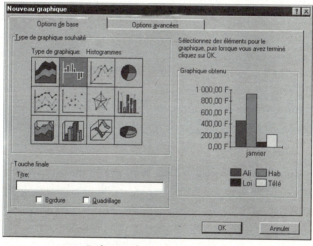

Définition du nouveau graphique

Dans l'onglet **Options de base** sont présentés les divers types de graphique disponibles. Par défaut, c'est l'histogramme qui est sélectionné, la fenêtre de droite vous donnant un premier aperçu de l'application de ce type de graphique à vos données. Vous pouvez choisir un autre type, par exemple le graphique à secteurs, ou procéder à ce changement ultérieurement. Pour le moment, nous en resterons à l'histogramme. Dans la zone *Touche finale* de la boîte de dialogue, définissez un titre pour ce graphique. Quelques instants après, il est affiché dans la zone *Graphique obtenu*. Au besoin, activez les options *Bordure* et *Quadrillage*.

Utilisation de séries de données

Passez ensuite dans l'onglet **Options avancées**. Nous sommes partis du principe de ne représenter qu'une série de données unique. Dans le tableau, cette série peut être sous forme d'une colonne ou d'une ligne. A partir des étiquettes du tableau, Works 95 détermine le sens de la série. Dans notre tableau, la colonne est surmontée d'un nom de mois et Works 95 part du principe que la série de données est organisée à l'horizontale. Bien sûr, il se trompe et c'est à vous d'activer l'option *Bas* dans la zone *Ordre de la série*.

Les deux options suivantes, *Première ligne contient* et *Première colonne contient*, sont importantes pour les étiquettes du graphique. Hormis les graphiques à secteurs, tous les autres types peuvent être accompagnés d'une légende. Cette légende peut être reprise automatiquement des cellules placées devant les données. Nous avons défini la série en colonne, la cellule au-dessus de la colonne définissant la légende. Là encore, c'est à nous de modifier l'option par

Le tableur : des tableaux et des graphiques 5

défaut de Works 95. Pour les étiquettes des catégories de l'axe X, nous reprendrons les données de la première colonne.

REMARQUE *En changeant l'option Ordre de la série, les deux autres options changent automatiquement.*

Etiquettes du graphique à secteurs

Dans un graphique à secteurs, les étiquettes des secteurs correspondent à celles de l'axe X. Il n'y a pas de légende prévue pour ce type, car il ne peut représenter qu'une série de données unique.

Lorsque toutes les options sont correctement fixées, validez par **OK**.

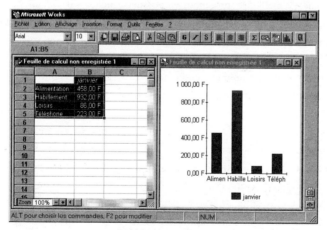

Tableau et graphique

Sur le graphique, vous pourrez étudier les divers composants du tableau. L'étiquette de la colonne, en l'occurrence le nom du mois, est devenue légende. Chaque cellule de la colonne contient une valeur, l'étiquette de la ligne devenant étiquette de catégorie, sur l'axe X. Chaque catégorie fait l'objet d'une barre dans l'histogramme et Works 95 a mis en place automatiquement des étiquettes de l'axe Y en fonction des valeurs de données. Le format de ces étiquettes de l'axe Y est repris du format des données.

Le graphique à secteurs

Pour une série de données unique, l'histogramme n'est pas forcément la meilleure présentation possible, même s'il est un bon indicateur d'une évolution. Le graphique à secteurs permettrait de mieux saisir la quote-part de chaque valeur dans le total des valeurs. L'histogramme que nous venons de créer peut très facilement être transformé en graphique à secteurs. La barre d'outils contient des boutons représentant les divers types de graphique disponibles et le menu **Format** les propose sous forme de commande. Pour convertir le graphique, il suffit de cliquer sur le bouton correspondant au graphique à secteurs. La boîte de dialogue **Type de graphique** s'ouvre et son onglet **Variations** propose diverses variantes basées sur le même type de graphique de base. Sélectionnez la quatrième option pour voir le résultat de la conversion. Notez que la légende a disparu, elle est inutile dans un graphique à secteurs.

Le tableur : des tableaux et des graphiques 5

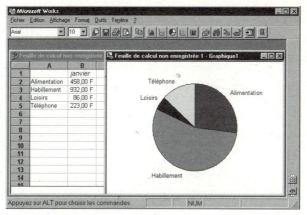

Le graphique à secteurs

Les barres individuelles de l'histogramme ont été transformées en secteurs de cercle, les étiquettes des catégories de l'axe X étant maintenant affectées aux secteurs.

Modifier un graphique

Pour modifier le diagramme, la solution la plus simple est de jouer du menu contextuel. Selon l'objet sélectionné à l'écran, ce menu change de manière à proposer les commandes les plus courantes.

Graphiques à séries multiples

Un tableau peut contenir plusieurs séries de données les unes sous les autres ou côte à côte. Un graphique à séries multiples est construit de la même manière que le graphique à série unique, il suffit de faire la sélection de la plage en question et de cliquer sur le bouton *Nouveau graphique* de la barre d'outils.

C'est à nouveau l'histogramme qui est proposé par défaut, avec une légende qui trouve ici tout son sens. Une limitation cependant : les catégories n'acceptent qu'un maximum de 6 valeurs, ce qui limite le graphique à la représentation de 6 séries de données. Si vous en sélectionnez plus que 6, seules les 6 premières seront prises en compte.

Comment les données sont-elles organisées ?

Un tableau peut être présenté de différentes manières selon la structure des données. Les séries peuvent être placées en colonnes ou en lignes. La structure du tableau n'a pas grande importance pour le graphique, vous pourrez inverser le sens dans la boîte de dialogue de création des graphiques.

Comment Works 95 fait-il pour s'en sortir ? Il prend une option et vous la propose. Si elle ne vous convient pas, vous pourrez la modifier dans l'onglet **Options avancées** de la boîte de dialogue. Cette option sera très importante si le tableau ne comporte pas d'étiquettes.

REMARQUE *Par défaut, Works 95 propose toujours l'histogramme comme graphique de base. Si cette option ne vous convient pas, définissez le graphique que vous souhaitez utiliser et appelez la commande Définir comme graphique standard, dans le menu Format.*

6. Travailler avec des objets

6.1. Des objets tout faits dans Works 95 : les cliparts

Si vous n'avez pas de grandes ambitions artistiques, Works 95 met à votre disposition un certain nombre de dessins que vous pourrez intégrer en l'état ou après modification, dans vos documents de texte ou de base de données. Ces dessins, appelés des *cliparts*, sont installés dans un sous-répertoire au moment de l'installation du programme. Dans sa galerie de cliparts, Works 95 dispose d'un gestionnaire permettant un accès rapide à ces dessins. Tous les dessins de format BMP, WMF, CGM, PCX et TIF peuvent être rajoutés à la galerie et classés par catégories.

Insérer un clipart dans un document

Pour insérer un clipart dans un document, appelez la commande **ClipArt** du menu **Insertion** ou cliquez sur le bouton correspondant de la barre d'outils, si vous avez pris soin de l'installer. S'ouvre la boîte de dialogue **Microsoft ClipArt Gallery 2.0**.

Works 95 présente les diverses images disponibles. Feuilletez-les avec l'aide de la barre de défilement. Si l'une d'entre elles vous convient, faites un double clic dessus ou sélectionnez-la et appuyez sur **ENTREE**.

6 Travailler avec des objets

ASTUCE *Si aucun clipart n'est présenté, vous devrez d'abord les rajouter à Microsoft ClipArt Gallery 2.0. Nous aurons l'occasion d'y revenir dans un moment.*

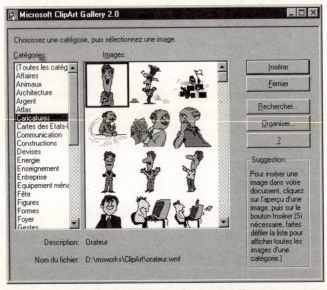

La boîte de dialogue Microsoft ClipArt Gallery 2.0

Cette boîte de dialogue se referme et le clipart apparaît dans le document. Après sélection de l'objet clipart, vous pourrez en modifier la taille avec la souris ou la boîte de dialogue **Format de l'image**, associée à la commande **Image** du menu **Format**.

Travailler avec des objets **6**

Dans le traitement de texte, vous pourrez également en définir la position, soit dans la ligne de texte, soit de manière absolue, dans la page. Pour ce faire, ouvrez la même boîte de dialogue **Format de l'image** et activez l'onglet **Renvoi à la ligne**.

Rajouter de nouveaux cliparts

Si vous disposez d'autres dessins ou images en format BMP, WMF, CGM, PCX ou TIF, vous pourrez les rajouter à Microsoft ClipArt Gallery 2.0. Pour ce faire cliquez sur le bouton **Organiser** de la boîte de dialogue Microsoft ClipArt Gallery 2.0.

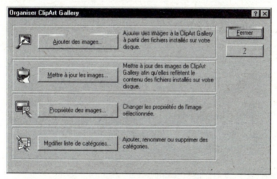

La boîte de dialogue Organiser ClipArt Gallery

Une nouvelle boîte de dialogue s'ouvre. Le premier bouton permet d'ajouter des images à la galerie. Après activation de ce bouton, une boîte de dialogue permet de localiser les images à rajouter à la galerie.

6

Travailler avec des objets

Ajouter des cliparts

Lorsque l'image est trouvée, sélectionnez-la et cliquez sur **Ouvrir**. La boîte de dialogue **Propriétés des images** permet d'en saisir une brève description (optionnelle) et de définir la catégorie dans laquelle vous allez la classer. Ces catégories servent à classifier les images. Works 95 propose les noms des catégories existantes, mais le bouton **Nouvelle catégorie** permet d'en rajouter de nouvelles. Lorsque tout est au point, cliquez sur le bouton **OK** pour terminer la procédure. Si vous souhaitez rajouter plusieurs images, répétez l'opération.

Travailler avec des objets 6

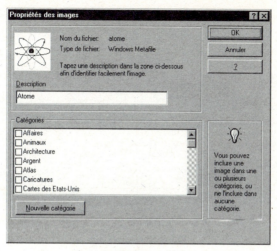

Classer les cliparts en catégories

Si vous n'affectez pas les nouvelles images à des catégories, cliquez simplement sur **OK**. Ceci accélère sensiblement leur rajout dans la galerie. Dans ce cas vous les trouverez dans la catégorie *Toutes les catégories*.

Recherche globale

Si vous souhaitez parcourir l'ensemble du lecteur, du disque dur ou de la disquette à la recherche des images, cliquez sur le bouton **Mettre à jour les images** dans la boîte de dialogue **Organiser ClipArt Gallery**.

La boîte de dialogue **Mise à jour** sert à définir les paramètres de la recherche en ce qui concerne les lecteurs réseaux et les unités amovibles.

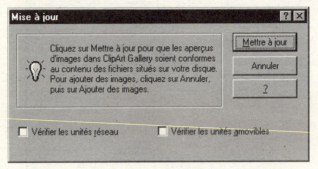

Mise à jour des formats

Mettre à jour signifie que l'ensemble des aperçus d'images, que la galerie n'est plus en mesure de trouver sous forme de fichiers sur le lecteur, sont retirés de la galerie.

Catégories de ClipArts

Les catégories servent à classer les images par thème. Vous pourrez en rajouter librement de nouveaux, lors du rajout de nouvelles images. Si vous n'avez pas à rajouter d'images mais souhaitez modifier les catégories, cliquez sur le bouton **Propriétés des images** de la boîte de dialogue **Organiser ClipArt Gallery**.

Travailler avec des objets **6**

Sélection d'une catégorie

A l'ouverture de ClipArt Gallery, la catégorie active par défaut est *Toutes les catégories*. A vous de choisir la catégorie dans laquelle se trouve l'image recherchée.

Renommer une catégorie

Pour changer le nom d'une catégorie, cliquez sur le bouton Organiser de la boîte de dialogue Microsoft ClipArt Gallery 2.0, puis sur le bouton **Modifier liste de catégories**.

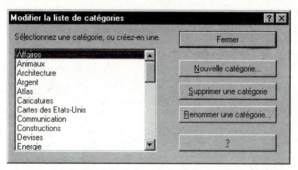

Modifier la liste des catégories

Cliquez sur le bouton **Renommer une catégorie** après avoir sélectionné l'une d'entre elles et tapez dans la boîte de dialogue le nouveau nom. Validez par **OK**.

Supprimer une catégorie

Il est tout à fait possible de supprimer une catégorie, cette opération n'affecte en rien les images qu'elle contient. Elles seront simplement affectées à la catégorie *Toutes les catégories*.

Sélectionnez la catégorie à supprimer et cliquez sur le bouton correspondant de la boîte de dialogue.

Nouvelle catégorie

Le bouton **Nouvelle catégorie** ouvre une petite boîte de dialogue dans laquelle vous saisirez le nom de ce nouvel élément.

Modifier les propriétés des images

La boîte de dialogue **Organiser ClipArt Gallery** propose également un bouton **Propriétés des images**.

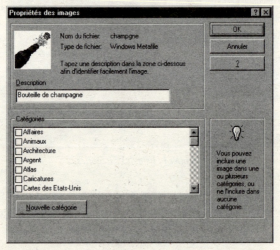

Les propriétés des images

Travailler avec des objets **6**

Cette boîte de dialogue affiche les propriétés de l'image active. Vous pourrez en changer la catégorie, éventuellement créer une nouvelle catégorie et saisir une description de l'image.

Modifier et importer des cliparts

Pour modifier des cliparts, il vous faut un programme capable d'éditer le format de ces images. En principe, il s'agira du programme qui a permis de les créer. Après modification, enregistrez l'image sous le même nom ou sous un autre nom si vous souhaitez conserver la version initiale. Si vous l'avez enregistrée sous un nouveau nom, vous devrez ensuite rajouter cette nouvelle image à la galerie par la procédure étudiée précédemment.

Edition d'une image

Lancez Microsoft Drawing par la commande **Insertion/Dessin**, puis importez le clipart à modifier. Procédez aux changements, sélectionnez le dessin et copiez-le dans le Presse-papiers.

Des images digitalisées dans la galerie de cliparts

Peut-être êtes-vous équipé d'un scanner et avez-vous digitalisé des photos. Ces images peuvent aussi prendre place dans la galerie de cliparts. La seule condition est de les enregistrer dans un format compatible avec la galerie, en l'occurrence BMP, WMF, CGM, PCX ou TIF. Dans ce cas, la procédure de rajout est identique à celle que vous connaissez déjà.

7. Communications avec Works 95

Le module de communication permet d'établir une connexion avec d'autres machines. Il peut s'agir d'une simple connexion par câble entre deux micros ou d'une connexion par modem et réseau téléphonique. Ce module permet ainsi d'accéder à des messageries électroniques et à des services d'informations en ligne, de recevoir et d'envoyer des données. Par des techniques diverses, les données réceptionnées peuvent être enregistrées, puis éditées. En cas de connexions fréquentes avec les mêmes paramètres de communications, vous pourrez enregistrer ces paramètres dans un fichier et, dans le cas idéal, demander à Works 95 d'établir lui-même la communication. Le paramétrage de ces communications est le sujet de ce chapitre.

7.1. Les conditions de la communication

Pour qu'une communication soit possible, il faut établir une connexion entre deux machines. Un logiciel est nécessaire pour cela, c'est lui qui prend en charge le paramétrage de la communication. Voici les conditions de base à remplir avant de se lancer dans les communications.

Null modem et modem

La connexion entre deux machines peut être réalisée directement par un câble ou une ligne téléphonique. En ce qui concerne le câble, vous pourrez l'installer vous-même, pour le réseau téléphonique il vous faudra un équipement complémentaire : un modem. La transmission des données passe par un port série, COM1 ou COM2.

La connexion la plus pratique pour le réseau téléphonique est le modem. C'est lui qui joue le rôle d'interface entre l'ordinateur et la ligne téléphonique. Une fois installé, ce modem sera piloté par le PC. Vous pourrez y avoir accès directement et le paramétrer par le biais de la machine, ou alors le placer dans un état où il transférera à la ligne téléphonique les signaux reçus du PC.

Il se charge de la conversion des signaux de l'ordinateur pour rendre possible leur prise en charge et leur transfert par le téléphone.

Le nom de *modem* est en fait une abréviation de son objet : MOdulateur-DEModulateur. Dans l'ordinateur, les données existent sous la simple forme de 1 et de 0. Pour la transmission, ces données binaires doivent être converties en données analogiques, en fréquences. C'est le rôle du modem.

Communication par câble Null-modem

Si votre PC n'est pas connecté en réseau et si vous souhaitez transférer confortablement les données de votre portable vers votre machine de bureau ou inversement, la solution la plus simple est celle du câble Null-modem, reliant directement les ports série des deux machines. La sortie de l'une des machines est reliée à l'entrée de l'autre et vice et versa. A cet effet les deux connexions d'entrée et de sortie des ports série sont croisées. Ce câble est vendu dans les commerces spécialisés.

Lors de l'installation de Windows 95, le modem a certainement déjà été installé. Si vous installez le modem ultérieurement, utilisez son icône dans le Panneau de configuration. Si ce n'est pas encore fait, le premier appel du module de communication de Works 95 vous permettra d'y remédier.

Installation du modem

Les paramètres du modem sont des paramètres généraux de Windows. Works 95 lui aussi y fait appel. Si votre modem n'est pas encore installé, vous pouvez lancer l'Assistant d'installation de Windows 95. Si ce n'est pas le cas, un document de communication sera ouvert, permettant la création d'une connexion par câble Null-modem. Pour que l'Assistant puisse oeuvrer correctement, le modem doit bien sûr être installé physiquement et mis sous tension. Si aucun modem spécifique n'est reconnu, le système installe un modem générique. Le bouton **Modifier** permet d'ouvrir une liste et de choisir un modem. Lors de la sélection manuelle, vous aurez aussi à définir le port, COM1, COM2 ou LPT1. Avec **OK**, le modem est installé, disponible désormais pour Works 95.

Vous pouvez maintenant ouvrir un document de communication qui démarrera automatiquement par une boîte de dialogue **Connexion rapide**. Si vous venez d'installer le modem, annulez cette boîte de dialogue et vérifiez d'abord les réglages du modem. Appelez pour cela la commande **Paramètres/Modem**. Une fenêtre des propriétés de modem s'ouvre proposant, entre autres, le bouton **Propriétés de numérotation**.

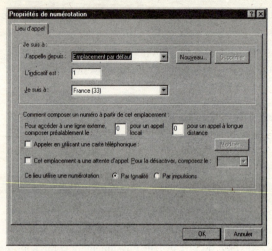

Les propriétés de numérotation de Windows et Works 95

Définissez d'abord le lieu d'appel. C'est là que vous définirez si, pour un appel, il y a lieu de composer un code international ou un indicatif. Indiquez votre indicatif dans le champ concerné et France (33) dans la zone du pays. Le bouton **Nouveau** permet éventuellement de créer plusieurs lieux d'appel.

Les paramètres de numérotation

Si le modem est connecté à un poste secondaire dépendant d'un standard, vous aurez à spécifier l'indicatif permettant d'accéder à la ligne extérieure. En général, le système téléphonique utilisé sera la numérotation par impulsion.

Communications avec Works 95 **7**

Paramètres du terminal

Pour que deux machines puissent communiquer, elles doivent utiliser un langage commun. Ce langage est défini par la commande **Paramètres/Terminal**. Une boîte de dialogue s'ouvre, contenant 4 onglets. Un clic sur l'onglet **Terminal** présente les paramètres requis.

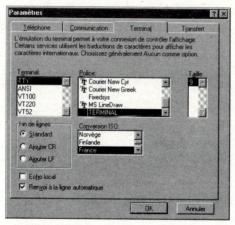

La boîte de dialogue Paramètres et son onglet Terminal

Vous sont proposés les types de terminaux TTY, ANSI, VT100, VT220 et VT52. Ces paramètres émulent des terminaux utilisant divers jeux de commandes de pilotage. Les deux machines doivent utiliser le même paramètre.

Pour les fins de lignes, trois options sont soumises à votre choix; la fin de ligne lors d'une communication est définie par la touche **ENTREE**. Après réception d'une ligne, le curseur doit normalement revenir au début de la ligne suivante.

Si c'est le cas, sélectionnez l'option *Standard*. Si le curseur reste en place au bout de la ligne reçue et rajoute la suivante au bout, sélectionnez l'option *Ajouter CR* (Carriage Return). Il est des fois aussi où le curseur saute en début de ligne et écrase la ligne par la suivante. Dans ce cas, vous opterez pour *Ajouter LF* (Line Feed).

Lors de la réception des données il se peut, si les lignes sont plus longues que la largeur de la fenêtre, que les fins de lignes soient écrasées. Si c'est le cas, activez l'option *Renvoi à la ligne automatique*. Cette option n'a aucune conséquence néfaste pour l'utilisation, aussi est-il conseillé de la garder active en toute circonstance.

Pour la communication, vous allez taper des caractères au clavier. Ces caractères, contrairement aux applications ordinaires, ne sont pas affichés à l'écran, mais envoyés à l'autre machine et affichés sur l'écran de votre correspondant. Normalement, les caractères transmis sont retournés par la machine à distance et s'affichent en retour sur votre propre écran. Cette technique est appelée l'*écho local*. Il permet un contrôle de la communication.

Si le destinataire ne travaille pas avec écho local, vous pourrez quand même afficher vos propres caractères à l'écran. Activez pour cela l'option *Echo local*. Cela dit dans ce cas, l'écho ne permettra pas de déterminer si la communication est correcte.

Conversion ISO

Aujourd'hui, la communication permet d'accéder également à des services d'information étrangers. De manière à ce que les jeux de caractères étrangers soient correctement affichés, sélectionnez dans cette zone le pays concerné.

Paramètres de communication

Pour la transmission des données, un certain nombre de paramètres doivent d'abord être définis pour permettre aux deux terminaux de converser. Ceci concerne le nombre de bits utilisés pour un caractère (bit de données), le nombre de bits signalant la fin du bit de données, ainsi que les bits de Handshake et de parité. Autre paramètre à définir : le port de connexion. Tout ceci est réglé dans la boîte de dialogue **Paramètres** et son onglet **Communication**. Sélectionnez d'abord un modem ou un port série pour la transmission en Nullmodem, puis cliquez sur le bouton **Propriétés**. Dans l'onglet **Général**, vous définirez le port sur lequel est connecté le modem. Définissez également le volume sonore ainsi que la vitesse de transmission. En principe, vous n'aurez rien à modifier ici.

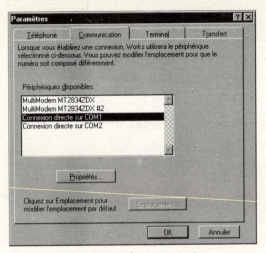

Les paramètres de communication

Le port série

La transmission passe par un des ports série de la machine, COM1 ou COM2. Avec un réseau, vous disposerez souvent aussi de COM3 et COM4. Sélectionnez dans la liste le port auquel est connecté votre modem.

Dans l'onglet **Paramètres**, vous fixerez les options suivantes :

Le taux de transfert

Le nombre de bits par seconde, ou taux de transfert, définit la vitesse de la transmission. Cette valeur indique le nombre de bits transférés chaque seconde. Cette vitesse doit bien sûr correspondre à la vitesse du modem.

Bit de donnée

Le port série est utilisé car les données sont envoyées les unes après les autres. Pour la transmission d'un caractère ASCII, il faut 8 bits. Ainsi, pour le chiffre 6, il s'agira de la suite de bit 00110110. L'ensemble de ces 8 bits est appelé un octet. Avec l'utilisation de 8 bits par caractère, il est possible de représenter 256 caractères. Ceci correspond exactement au nombre de caractères du jeu ASCII étendu. Aussi est-ce l'option 8 bits qui est la plus courante.

Parité

Le contrôle de parité est une mesure de sécurité de la transmission. Il consiste à vérifier le nombre de fois où apparaît le 1 dans un caractère. Le bit de parité, le dernier du caractère, a pour rôle de mémoriser si ce nombre est pair ou impair. Dans l'exemple de la transmission du caractère 6 (00110110), le nombre de 1 est pair et le bit de parité sera sur 0. Si le nombre de 1 est impair, le bit de parité sera sur 1.

Bits d'arrêt

Pour permettre au destinataire de reconnaître la fin d'un caractère transmis, on rajoute en principe un ou deux bits de stop à chaque caractère. Ce bit de stop est également un signal binaire. Par défaut, Works 95 propose un bit d'arrêt. Pour la transmission d'un caractère, il faut environ 10 bits. Avec un taux de transfert de 300 bauds, c'est donc un total de 30 caractères qui seront transférés par seconde.

Sur un écran de 80 colonnes et 25 lignes, il est possible de placer 2000 caractères. Par voie de conséquence, la transmission de l'écran complet demandera environ 1 minute de communication. Il est facile d'en déduire que les transmissions de données avec des modems lents peuvent rapidement devenir un sport très onéreux.

Le bouton **Avancés** vous permettra d'accéder à d'autres paramètres, mais en général, vous n'aurez pas à les modifier.

Paramètres de téléphone

Pour utiliser le téléphone, il existe également un certain nombre d'options à mettre au point avant d'établir une connexion avec une autre machine.

Les possibilités de réglage en matière de téléphone

Ces options permettent de définir si vous êtes appelant ou appelé. Si vous attendez un appel, sélectionnez l'option *Réponse automatique*. Pour que la connexion puisse s'établir, utilisez ensuite **Téléphone/Connexion rapide**. Tant que vous appelez vous même, vous pourrez choisir entre *Composer une seule fois* et *Recomposer*. Cette seconde option permet également de définir le nombre de rappels et l'intervalle entre chacun d'eux, exprimé en secondes.

Reste ensuite à sélectionner le système de numérotation, en général par impulsion, pour qu'un numéro puisse être composé.

Les options de transfert

Dans les options de ce quatrième onglet, vous choisirez le protocole de transfert. C'est lui qui pilote et surveille le transfert des fichiers et qui se charge des répétitions de transmission en cas d'erreur.

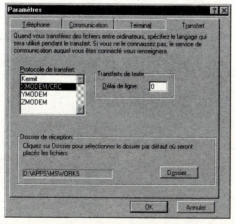

Les options de transfert

L'un des plus anciens protocoles de transfert est XMODEM. Il s'agit également du plus général, celui que la plupart des terminaux maîtrisent sans problème. Mais le développement de ce protocole a été poursuivi, surtout en ce qui concerne les vitesses de transmission. YMODEM permet de rassembler des blocs de données bien plus gros avant leur envoi d'où une vitesse supérieure. Cependant, en cas de problèmes de ligne téléphonique, les blocs à renvoyer seront aussi plus importants, d'où un effet secondaire négatif.

A recommander tout particulièrement : ZMODEM. Très fiable et très rapide, il est également en mesure de compléter un fichier dont la transmission a été interrompue, plutôt que de recommencer toute l'opération. En cas de problème de ligne téléphonique, le contrôle de la transmission est automatiquement intensifié pour limiter au maximum les répétitions.

KERMIT est également un protocole très fiable, mais utilisé principalement par les gros systèmes.

> **REMARQUE** *Le protocole de transfert des machines doit être le même pour que la transmission puisse réussir.*

Il est également possible d'installer un dossier de réception. Dans ce dossier, seront placés tous les fichiers reçus au cours des connexions. Pour vous permettre de les retrouver rapidement, créez un dossier de ce type et spécifiez-le dans cette boîte de dialogue. Le bouton **Dossier** vous permettra de le localiser rapidement sur votre disque dur.

Enregistrement des paramètres

Pour vous éviter d'avoir à redéfinir à chaque fois ces paramètres, vous les enregistrerez dans un fichier de communication. Dans ce fichier seront enregistrés tous les paramètres dont nous venons de parler et non pas les données reçues lors du transfert.

Réutilisation de numéros de téléphones

Pour qu'une connexion puisse être établie, un numéro doit être composé. Pour ce faire, vous appellerez la commande **Téléphone/Connexion rapide** et indiquerez le numéro à composer dans la boîte de dialogue ainsi ouverte. Lorsque le numéro et le nom de la connexion sont indiqués et lorsque le document est enregistré, ce fichier de communication pourra être rappelé très rapidement par Works 95 et ainsi réutilisé. Dès que vous ouvrez un nouveau document de communication, la boîte de dialogue **Connexion rapide** vous est proposée et demande l'indication du numéro. Dans la liste des services sont également présentés les 8 derniers documents de communication enregistrés ou utilisés.

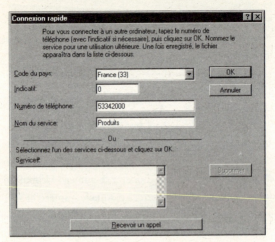

La boîte de dialogue Connexion rapide

Si vous faites un double clic sur une de ces mentions, le document de communication est rechargé.

Accepter automatiquement les appels entrants

Si vous attendez un appel d'un correspondant, vous pouvez régler le modem de telle manière qu'il accepte automatiquement l'appel. Il ne doit y avoir de numéro de téléphone spécifié. Cliquez sur **Recevoir un appel** pour mettre le modem en état de veille. La commande **Téléphone/Raccrocher** désactive à nouveau la réception automatique.

7.2. Le déroulement de la communication

Les réglages que nous venons d'étudier sont à entreprendre avant toute connexion avec un nouveau correspondant. Ceci fait, vous pourrez enregistrer les paramètres et les réutiliser lors de la prochaine communication. A partir de là, il vous est possible d'entrer en relation avec votre partenaire et d'attaquer la transmission de textes et de fichiers.

Etablir la connexion, envoyer, recevoir et enregistrer un texte

Pour le moment, le document de transmission est encore vierge, la zone de travail est vide. La barre d'état affiche le message *NON CON* (pour non connecté). Pour établir une connexion avec un autre terminal, sélectionnez son numéro et attendez que le modem établisse la liaison. Le numéro sera choisi dans la boîte de dialogue **Connexion rapide** ou par le bouton correspondant de la barre d'outils. Puis une fenêtre affiche le numéro de téléphone en cours de numérotation. La barre d'état indique que la numérotation est en cours et affiche une indication horaire. Cette indication vous permettra de savoir quelle est la durée de la communication. Lorsque la connexion est établie, la barre d'état affiche CONNECTE. Dans la suite des explications, nous appellerons les deux machines Terminal 1 et Terminal 2.

Le correspondant appelé, au Terminal 2, fait en principe la même chose que l'appelant, c'est-à-dire le Terminal 1, sauf qu'il doit activer au préalable l'option *Réponse automatique* dans les paramètres de téléphone. Dès que la commande **Téléphone/Connexion rapide** est activée, le modem est placé en position d'attente. Il décroche à la première sonnerie entrante. A l'écran, apparaissent les commandes qui sont envoyées au modem. Le modem renvoie **OK** à l'écran. Dès que la connexion est établie, l'écran affiche CONNECT 2400.

Sur Terminal 1, tapez par exemple : Ici Terminal 1. Sur l'écran de Terminal 1, rien n'est affiché, sur celui de Terminal 2 est affiché le message, il est bien arrivé. La communication a bien fonctionné, mais l'expéditeur est confronté au problème suivant : il ne voit pas ce qu'il a envoyé.

Echo local

Les deux terminaux travaillent visiblement sans écho local. Or c'est cet écho qui retourne à l'émetteur les caractères envoyés, après qu'ils aient été réceptionnés sur l'autre machine. Pour que l'émetteur puisse vérifier ce qu'il a transmis, il y a lieu d'activer l'écho local. Appelez pour ceci la commande **Terminal** du menu **Paramètres** et activez l'écho local. Validez par **OK**. A partir de maintenant, si vous tapez des caractères sur Terminal 1, ils seront affichés sur les deux écrans, mais s'agissant d'un écho local, il ne pourra servir à l'émetteur pour vérifier l'arrivée à destination de ses caractères. Ceci ne peut être réalisé que par un écho à distance.

Line Feed

En saisie, vous tapez les caractères et terminez la ligne par la touche **ENTREE** pour passer à la ligne suivante. Or le curseur saute en début de ligne et les prochains caractères viennent écraser les précédents. Chez le destinataire, le même phénomène se produit.

Communications avec Works 95

Il faut donc faire en sorte que chaque changement de paragraphe soit accompagné d'un saut de ligne. Le terme anglais de cette fonction est Line Feed ou LF. Le caractère envoyé est le caractère ASCII N° 10. Pour que chaque saut de ligne ou de paragraphe soit accompagné d'un caractère LF, activez cette option dans les paramètres du **Terminal**.

Reste un dernier problème si vous saisissez le texte comme vous en avez l'habitude dans le traitement de texte. Dans un traitement de texte, le passage à la ligne suivante est automatiquement pris en charge par le programme. Ceci est également possible en communication, sauf que la coupure ne se fonde pas sur les mots, mais sur la longueur de la ligne, soit 80 caractères. Normalement, il n'est pas possible d'afficher ces 80 caractères dans Works 95. Bien sûr, l'affichage défile en fonction de l'avancement des caractères dans la ligne, mais vous ne pourrez jamais visualiser l'ensemble du texte d'un seul tenant.

Coupure de ligne

A la fin de la ligne, une coupure est automatiquement effectuée, mais la fin de la ligne risque d'être écrasée. Prenez la précaution d'activer dans les paramètres du **Terminal**, l'option *Ajouter CR* de manière à toujours voir l'intégralité du texte transmis.

> **REMARQUE** *Tous ces changements de paramètres peuvent être effectués en cours de session de communication.*

Envoyer un texte préparé

La connexion entre deux machines est établie, vous allez pouvoir la mettre à profit pour envoyer un fichier de texte. Pour le moment, nous nous sommes contentés d'envoyer des caractères saisis au clavier. Pour optimiser la connexion, qui a un prix non négligeable en terme de frais téléphoniques, il est judicieux de préparer le texte à envoyer et de le transmettre en une seule fois. Plusieurs solutions vous sont offertes pour cela.

Nous partirons du principe qu'un fichier de communication a été créé, enregistré et qu'il n'est pas encore chargé. Pour la transmission des données, il suffit d'ouvrir ce fichier et d'établir la connexion avec l'autre terminal.

Copier le texte dans le Presse-papiers

La méthode la plus simple consiste à créer le texte à envoyer avec le traitement de texte, de le sélectionner, puis de le copier dans le Presse-papiers par la commande **Edition/Copier**.

Comme cible du **Copier/Coller**, nous ouvrirons ensuite le document de communication et validerons par **OK** la proposition de connexion. Une fois la connexion établie, collez le texte du Presse-papiers dans le document, par **CTRL + V**. Ce texte sera ainsi affiché caractère par caractère dans la zone de travail du fichier de communication si l'écho local a été activé. Il en sera de même sur l'écran du destinataire. La vitesse de l'envoi ne dépend plus de votre vitesse de saisie, mais de la vitesse de transmission.

Communications avec Works 95

Durant la connexion, vous pouvez également ouvrir un autre document, sélectionner le texte et le tirer par Glisser-Déplacer dans la fenêtre du document de communication. Cette technique envoie également le texte à l'autre terminal. Le texte sera affiché progressivement à l'écran en fonction de l'arrivée des caractères et l'écran défilera si le texte dépasse le cadre de l'affichage. Le début du texte n'est bien évidemment pas supprimé ou effacé, vous le retrouvez facilement à l'aide de la barre de défilement. Le document réceptionné peut ensuite être enregistré sur le disque dur.

Appelez pour cela la commande **Fichier/Enregistrer sous**, donnez lui un nom et définissez comme type *Données de session*. Le fichier sera ainsi doté de l'extension .TXT.

Enregistrer le texte durant la session

Une autre possibilité pour enregistrer le texte reçu est de l'enregistrer durant la session de communication. Appelez pour cela la commande **Outils/Recevoir un texte**. Elle ouvre une boîte de dialogue proposant comme dossier cible celui que vous avez défini dans l'onglet **Transfert** de la boîte de dialogue **Paramètres**. Comme nom de fichier Works 95 propose *recevoir.txt* Vous pouvez le conserver ou le modifier, puis validez par **OK** pour démarrer l'enregistrement. Tous les caractères affichés à l'écran sont enregistrés dans le fichier. Dès la fin de la connexion, le fichier est fermé et pourra ensuite être édité dans Works 95.

Vous pouvez également mettre fin à tout moment, en cours de connexion, à l'enregistrement. Appelez pour cela la commande **Fin de réception de texte**.

Lors d'une prochaine session, vous pourrez alors spécifier le même document de réception que précédemment et aurez le choix entre écraser le fichier précédent ou enregistrer le nouveau texte à la suite de l'ancien.

Envoyer le texte

Le moment de créer le texte et celui de l'expédier ne coïncident pas toujours. En fait le texte est créé depuis belle lurette et il a été enregistré par Works 95. D'après la procédure que nous connaissons, il faudrait charger ce texte dans un traitement de texte, le sélectionner, le copier dans le Presse-papiers puis passer à la communication. Cette procédure fastidieuse, vous allez pouvoir la raccourcir si vous faites appel à la commande **Outils/Envoyer un texte**. Dans la boîte de dialogue ainsi ouverte, vous allez pouvoir sélectionner un fichier existant et l'envoyer. Ce texte sera affiché à l'écran du destinataire et enregistré dans un fichier si ce destinataire a décidé de cette option. Il est conseillé de n'utiliser que des fichiers contenant du texte non formaté. Les caractères de formatage enregistrés avec le texte peuvent entraîner des problèmes de transmission.

> **ASTUCE** *La possibilité d'envoyer un texte à partir d'un fichier n'est à employer qu'avec des textes ASCII, car les caractères de mise en forme peuvent être interprétés comme des codes de pilotage et donc modifier la communication. Enregistrez toujours le texte à envoyer de cette manière au format Texte.*

Dans la boîte de dialogue **Paramètres/Transfert de fichier**, l'option *Délai de ligne* permet de définir un certain délai avant l'envoi du fichier.

Communications avec Works 95

Ce délai sera le bienvenu si la machine à l'autre bout du fil ne peut pas traiter le signal entrant suffisamment vite. La valeur que vous définirez est exprimée en dixième de seconde et indique la pause à mettre en place après chaque transfert d'une ligne.

Enregistrement de communication automatisé

Une messagerie électronique est une boîte aux lettres dont l'accès passe par le téléphone et permettant la transmission des données. Vous pourrez déposer des données dans la boîte postale ou y récupérer les données qui s'y trouvent. De nombreuses messageries électroniques ont été mises en place à des fins commerciales. Elles supposent la signature d'un contrat et sont soumises au paiement de redevances basées sur la durée d'utilisation. Il s'agit en général de grandes bases de données rassemblant des informations sur des thèmes précis. D'autres par contre servent aux échanges de données entres utilisateurs privés.

Les paramètres de base sont en principe les suivants :

8 bits de données
Sans parité
1 bit d'arrêt
1200 ou 2400 bauds

Si vous n'avez pas d'information précise, la seule solution est de procéder à des essais. Pour la connexion à une base de données, créez un nouveau fichier de communication et enregistrez-le.

7   *Communications avec Works 95*

Enregistrer un script

En règle générale, au début d'une session de communication, l'appelant aura à indiquer certains éléments, mots de passe ou identification.. Pour éviter à avoir à saisir à chaque fois ces éléments, vous pouvez enregistrer un script. Certains principes sont à respecter dans ce domaine.

L'enregistrement d'un script de communication n'est possible que si le début de la session se déroule toujours de la même manière. Ceci ne concerne pas seulement la partie intervenant au moment de la communication, en l'occurrence l'utilisateur Works 95, mais aussi la partie appelée. Tous les caractères envoyés et reçus seront systématiquement documentés. Lorsque les caractères attendus sont arrivés, Works 95 envoie la réponse enregistrée, jusque ce soit à nouveau au tour de la messagerie de répondre. Si par exemple au début de la session, la date doit être envoyée, celle-ci ne pourra pas être enregistrée dans le script. Si vous utilisez la commande **Enregistrer le script**, Works 95 attend l'ancienne date, celle qui avait été enregistrée, ce qui ne peut en aucun cas faire l'affaire ici. Il est important de ne commencer le script qu'à partir du moment où plus aucune modification ne peut intervenir.

Pour enregistrer un script, appelez la commande **Outils/Enregistrer le script**. Dans la boîte de dialogue suivante, activez l'option *Code de connexion* et validez par **OK**. Puis composez le numéro d'appel et indiquez votre mot de passe ou votre numéro d'identification. Lorsque la communication commence effectivement, appelez la commande **Terminer l'enregistrement**.

Communications avec Works 95

Lors du prochain appel de la messagerie, appelez ce script exactement au même moment où vous en avez commencé l'enregistrement. Vous le trouverez dans le menu **Outils**. Works 95 prend ainsi en charge la suite des opérations pour l'établissement de la connexion.

Autres scripts

Pendant la communication avec une messagerie, il peut y avoir d'autres circonstances qui justifient la création d'un script, par exemple une partie de navigation pour arriver à un endroit précis de la messagerie. Ces éléments peuvent eux aussi être enregistrés puis exécutés en automatique par la suite. Appelez la commande **Enregistrer le script** du menu **Outils** et choisissez cette fois l'option *Autre*. Cette opération active le champ de saisie pour indication du nom du script. C'est ce nom qui vous sera présenté dans le menu **Outils**. A la fin de la procédure, appelez la commande **Terminer l'enregistrement**.

Modifier un script

Une fois enregistré, le script peut être manipulé de la même façon qu'une macro. Dans une fenêtre spéciale, vous pourrez procéder aux modifications requises. Dans la boîte de dialogue, sélectionnez le script puis modifiez-le, renommez-le ou supprimez-le. Par **Modifier**, une fenêtre d'édition vous est présentée, contenant toutes les actions enregistrées. Le script commence par la commande CONNECTER. Cette commande est tout à fait particulière, c'est elle qui établit la communication. Puis vient le dialogue avec l'attente ou l'envoi de caractères.

Dans la liste des commandes, sélectionnez une ligne, faites défiler les lignes. Sélectionnez une commande dans la liste des commandes, définissez le texte dans la zone de saisie de droite et ajoutez la ligne dans le script. A l'inverse, vous pouvez aussi sélectionner une ligne dans le script et modifier le texte correspondant dans la zone de saisie, puis cliquer sur le bouton **Remplacer**. Le bouton **Supprimer** vous permettra de supprimer les lignes inutiles.

Emission et réception d'un fichier

Pour la transmission de données, leur affichage à l'écran n'est pas une obligation. La seule contrainte est de n'envoyer que du texte ASCII. Il peut s'agir de fichiers complets qui seront envoyés et enregistrés chez le destinataire. Ce ne seront pas forcément des fichiers Works 95 et vous pourrez même envoyer des programmes.

Recevoir un fichier

Pour le destinataire, la première chose à faire est de se préparer à la réception. Appelez pour cela la commande **Recevoir un fichier**. Une fenêtre s'ouvre, vous permettant de sélectionner le dossier de réception voulu et de donner un nom au fichier que vous allez recevoir. Notez que ce nom dépend du protocole de transmission utilisé. Seul le protocole XMODEM demande impérativement la saisie d'un nom. Les autres protocoles envoient le fichier et en même temps son nom.

Validez par **OK**. Une autre fenêtre s'affiche, indiquant le nombre de tentatives de réception et le nombre d'octets reçus. Cette même fenêtre vous signalera également la fin de la transmission. Un message vous informe aussi de l'attente d'un fichier et que celui-ci

Communications avec Works 95 **7**

sera contrôlé par XMODEM. Le terminal attend le fichier promis et compte le nombre de tentatives.

Envoyer un fichier

L'expéditeur se prépare de la même manière à l'envoi. Appelez la commande **Envoyer un fichier**, localisez votre fichier et commencez la transmission par un clic sur **OK**. Vous retrouverez la même fenêtre que précédemment, avec le nombre de tentatives et celui des octets transmis.

Lorsque les deux participants à la communication sont parés, la transmission démarre. Son avancement vous est donné par le nombre d'octets transmis et par une indication en pourcentage. A la fin du transfert, le nombre total d'octets envoyé et reçu est affiché et un message vous signale que tout s'est bien passé.

Chez le destinataire, le fichier est désormais dans le même état que chez l'expéditeur. S'il s'agit d'un fichier Works 95, vous pourrez immédiatement l'ouvrir et l'éditer.

Transmission par câble Null-Modem

Avec une transmission par câble, la procédure est légèrement différente. Dans l'onglet **Communication** de la boîte de dialogue **Paramètres/Transfert de fichier**, vous choisirez *Connexion directe à COM1* ou *Connexion directe à COM2*. Dans la boîte de dialogue **Connexion rapide**, aucun numéro ne doit être mentionné. Ces réglages s'appliquent aux deux PC.

Communications avec Works 95

8. Astuces

Saisir rapidement les critères de recherche

Vous travaillez dans un texte, un tableau ou une base de données et souhaitez rechercher une chaîne de caractères précise, qui justement se trouve affichée à l'écran. Pour éviter une deuxième saisie, procédez ainsi :

1. Sélectionnez le texte, le champ ou la cellule ou encore l'extrait de champ ou de cellule.

2. Copiez cet élément dans le Presse-papiers par **CTRL + C**.

3. Lancez la recherche.

4. Collez le contenu du Presse-papiers dans la zone de saisie, par **CTRL + V**.

La même technique peut aussi être appliquée à un remplacement. Là encore le copier/coller peut rendre bien des services.

Saisir des suites de données

Dans le tableur, il est facile de créer des suites de données à l'aide de la souris.

1. Définissez la valeur de départ dans une première cellule.

2. Dans la cellule adjacente ou en dessous, indiquez la seconde valeur de la suite.

3. Sélectionnez les deux cellules.

4. Placez le pointeur sur le petit carré placé en bas à droite du cadre de sélection. Il se transforme en une croix noire et le mot *REMPLIR* vient l'accompagner.

5. Appuyez sur le bouton gauche de la souris et maintenez. Tirez vers le bas ou la droite jusqu'à englober toutes les cellules à saisir.

6. Relâchez le bouton de la souris. La suite de données est créée.

Liste de jours ou de mois

Cette même technique permet aussi de créer en un tour de main des listes de jours de la semaine ou de mois de l'année.

1. Tapez dans la première cellule "Lundi".

2. Sélectionnez la cellule.

3. Placez le pointeur sur le petit carré placé en bas à droite du cadre de sélection. Il se transforme en une croix noire et le mot *REMPLIR* vient l'accompagner.

4. Appuyez sur le bouton gauche de la souris et maintenez. Tirez vers le bas ou la droite jusqu'à englober toutes les cellules à saisir.

5. Relâchez le bouton de la souris. La suite de données est créée.

Dédoubler un tableau

Cette technique sert à dédoubler un tableau. Si le tableau doit être enregistré dans un nouveau document, procédez ainsi :

1. Réduisez la taille de la fenêtre de document pour faire apparaître une partie de l'espace de travail de Works 95.

2. Sélectionnez le tableau à dédoubler.

3. Déplacez la souris sur le cadre de la sélection, jusqu'à voir apparaître le mot **CLIQUER** à côté du pointeur.

4. Cliquez, maintenez le bouton de la souris enfoncé et tirez le tableau dans la zone de travail.

5. Un nouveau document contenant le tableau est inséré automatiquement par Works 95.

Saisir du texte par la fonction de suite de données

Pour mettre en place une liste répétant un certain nombre d'éléments (par exemple des trimestres), quel que soit le sens de cette liste, la même fonction de remplissage peut être utilisée.

1. Tapez dans une cellule la première valeur de texte numéroté, par exemple "Trimestre 1". Le numéro doit être placé en fin de chaîne.

2. Etendez la sélection par la fonction de suite de données, avec la souris.

3. Après relâchement du bouton de la souris, les cellules sont remplies du même texte, mais avec incrémentation des numéros.

Insérer rapidement plusieurs lignes ou colonnes

Cette technique est une combinaison de deux fonctions.

1. Sélectionnez la ligne avant laquelle l'insertion doit avoir lieu et étendez cette sélection jusqu'à avoir en surbrillance le nombre de lignes à insérer.

2. Cliquez dans la sélection avec le bouton droit de la souris.

3. Appelez la commande **Insertion de ligne**.

4. Works 95 insère autant de nouvelles lignes que de lignes sélectionnées. Toutes les cellules ont le même format, y compris bordures et couleurs, que la cellule active de la sélection.

Masquer des lignes/colonnes

Si des lignes ou des colonnes contiennent des données confidentielles ou des données qui n'ont d'intérêt que dans le cadre d'un calcul, il n'est pas nécessaire de les afficher à l'écran. Voici comment les masquer :

1. Placez le pointeur sur la limite droite de la colonne, juste à côté de son initiale, jusqu'à voir apparaître le mot *AJUSTE*.

2. Déplacez cette limite vers la gauche et superposez-la à la bordure de gauche.

3. Relâchez le bouton de la souris. La colonne disparaît, le contenu de ses cellules continuant à jouer le même rôle que précédemment.

Pour les lignes, la technique est identique.

Restaurer les colonnes

En parcourant les initiales de colonnes, vous vous apercevez que la colonne C du tableau n'est pas affichée. Vous souhaitez la ramener à l'écran.

1. Appuyez sur **F5**.

2. Tapez C1.

3. Appelez la commande **Format/Largeur de colonne**.

4. Indiquez une valeur pour la largeur de la colonne, par exemple 5.

5. Une fois la colonne réaffichée, faites un double clic sur son initiale pour l'ajuster automatiquement.

Convertir des nombres et des formules en texte

Il est des situations où le résultat d'un calcul doit être converti en texte. Utilisez pour cela la fonction CHAINE().

1. Saisissez dans la cellule la formule de calcul à effectuer.

2. Avec **F2**, passez en mode Edition et sélectionnez la formule sans le signe =.

3. Copiez-la dans le Presse-papiers par **CTRL + C**.

4. Appelez la commande **Outils/Formules rapides** et cliquez sur **Autres**.

5. Appuyez sur C jusqu'à voir apparaître la fonction CHAINE, puis cliquez sur **Insérer**.

6. Collez le contenu du Presse-papiers dans la rubrique *Valeur à convertir*. Dans la seconde rubrique, définissez le nombre de décimales.

7. Cliquez sur **Suivant>**, puis sur **Fin** et sur **OK**.

8. Dans la cellule, apparaît désormais le résultat du calcul sous forme de texte.

Calculer avec des nombres "texte"

Les nombres convertis en texte ou les nombres formatés en texte ne peuvent pas directement intervenir dans un calcul. La fonction CNUM() sait cependant reconnaître les valeurs numériques. Pour intégrer la valeur texte de la cellule A1, tapez par exemple la formule suivante :

`= CNUM(A1)+B1`

La fonction CNUM() est donc l'inverse de la fonction CHAINE(). Cela dit, les décimales tronquées sont perdues.

Plusieurs résultats dans une cellule

Dans une base de données, il est courant de vouloir afficher dans un même champ plusieurs résultats, ou encore de souhaiter agrémenter le résultat de texte. Malheureusement, dans un champ, il n'est possible de combiner que du texte. La solution qui s'impose alors sera de convertir les nombres ou les résultats de formule en texte par la fonction CHAINE(). Pour concaténer des chaînes de caractères, vous utiliserez le caractère &.

Voici un exemple : une cellule doit afficher la chaîne suivante "La cellule A1 contient le nombre ....".

1. Tapez un nombre dans A1.

2. Dans une autre cellule, tapez la formule suivante : ="La cellule A1 contient le nombre "&CHAINE(A1;0).

3. La cellule de la formule affiche désormais le texte "La cellule A1 contient le nombre 3". Si vous modifiez la valeur dans A1, ce texte change également

Saisir une formule erronée et corriger ultérieurement.

L'objectif semble surprenant. Pourquoi saisir une formule qui ne fonctionne pas ? Si la formule est incorrecte, Works 95 affiche un message d'erreur et sélectionne la partie litigieuse. Mais il est des fois où vous ne trouverez pas de suite l'erreur et refuserez malgré tout de supprimer cette formule que vous avez mise si longtemps à saisir.

1. Avec **F2**, passez en mode Edition et placez le curseur au début de la formule, devant le signe d'égalité.

2. Tapez un guillemet (").

3. Avec **ENTREE**, validez la formule en qualité de texte.

4. Essayez ensuite de localiser l'erreur.

5. Supprimez le guillemet et validez la formule par **ENTREE**.

Editer et copier des parties de formule

Il vous arrivera de créer des formules complexes, avec des fonctions imbriquées les unes dans les autres. Cette opération peut être réalisée pas à pas.

1. Créez toutes les formules dont vous aurez besoin.

2. Dans la cellule devant contenir la formule finale, tapez le signe =. précédé d'un guillemet.

3. Rajoutez la fonction dont vous avez besoin.

4. Passez dans les diverses cellules en mode Edition, par **F2**, sélectionnez les parties de formules requises et copiez-les dans le Presse-papiers par **CTRL + C**.

5. Repassez dans la formule finale, appuyez sur **F2**, placez le curseur à l'endroit voulu et collez le contenu du Presse-papiers par **CTRL + V**.

6. Répétez ces opérations jusqu'à ce que la formule complexe soit complète, puis supprimez le guillemet de départ. Si tout est correct, le calcul sera exécuté.

Astuces

Cette technique permet aussi de regrouper plusieurs fonctions créées par des formules rapides.

Etiquette de champ sans nom de champ

Les noms de champ doivent impérativement être uniques, d'où leur manque fréquent de sens. Voici comment modifier l'étiquette d'un champ.

1. Créez le champ en mode Modèle de formulaire.

2. Désactivez la commande **Afficher le nom du champ** dans le menu **Format**.

3. Tapez le texte voulu devant le champ. Si cette étiquette doit se terminer par un double point, commencez la chaîne par un guillemet.

4. Positionnez cette étiquette par rapport au champ, pour donner l'illusion qu'il s'agit du nom du champ.

De cette façon, il est possible d'affecter, au moins visuellement, le même nom à plusieurs champs.

Prédéfinir le contenu d'un champ de base de données

Si un champ de la base de données contient souvent la même valeur, par exemple le titre "Monsieur", vous pouvez fixer cette valeur au départ.

1. Passez en mode Modèle de formulaire et sélectionnez le champ en question.

2. Appelez la commande **Format/Champ**.

3. Activez la case *Définir automatiquement une valeur par défaut*.

4. Tapez le mot Monsieur dans la zone de saisie placée en dessous et validez par **OK**.

Lors de la prochaine saisie d'une fiche, vous pourrez sauter ce champ, il contiendra par défaut le mot Monsieur. Cette mention est modifiable à tout moment.

Ecraser le résultat d'une formule

Dans une base de données, il est possible d'écraser le résultat d'une formule de calcul, à condition que le champ ne soit pas protégé. La formule n'en sera pas supprimée, son résultat sera simplement masqué par la saisie manuelle. Si vous supprimez la mention manuelle par **SUPPR**, vous retrouverez le résultat de la formule.

Protéger une formule de la suppression

Tant qu'un champ de base de données n'est pas protégé, il est possible de supprimer une formule par la touche **SUPPR**. D'où la nécessité de protéger ces champs. Mais attention, cette protection vous empêchera également d'écraser le résultat de la formule par une saisie manuelle.

1. En mode Formulaire, appuyez sur **CTRL** + **Fin** pour arriver à une fiche vierge.

2. Tapez une valeur dans un champ sans formule, pour activer les formules de la fiche.

Astuces **8**

3. Activez ensuite un champ avec une formule, passez en mode Edition par **F2**, placez un guillemet devant le signe = et appuyez sur **ENTREE**. La formule est maintenant devenue une chaîne de caractères, un texte.

4. Faites de même pour les autres formules.

Si vous avez supprimé une formule, activez la fiche contenant les formules sous forme de texte, sélectionnez la cellule contenant la formule supprimée par mégarde, supprimez le guillemet et validez par **ENTREE**. A priori, il ne se passe rien. La formule de texte reste bien sûr en place, mais dans les autres fiches, la formule est à nouveau calculée.

Formules rapides dans une base de données

Les formules rapides sont une aide précieuse pour la saisie des fonctions de Works 95, surtout si vous ne connaissez pas bien les arguments à employer. Malheureusement, cette aide n'est proposée que dans le module Tableur. Voici une astuce qui vous permettra de faire appel aux formules rapides dans la base de données.

1. Ouvrez une feuille de calcul parallèlement à la base de données.

2. Dotez les cellules du tableur de noms correspondant aux noms des champs de la base de données nécessaires pour la formule.

3. Créez la fonction par la commande **Formules rapides** du menu **Outils** du tableur, en veillant à bien utiliser les noms de cellules et non leurs coordonnées.

4. En mode Edition, sélectionnez la formule et copiez-la dans le Presse-papiers par **CTRL** + **C**.

5. Passez à la base de données et collez la formule dans le champ requis, par **CTRL** + **V**. La formule est mise en place sous forme de texte.

6. Supprimez le guillemet placé devant le signe = et appuyez sur **ENTREE**, puis sur **SUPPR**. La formule texte est supprimée, mais désormais la formule calcule à partir des autres champs de la base de données.

Trier un état de la base de données d'après les mois

Si, dans votre base de données, vous avez mis en place un champ au format Date contenant des indications de mois (par exemple le mois de la création de la fiche), il est possible de créer un état avec des regroupements par date. Bien sûr, la date contenue dans ce champ ne peut pas être utilisée à cet effet. Il vous faut un champ contenant simplement le numéro du mois de la date (de 1 à 12).

1. Passez en mode Modèle de formulaire et créez ce nouveau champ.

2. Revenez au formulaire et tapez dans ce champ la formule suivante :

```
=SI(MOIS('Date');CHAINE(ANNEE('Date');0)&"0"&CHAINE(MOIS('Date');
0);CHAINE(ANNEE('Date');0)&CHAINE(MOIS('Date');0))
```

L'argument 'Date' est à remplacer par le nom du champ contenant la date en question. Cette date doit être placée entre apostrophes pour éviter la confusion avec la fonction DATE.

Astuces **8**

3. Dans le champ de calcul, la formule tire par exemple de la date 30 Oct. 95, la valeur 9510, de la date 30 Sept. 95 la valeur 9509.

4. Il reste à demander le tri sur le champ de calcul et vous aurez ainsi vos regroupements par mois.

Utiliser une requête rapide avec une formule de requête

Lors de la création d'une requête, vous avez la possibilité d'utiliser les requêtes rapides. Mais dès qu'il est question de formule, vous n'y coupez pas de passer par l'option *Utilisation d'une formule dans la requête*. Pour éviter d'avoir à saisir les noms des champs, commencez par créer la trame de base en requête rapide, puis cliquez sur l'option des formules. Reste à aménager la formule de base par les fonctions et les éléments de formule.

Utiliser de nouvelles fiches pour une lettre type.

Pour ajouter des fiches à une boîte de dialogue, fiches dont vous avez immédiatement besoin pour une lettre type, il y a moyen de simplifier la sélection des fiches.

1. Organisez la lettre type de manière à utiliser la fiche active, celle qui est affichée.

2. Appelez ensuite **Fiche/Afficher/Toutes les fiches**.

3. Appelez la commande **Fiche/Afficher/Fiches masquées**.

4. Aucune fiche n'est plus affichée, mais vous allez pouvoir rajouter de nouvelles fiches et seules ces dernières interviendront dans la lettre type.

5. Imprimez la lettre type.

Pour faciliter la sélection des fiches, mettez en place des boutons pour l'affichage et le masquage des fiches.

Masquer des champs dans le formulaire

Si vous souhaitez masquer un champ dans le formulaire, il n'est pas possible de lui appliquer une dimension 0. Voici la solution à mettre en oeuvre :

1. Passez en mode Modèle de formulaire et insérez un rectangle à un emplacement vide (**Insertion/Rectangle**).

2. Mettez ce rectangle à l'échelle pour qu'il soit en mesure de masquer le champ concerné.

3. Appelez la commande **Format/Bordure** et supprimez la bordure.

4. Passez à l'onglet **Trame de fond**, définissez une couleur d'avant-plan blanche et sélectionnez le motif de remplissage à 100 %.

5. Activez pour ce rectangle la commande **Format/Arrière-plan**.

6. Cliquez sur le champ à masquer et appelez la commande **Format/Arrière-plan**.

7. Déplacez le champ sur le rectangle et revenez au formulaire.

8. Vous ne voyez plus ni le rectangle ni le champ, aucun des deux ne sera imprimé.

Astuces **8**

Insérer une image dans une base de données

Dans une base de données, il n'est pas possible d'insérer directement une image dans un champ par une commande d'insertion.

1. Passez en mode Modèle de formulaire.

2. Cliquez dans une zone vierge du formulaire.

3. Appelez **Insertion/Dessin**.

4. Importez l'image voulue.

5. Coupez cette image par **CTRL + X**.

6. Passez au formulaire et insérez l'image dans le champ en question par **CTRL + V**. Veillez aux proportions du champ et évitez les distorsions.

Astuces spécifiques au module Traitement de texte

Modifier le modèle par défaut

Vous n'êtes peut-être pas satisfait du modèle utilisé par défaut par le module Traitement de texte de Works 95. Les marges, la police, le format de paragraphe, rien ne vous convient. Peut-être souhaitez-vous également créer directement les nouveaux documents en mode Normal, avec présentation à l'écran de toute la largeur de la page. La solution existe : créer un nouveau modèle.

1. Appelez la commande **Nouveau** du menu **Fichier**.

2. Modifiez police, taille des caractères, format de paragraphe, selon vos souhaits.

3. Modifiez la mise en page par la commande de même nom du menu **Fichier**.

4. Appelez la commande **Affichage/Normal**.

5. Cliquez sur **Zoom** et activez la mention *Largeur de page*.

6. Appelez la commande **Fichier/Enregistrer sous**.

7. Cliquez sur le bouton **Modèle**.

8. Donnez-lui le nom *Normal*.

9. Sélectionnez l'option *Utiliser ce modèle pour les nouveaux documents du Traitement de texte*.

10. Validez par **OK**.

Texte blanc sur fond noir

Dans un document texte, vous souhaitez mettre un paragraphe particulièrement en valeur. Pourquoi ne pas l'imprimer en blanc sur fond noir ?

1. Sélectionnez le paragraphe de texte à traiter.

2. Cliquez sur le bouton *Sélectionner une bordure* dans la barre d'outils ou appelez la commande **Bordure et trame de fond** du menu **Format**.

3. Dans l'onglet **Trame de fond**, optez pour le motif noir intégral.

4. Dans la boîte de dialogue de la commande **Format/Police et style de caractères**, choisissez la couleur blanche.

Saisie automatique des mots complexes

Votre texte contient une chaîne de caractère, un mot ou une formule particulièrement complexe à taper. Cet élément, par exemple "Clinique gynécologique et obstétricale", revient systématiquement dans vos documents et vous aimeriez trouver une solution pour vous éviter cette tâche fastidieuse. Elle est simple : tapez une abréviation durant tout le texte et, arrivé en fin de document, faites un remplacement automatique de l'abréviation par la chaîne complète.

1. Choisissez une abréviation pour cette chaîne, par exemple cgo.

2. Utilisez-la à chaque fois que vous avez à taper la chaîne complète.

3. Appelez la commande **Remplacer** du menu **Edition**.

4. Dans la zone *Rechercher*, indiquez le raccourci.

5. Dans la zone *Remplacer par*, tapez la chaîne complète.

6. Activez l'option *Mot entier*.

7. Cliquez sur **Suivant** et sur **Remplacer**. Répétez l'opération jusqu'au bout du document.

La signature manuscrite sous forme de clipart

Avez-vous déjà pensé à signer vos messages électroniques ou vos fax ? Digitalisez votre signature puis procédez ainsi :

1. Enregistrez le fichier graphique sur le disque dur.
2. Placez le curseur à l'endroit où la signature doit être insérée.
3. Appelez la commande **Insertion/ClipArt** et cliquez sur **Organiser**.
4. Activez **Ajouter des images**.
5. Localisez le dossier contenant le fichier graphique de votre signature.
6. Faites un double clic sur le graphique et affectez-lui une catégorie.
7. Cliquez sur **Insérer** dans la boîte de dialogue Microsoft ClipArt Gallery 2.0.

Sélection automatique de mots

Si l'option *Sélection automatique des mots* dans l'onglet **Edition** de la boîte de dialogue **Outils/Options** est activée, il n'est plus nécessaire de sélectionne les mots complets avec la souris, du premier au dernier caractère. Il suffit de placer le curseur dans le premier mot et de tirer sur le second mot. Les deux seront automatiquement sélectionnés, du premier au dernier caractère.

Annuler l'extension

Si vous avez étendu votre sélection en appuyant plusieurs fois sur la touche **F8**, vous pouvez revenir en arrière pas à pas, par la combinaison de touches **MAJ** + **F8**.

1. Appuyez sur **F8** pour activer le mode Extension.

2. Appuyez deux fois sur **F8** pour sélectionnez le mot, 3 fois pour la phrase, 4 fois pour le paragraphe et 5 fois pour le texte entier.

3. Maintenez la touche **MAJ** enfoncée et appuyez sur **F8** pour annuler pas à pas l'extension de la sélection.

4. Appuyez sur **ECHAP** pour désactiver la fonction d'extension.

Une surface de saisie plus vaste

Vous disposerez d'un maximum de place si vous passez la fenêtre de Works 95 et la fenêtre du document en Plein écran, d'un clic sur le bouton correspondant de la barre de titre, si vous désactivez l'affichage de la barre d'état dans la boîte de dialogue **Outils/Options**, onglet **Affichage**, et si vous masquez la barre d'outils et la règle.

1. Passez en mode Plein écran pour la fenêtre de l'application Works 95 et celle du document.

2. Activez l'onglet **Affichage** de la boîte de dialogue **Outils/Options** et enlevez la coche devant *Afficher la barre d'état*.

3. Dans le menu **Affichage**, désactivez **Barre d'outils** et **Règle**.

Des listes attractives

 Créez des listes attractives en choisissant des puces particulières.

1. Appelez la commande **Listes à puces** dans le menu **Format**.
2. Sélectionnez la puce voulue d'un clic de souris.
3. Définissez sa taille en points.
4. Prenez une décision en matière de retrait négatif de première ligne.
5. Validez par **OK**. Cette puce restera en place jusqu'au prochain changement.

Scinder des documents longs

Il est conseillé de scinder les documents longs, livres, rapports, thèses, etc. Le PC n'en travaillera que plus vite.

1. Enregistrez le document, déjà enregistré sous le nom Chapitre 1, sous le nom Chapitre 2.
2. Supprimez l'ensemble du texte de Chapitre 2. Les formats et les mises en forme restent en place.
3. Dans l'onglet **Autres options** de la boîte de dialogue **Mise en page**, définissez le numéro de la première page du chapitre 2.

Astuces **8**

Terminer le travail par un signet

Vous travaillez depuis un bon moment sur un texte long et souhaitez faire une pause et couper la machine. Vous allez enregistrer le document après avoir positionné un signet à l'emplacement où vous étiez placé. Ainsi retrouverez-vous facilement cet endroit lors de la prochaine session.

1. Placez le curseur à l'endroit où vous souhaitez reprendre ultérieurement le travail et cliquez sur le bouton *Insérer un signet*.

2. Affectez-lui un nom.

3. Enregistrez votre travail.

4. Appelez l'onglet **Affichage** de la boîte de dialogue **Outils/Options**.

5. Activez la case *Utiliser au démarrage la zone de travail sauvegardée*, et cliquez sur le bouton **Enregistrer la zone de travail**.

6. Lors de la prochaine session, appelez la commande **Ouvrir** pour charger le document et la commande **Edition/Atteindre** pour retrouver le signet.

Plus de place dans le travail en colonne

Si vous travaillez sur un texte sur plusieurs colonnes, par exemple un journal, le plus simple est de faire la saisie en mode Normal. Optez pour l'ajustement du texte à la taille de la fenêtre de manière à voir un maximum de texte.

1. Passez en mode Normal.

2. Appelez l'onglet **Edition** de la boîte de dialogue **Outils/Options**.

3. Cliquez sur *Ajuster à la fenêtre*.

4. Par sécurité, désactivez cette option avant l'impression.

La taille de caractères effective

La zone de la taille de la police affiche des valeurs exprimées en points, unité de mesure typographique. Un point équivaut à 0,35277 mm ou 1/72 de pouce. Avec une taille de 12 points, le caractère devrait normalement avoir une taille de 4,512 mm. Malheureusement ce n'est pas le cas, car les programmeurs des polices de caractères n'ont pas respecté les mesures. C'est à vous qu'il incombe d'effectuer les corrections.

1. Imprimez la police dans la taille maximale.

2. Mesurez la hauteur des caractères et comparez cette mesure à la taille théorique affichée dans la barre d'outils. Ainsi, un caractère Arial en 48 points devrait mesurer en principe 48x0,35277, soit 16,93 cm de haut. En fait, à l'impression, nous avons mesuré une hauteur de 12,17 cm.

3. Définissez le facteur de corrélation, pour notre exemple : 12,17/16,93 = 0,718.

4. Ce facteur vous permettra de définir avec précision la taille des caractères imprimés.

Astuces

Espacement après un paragraphe

Dans les documents longs, il est conseillé de mettre en place un espacement *Après* les paragraphes, pour structurer le texte de manière plus claire. Le fait que cet espacement soit placé après permet de commencer l'impression tout en haut des pages.

1. Appelez la commande **Format/Paragraphe**.

2. Dans l'onglet **Espacement**, définissez la valeur de l'espacement *Après*, par exemple 0,33. L'unité de mesure par défaut est la ligne (li).

3. Validez par **OK**.

Utiliser le menu contextuel

Works 95 propose le menu contextuel après un clic avec le bouton droit. Ce menu permet un accès rapide aux commandes les plus courantes concernant l'élément sur lequel vous avez cliqué. Dans les boîtes de dialogue, le clic droit ouvre l'aide contextuelle.

1. Cliquez dans le texte avec le bouton droit.

2. Appelez une commande du menu **Edition** ou **Format**.

3. Cliquez dans la boîte de dialogue avec le bouton droit, sur un élément quelconque. Voici l'aide directe.

Double clic dans la règle

La boîte de dialogue Tabulations peut être appelée très rapidement par un double clic dans la règle. Le problème est que cette action insère aussi directement une tabulation.

1. Faites un double clic dans la règle.

2. La boîte de dialogue Tabulations s'ouvre, avec une tabulation à l'emplacement du double clic.

3. Cliquez sur **Effacer** pour supprimer le taquet inutile.

4. En mode Page, faites un double cliquez dans la partie négative de la règle, ceci évitant la mise en place automatique d'une tabulation.

Accéder rapidement à la boîte de dialogue Format/Paragraphe

Pour affectez des retraits ou des espacements par l'intermédiaire de la boîte de dialogue de formatage de paragraphe, essayez ceci :

1. Faites un double clic sur un curseur de retrait de la règle.

2. Activez l'onglet requis.

3. Validez par **OK** après avoir défini vos options.

Feuilletez les notes de bas de page

Vous souhaitez retrouver dans le texte l'emplacement d'une note de bas de page. Vous cherchez en fait la note N° 5, pour rajouter une phrase ou deux dans le texte, ou pour modifier le texte de la note.

1. Passez en mode Normal.

2. Affichez les notes de bas de page par la commande du menu **Affichage**.

3. Feuilletez les notes. Vous constaterez que le texte s'adapte automatiquement à la note affichée. Vous verrez toujours en même temps le texte et la note correspondante.

4. Procédez aux changements nécessaires.

Titre au-dessus de plusieurs colonnes

Vous avez créé un texte sur plusieurs colonnes et souhaitez le faire précéder d'un titre s'étendant sur la largeur de plusieurs colonnes.

1. Placez le curseur au début de la page ou du document.

2. Activez la commande **Insertion/WordArt** ou cliquez sur le bouton correspondant de la barre d'outils.

3. Tapez le texte du titre et formatez-le.

4. Cliquez sur l'arrière-plan grisé pour revenir au document.

5. Sélectionnez l'objet Titre et appelez la commande **Format/Renvoi à la ligne**. Sélectionnez l'option *Absolu*.

6. Tirez l'objet en bonne place et donnez-lui la taille requise.

7. Faites un double clic sur l'objet pour revenir à WordArt et adaptez le style et la taille des caractères.

Envoyer un document dans un autre document

Vous souhaitez envoyer un document par réseau ou par modem. Mais vous aimeriez l'accompagner d'un bref texte d'explication.

1. Créez le document à expédier, enregistrez-le et fermez-le.

2. Ouvrez un nouveau document et tapez le commentaire additionnel. Enregistrez aussi ce document, mais ne le refermez pas.

3. Appelez la commande **Insertion/Objet**.

4. Cliquez sur l'option *Créer à partir du fichier*, puis sur le bouton **Parcourir** pour localiser le fichier en question. Faites un double clic sur le fichier.

5. Activez l'option *Afficher en icône* et validez par **OK**.

6. Le document externe est intégré dans le document de commentaire sous forme d'une icône, le destinataire pourra l'ouvrir d'un double clic.

9. Installation

Conditions préalables

Works 95 ne peut être installé que si vous avez déjà procédé à l'installation de Windows 95.

Conditions matérielles

Il vous faut au minimum une machine 80386, mais le 486 ou le Pentium sont recommandés.

Mémoire de travail

La mémoire minimale est de 8 Mo, mais avec 12 Mo, les performances sont sensiblement accrues.

Carte graphique

Windows étant une interface utilisateur graphique et Works 95 utilisant au maximum les possibilités de cette interface, assurez-vous que votre machine est équipée d'une carte graphique adaptée. Il s'agira au minimum d'une carte EGA (Enhanced Grafic Adapter) ou VGA (Video Graphics Array).

Disque dur

Le disque dur contiendra le programme mais aussi l'ensemble de vos fichiers. Au maximum, Works 95 demande environ 28 Mo sur disque. Si vous abandonnez les programmes complémentaires, le minimum requis est de 8 Mo.

Définition de l'environnement système

Si vous installez Windows sur votre machine, vous définissez par la même occasion l'environnement de travail de Works 95. Le programme d'installation de Windows vous demandera par exemple le type de carte graphique installée, le type d'imprimante et le port de connexion ou la police à utiliser pour l'affichage écran. Tous ces paramètres sont également requis par Works 95.

La souris

Si le pilotage au clavier est possible en de nombreuses circonstances, certaines fonctions sont totalement inaccessibles sans souris. Les combinaisons de touches ou les raccourcis clavier concernent en principe les opérations où le déclenchement au clavier permet véritablement un gain de temps.

Le package de livraison de Works 95

Pour une installation complète, Works 95 a besoin d'environ 28 Mo d'espace disque disponible. La version minimale (le programme) est constituée du module Traitement de texte, du Tableur, de la Base de données et du module Communication, sans aucun composant complémentaire.

Ce package contient également :

- des Assistants pour l'exécution automatique des fonctions complexes,
- des fichiers d'aide,
- une présentation de Works 95 et de ses modules,

- les fichiers d'installation, pour l'installation initiale ou les modifications ultérieures du programme,
- des cliparts,
- les accessoires ClipArt Gallery, Note-It, WordArt, Draw, l'éditeur d'équations et des infos système,
- des convertisseurs de texte permettant de travailler avec des documents d'autres sources,
- des filtres graphiques permettant l'incorporation d'image de divers formats.,

Installer à partir des disquettes

L'installation de programmes d'applications sous Windows 95 est devenue incroyablement simple et facile. Dans le menu **Démarrer**, activez la commande **Paramètres** et **Panneau de configuration**. Dans la fenêtre de ce Panneau de configuration, faites un double clic sur le module **Ajout/Suppression de programmes**. Le bouton **Installer** lance l'opération.

Le système demande l'insertion de la première disquette ou du CD d'installation. Un clic sur **Suivant >** démarre la recherche du fichier d'installation sur le lecteur de disquette ou de CD-ROM.

Dans la fenêtre, le système affiche en principe A:\INSTALL.EXE. Un clic sur **Terminer** lance le programme d'installation.

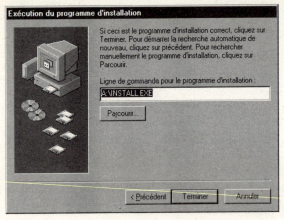

Démarrage du programme d'installation

Dans les boîtes de dialogue suivantes, le programme vous demande de spécifier un certain nombre d'informations (utilisateur, société, etc.). Il attend également que vous lui indiquiez l'endroit où il doit créer le dossier Msworks. Il propose par défaut C:\Program Files\Msworks. Le bouton **Changer de dossier** permet de définir une autre localisation.

Installation

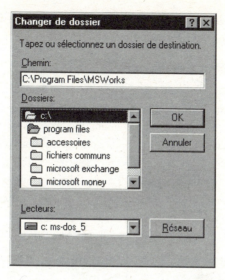

Modification de la localisation du dossier de programme

Puis vous aurez à choisir entre une installation complète ou une installation personnalisée. Cette dernière option vous permettra de choisir les éléments à installer et sera importante si vous ne disposez que d'un espace disque limité.

Installation complète

Si vous n'êtes soumis à aucune contrainte au niveau du matériel, nous vous conseillons d'opter pour l'installation complète. En suivant les instructions du programme d'installation, Works 95 sera installé avec tous ses composants et programmes complémentaires.

9   Installation

Si l'espace disque n'est pas suffisant, un message vous le signalera et commutera à l'installation personnalisée.

Installation personnalisée

Cette option est à choisir si vous avez une bonne maîtrise de l'installation de programmes. Dans une fenêtre, Works 95 vous présentera les éléments du programme qu'il envisage d'installer. Hormis les modules de programmes principaux, vous pouvez ainsi définir les composants à installer ou à laisser de côté. En retirant la coche devant une option, elle ne sera pas prise en compte dans l'installation. Pour certains composants, vous disposerez également d'un bouton Modifier une option permettant de choisir, dans le composant principal, les options à installer ou à ne pas installer.

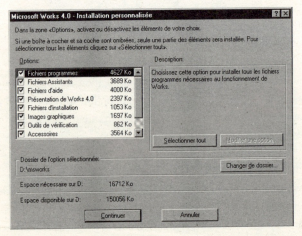

La fenêtre de l'installation personnalisée

Works 95 vérifie bien évidemment l'espace disque disponible et la concordance avec l'espace requis pour l'installation. Si cet espace s'avère insuffisant, la seule solution sera de désélectionner certains composants. Lorsque tout est correct, cliquez sur **Continuer**, et suivez les instructions du programme d'installation.

Le programme vous demandera si vous souhaitez créer un raccourci vers Works 95 sur le Bureau de Windows.

Lorsque l'installation sera terminée, vous pourrez lancer le programme par un double clic sur ce raccourci ou par le menu *Démarrer/Programmes/Microsoft Works 4.0*.

Inscription en ligne

A la fin de la procédure d'installation, le programme vous proposera le bouton **Inscription en ligne**. Si vous disposez d'un modem, vous pourrez enregistrer directement votre version de Works 95 auprès de Microsoft. Si cette solution ne vous convient pas, mettez fin à l'installation. De toute façon, vous pourrez toujours procéder à l'inscription ultérieurement.

Modifier l'installation par la suite

Ces modifications vous permettront par exemple de rajouter des composants de Works 95 que vous n'aviez pas installés la première fois ou de supprimer des éléments devenus inutiles. Pour ce faire, repassez dans le Panneau de configuration de Windows et activez à nouveau le module **Ajout/Suppression de programmes**.

Vous trouverez le programme Microsoft Works 4.0 dans la liste des applications installées. Sélectionnez cette mention et cliquez sur le bouton **Ajouter/Enlever** pour accéder à un ensemble de boutons de pilotage.

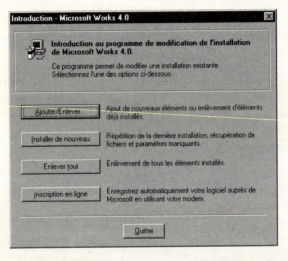

Modification de l'installation de Works 95

Le programme affiche les éléments du programme Works 95, comme lors de l'installation initiale. Les composants cochés sont déjà en place. Là où vous disposez du bouton **Modifier une option**, vous pourrez revenir au détail de l'élément et sélectionner des options individuelles. Le principe est le suivant : si vous cochez un élément sans coche, il sera installé, si vous retirez une coche, l'élément sera désinstallé.

Installation

Lorsque votre choix est fait, cliquez sur **Continuer** et validez par **Oui** la demande de confirmation.

Désinstallation complète

Pour retirer intégralement Works 95 du disque dur, cliquez simplement sur le bouton **Enlever tout**. Une boîte de dialogue vous demande si vous souhaitez aussi enlever les éléments auxquels d'autres programmes font également appel. Il s'agit en l'occurrence de la vérification orthographique et du dictionnaire des synonymes, de ClipArt Gallery, de Note-It et de WordArt, qui sont employés par d'autres applications Microsoft. Vous les reconnaîtrez facilement, ils sont installés dans le dossier *Fichiers communs* du dossier *Program Files*.

La suppression de Works 95 à l'aide du programme d'installation a l'avantage de supprimer tous les fichiers de programme, mais aussi de mettre à jour les fichiers système de Windows.

Installation en réseau

L'installation en réseau est identique à ce que nous venons de voir. La seule chose est de compléter la ligne de commande. La commande complète sera :

```
A:\INSTALL.EXE /A
```

Veillez à bien laisser un espace avant /A.

9 Installation

10. Touches de fonction et raccourcis clavier

10.1. Généralités

F1	Aide
MAJ+F4	Répéter la recherche
CTRL+F4	Fermer le document actif
Alt+F4	Quitter Works 95
F5	Atteindre
F6	Activer le volet suivant
MAJ+F6	Activer le volet précédent
CTRL+F6	Activer le document suivant
CTRL+MAJ+F6	Activer le document précédent
F7	Correction orthographique
F8	Activer la fonction d'extension
F10	Activer la barre des menus
CTRL+MAJ+H	Insérer heure courante
CTRL+MAJ+W;	Insérer date courante
CTRL+A	Tout sélectionner
CTRL+MAJ+P	Ouvrir la liste des polices
CTRL+F	Rechercher
CTRL+H	Remplacer
CTRL+N	Nouveau document
CTRL+O	Ouvrir

CTRL+P	Imprimer
CTRL+MAJ+E	Ouvrir la liste des tailles de caractères
CTRL+S	Enregistrer
CTRL+W	Fermer
CTRL+X	Couper
CTRL+V	Coller
CTRL+C	Copier

10.2. Traitement de texte

Mise en forme des caractères

CTRL+Espace	Suppression de tous les attributs de caractères
CTRL+G	Gras
CTRL+I	Italique
CTRL+U	Souligné
CTRL+MAJ++	Exposant
CRTL+=	Indice

Mise en forme de paragraphes

CTRL+MAJ+G	Aligné à gauche
CTRL+MAJ+D	Aligné à droite
ALT+C	Centré
CTRL+J	Justifié
CTRL+1	Interligne simple

Touches de fonction et raccourcis clavier

CTRL+2	Interligne double
CTRL+T	Retrait négatif de première ligne
CTRL+MAJ+T	Annuler retrait négatif de première ligne
CTRL+L	Retrait à gauche
CTRL+MAJ+L	Annuler retrait à gauche
CTRL+0	Espacement avant
CTRL+0	Annuler espacement avant
MAJ+ENTREE	Saut de ligne
ENTREE	Saut de paragraphe

Insertion de caractères spéciaux

MAL+ENTREE	Saut de ligne
CTRL+D	Imprimer nom de fichier
CTRL+ENTREE	Saut de page manuel
CTRL+-	Tiret conditionnel
CTRL+MAJ+-	Tiret protégé
CTRL+MAJ+Espace	Espace insécable

Touches de fonction

F3	Texte rapide
MAJ+F4	Répéter la recherche
MAJ+F5	Atteindre signet suivant
MAJ+F7	Dictionnaire des synonymes
F8	Activer le mode Extension

F8 2 fois	Sélectionner le mot
F8 3 fois	Sélectionner la phrase
F8 4 fois	Sélectionner le paragraphe
F8 5 fois	Tout sélectionner

Recherche dans le traitement de texte

^l	Marques de fin de ligne
^t	Tabulations
^c	Espace insécable
^s	Saut de page manuel
^p	Marque de paragraphe
^ ^	Rechercher ^
^?	Rechercher ?
^num	Recherche d'un caractère du jeu ASCII étendu
^b	Espace
?	Caractère quelconque (joker)
^m	Tiret insécable

10.3. Tableur

F2	Activer le mode Edition
F3	Basculer entre feuille de calcul et graphique
F4	Commuter en référence absolue
MAJ+F5	Atteindre plage nommée suivante
F8	Activer le mode Extension

CTRL+F8	Sélectionner ligne
MAJ+F8	Sélectionner colonne
CTRL+A	Tout sélectionner
F9	Calculer maintenant
ALT+B	Recopier vers le bas
ALT+D	Recopier vers la droite
TAB	Prochaine cellule non protégée
MAJ+TAB	Cellule non protégée précédente
CTRL+T	Fonction Somme automatique
CTRL+4	Monétaire dans la barre d'outils
CTRL+5	Format Pourcentage

10.4. Base de données

F2	Activer le mode Edition
F9	Mode Formulaire
MAJ+F9	Mode Liste
CTRL+F9	Mode Modèle de formulaire
ALT+B	Recopier vers le bas (liste)
ALT+D	Recopier à droite (liste)

Codes pour en-têtes et pieds de page

N° de page	&p
Nom de fichier	&n
Date	&t
Date en format long	&l
Heure	&h
Caractère &	&&
Alignement de l'en-tête et pied de page	
Gauche	&g
Centré	&c
Droite	&d

Index

A

Affichage
- *Ajuster le texte à la fenêtre* *158*
- *Normal* *155*
- *Page* *119*
- *de tous les caractères* *121*

Aide 66
- *Afficher au démarrage* *53*
- *dans les boîtes de dialogue* *70*
- *en ligne* *69*

Alignement de paragraphe 144, 198

Annuler une action 137

ANSI. 517

Aperçu avant impression. 92, 159
- *Imprimer* *343*

Assistant 13
- *Lettres types* *414*
- *Confirmer* *53*

B

Barre d'outils 18, 62, 105
   Afficher 120
   Aperçu des polices 52
   Personnaliser 64
   Supprimer des boutons 65

Barre
   de formule 434
   d'état 52, 109
   d'insertion 127
   de défilement 107, 161
   de formule 34
   de menus 18

Base de données
   Créer 31, 281
   Enregistrer 37, 287

Bit
   d'arrêt 521
   de donnée 521
   de parité 521
   par seconde 520

Boîte postale 533

Bordure 234, 332, 361
   de page 242
   Supprimer 242
   Types 332

Bouton droit de la souris 11

C

Câble Null-modem 514
Calcul manuel 60, 457
Caractère
Afficher tous les caractères *121*
Mettre en forme *188*
Non-imprimable *121*

Caractères spéciaux
Insérer *246*
Rechercher *170*
Remplacer *172*

Carnet d'adresses 37, 61, 96
par défaut *286*

Carte graphique 565
Cellule
Aligner le contenu *472*
Centrer sur plusieurs colonnes *474*
Modifier le contenu *436*
Nommer *485*
Police *472*
Protection *465*
Renvoi à la ligne automatique *475*
Supprimer le nom *487*
Taille *472*

Césure 182

Champ
- *Activer* 297
- *Afficher les lignes de champs* 339
- *Ajouter* 291
- *Aligner sur la grille* 295
- *Atteindre* 352
- *Calculé* 319
- *Centrer sur plusieurs colonnes* 407
- *Contenu* 299, 306
- *Déplacer* 295
- *Editer le contenu* 34
- *Formatage rapide* 312
- *Imprimer l'étiquette* 377
- *Insérer* 293
- *Largeur* 312
- *Masquer* 337
- *Masquer dans le formulaire* 552
- *Masquer l'étiquette* 377
- *Masquer le nom* 338
- *Modifier le contenu* 311
- *Modifier le nom* 35, 356
- *Nom* 32, 292
- *Ordre d'entrée* 35, 298
- *Prédéfinir le contenu* 547
- *Protéger* 299, 325
- *Rechercher une entrée* 372
- *Saisir des données* 297
- *Sélectionner* 30
- *Séparateur décimal* 313
- *Supprimer* 291
- *Taille* 294
- *Type d'entrée* 300
- *Zéro inutile* 314

Index

ClipArt 503
  Ajouter 505
  Catégorie 508
  Importer 511
  Insérer dans un document 503
  Modifier 511
  Propriétés des images 506

Collage spécial 267, 458, 483

Colonne 255
  Ajuster la largeur 350
  Copier 368
  Déplacer 367
  Insérer 368
  Largeur 312, 357
  Sélectionner 354
  Supprimer 369

Communication 513
  Accepter automatiquement les appels 526
  Coupure de ligne 529
  Créer plusieurs lieux d'appel 516
  Enregistrement automatisé 533
  Enregistrer le texte durant la session ... 531
  Enregistrer les paramètres 525
  Enregistrer un script 534
  Fins de lignes 517
  Installer un dossier de réception 524
  Nom du script 535
  Options de transfert 523
  Paramètres 519
  Paramètres de numérotation 516
  Paramètres de téléphone 522
  Paramètres du terminal 517

Compter les mots 186

Concaténation	323, 545
Contour	331
Conversion ISO	519
Correction automatique	55
Créateur d'états	398
Curseur	127

D

Décimale	60
Délai de ligne	532
Désinstallation complète	573

Dictionnaire
- *Ajouter des mots* ... *79*
- *Modifier* ... *80*
- *Sélectionner* ... *112*
- *des synonymes* ... *176*

Document
- *Charger* ... *20*
- *Créer* ... *11*
- *Enregistrer* ... *18, 45*

E

Echo local	518
Emission d'un fichier	536
En-tête	23, 92, 243
Enregistrement	32, 282
Entrée automatique	436

Index

- Enveloppe.. 272
  - *Créer* 426
  - *Format* 426
  - *Imprimer* 424
  - *Magasin d'alimentation* 50
  - *Modifier* 431
- Envoyer un fichier 537
- Envoyer un texte préparé 530
- ERR 370
- Etat.. 283, 398
  - *Agencer*... 407
  - *Calculs statistiques* 402
  - *Créateur d'états* 398
  - *Définition* 406
  - *Dupliquer* 409
  - *Format de champ* 409
  - *Imprimer* 411
  - *Ligne Fiche*.. 402
  - *Ligne Intro Nom*..................................... 403
  - *Ligne Sous-titre*....................................... 402
  - *Ligne Synthèse* 402
  - *Ligne Titre* 402
  - *Ordre des champs*.................................... 399
  - *Regroupement* 400
  - *Renommer* 410
  - *Saut de page* 409
  - *Supprimer* 411
  - *Synthèse* 401
  - *Titre* 399
  - *Tri* 403
  - *Type de ligne*... 402

Index

Etiquette	272
Imprimer	*428*
Modifier	*431*
Taille	*429*
EXT	133

F

Fenêtre	
Adapter la largeur des lignes	*58*
Ajuster le texte à la fenêtre	*158*
de démarrage de Works	*11*
de note de bas de page	*251*
Fractionner	*350*
Fiche	32
Active	*289*
Afficher	*381*
Coller	*379*
Commutateur	*32, 288*
Copier	*379*
Créer	*368*
Feuilleter	*300*
Hauteur	*359*
Masquer	*381*
Nom	*45*
Rechercher	*302, 384*
Saut de page entre les fiches	*345*
Sélectionner	*381*
Supprimer dans un formulaire	*380*
Trier	*302*
Fichier de communication	525
Figer les titres	493

Index

Filtres	283
Fonctions	319
Format automatique	439

Format de cellule

Date	*447*
Exponentiel	*446*
Fixe	*444*
Fraction	*447*
Heure	*448*
Milliers	*445*
Monétaire	*445*
Pourcentage	*446*
Remplissage	*474*
Texte	*449*
Vrai/Faux	*447*
Zéros non significatifs	*446*

Format de champ

Copier	*223*
Date	*315*
Devise	*313*
Exponentiel	*314*
Fraction	*318*
Heure	*316*
Pourcentage	*314*
Série	*318*
Standard	*312*
Texte	*317*

Formatage rapide	312
Formulaire	282
Couleurs pour l'arrière-plan	*335*
Créer avec un Assistant	*284*
Imprimer	*34, 325*

> *Incorporer des objets* 337
> *Liaison d'objets* 337
> *Masquer les champs* 552
> *Mettre en forme* 34, 325
> *Modifier* 290
> *Supprimer une fiche* 380
> *Titre* 32, 289

Formule 319
> *Convertir en texte* 543
> *Copier* 370, 463
> *Couper* 370
> *Créer* 321
> *Rapide* 452
> *Rechercher* 471
> *Supprimer* 324

Forum Works 71

G

Gestionnaire d'impression de Windows 95 86
Glisser-Déplacer 72
Graphique 269
> *à secteurs* 496
> *à séries multiples* 495
> *à une série* 495
> *Créer* 496
> *de base* 502
> *Etiquettes* 496
> *Insérer* 271
> *Légende* 496
> *Modifier* 501
> *Ordre de la série* 498

Quadrillage 496
Séries de données 495
Standard 502
Types 498
Guillemets typographiques 58, 116

H

Habillage 261

I

Image
  dans un champ 308
  Format 504
Impression 86, 347
  Adapter les marges 345
  Avec appui sur la gauche 340
  Copies 95
  Gestionnaire 86
  Options 94, 347
  Qualité brouillon 95
Imprimante
  Alimentation 150
  Configurer 95
  Propriétés 95
Incorporation 337
Indice 142
Installation 565
  en réseau 573
  Modifier 571

Interligne 201

J

Justification 200

K

KERMIT.. 524

L

Légende 496
Lettre type
  Ajouter un champ........................... 423
  Choix de la base de données 414
  Créer 418
  Imprimer 417
  Insérer un code de champ 418
  Source de données.......................... 416
  Trier la base de données.................... 422
  avec les Assistants......................... 414

Liaison 266, 337
Ligne d'édition 288, 307
Ligne
  Copier 368
  Déplacer 367
  Hauteur 357
  Insérer..................................... 368
  Sélectionner 354
  Supprimer 369

Line Feed 528

| Liste | 282, 349 |
| Listes à puces | 145, 216 |

M

Maintenant()	322
Marge	88, 148, 344
d'en-tête	*88, 243*
de pied de page	*88, 243*
Marque de paragraphe	22
Mémoire de travail	565
Menu contextuel	443

Message
Envoyer *100*

Messagerie électronique	100, 533
Microsoft ClipArt Gallery 2.0	503
Mise en forme rapide	217
Nouvelle	*220*
Supprimer	*221*
Mise en page	27, 147

Mode
Edition *34*
Extension *133*
Formulaire *290*
Liste *349*
Modèle de formulaire *291*
Refrappe *52, 57*

Modèle
Créer *81*
Modifier *84*
Par défaut *553*

Personnel	*81*
Renommer	*85*
Restaurer les modèles par défaut	*84*
Supprimer	*85*
Utiliser	*83*

Modem 514
   Installer *515*
   Mettre en état de veille *526*
   Volume sonore *519*

N

Note de bas de page 248
   Afficher *122*
   Copier *254*
   Créer *249*
   Déplacer *254*
   En fin de document *92, 152*
   Fenêtre *251*
   Format *253*
   Modifier *254*

NUM 52
Numéro de page 245

O

Ordre d'entrée des champs 298
Orientation 91, 151
Orthograhe 77, 177
   Ajouter des mots au dictionnaire personnel *180*
   Choix de la langue *56*
   Dictionnaire personnel *178*

Ignorer *180*
Suggérer *179*
OU 396

P

Page
Atteindre *166*
Bordure de page *242*
Numéro de page *245*

Papier en continu 90, 151
Paragraphe 142, 143, 197
Aligner *144, 198*
Monobloc *207*
Solidaire du suivant *208*

Parité 521
Pied de page 23, 92, 243
Afficher *121*
Marge *243*

Pointeur
Afficher le nom *55*

Points de suite 230
Police 326
Aperçu dans la barre d'outils *52*
Attributs *327*
avec/sans sérifs *190*
Couleur *194*
Par défaut *329, 360, 476*
proportionnelle *190*

Port série 520
Pourcentage 314

Index

Presse-papiers 138
Protection des données 458
Protocole de transfert 523
Publipostage 414

Q

Quadrillage 476
   Désactiver *363*
   Graphique *496*
   Imprimer *377*
   Masquer *377, 476*
Quitter Works 101

R

Réception automatique
   Désactiver *526*
Réception d'un fichier 536
Recevoir un fichier 536
Recevoir un texte 531
Rechercher 373
Recopier vers le bas/à droite 375
Rectangles dans un formulaire 330
Référence
   absolue *461*
   mixte *461*
   relative *460*
Refrappe 57, 129
Règle 106
   Afficher *120*

Remplacer.. 373
Renvoi à la ligne 364
Requête... 385
   Combiner des critères 387
   Créer 386
   Enregistrer 388
   Formule 551
   Inverser.. 398
   Liaison 388, 396
   Modifier 392
   Opérateurs de recherche 397
   OU.. 396
   Rappeler 389
   Rechercher des caractères 397
   Renommer 391
   Supprimer 391
   Syntaxe des formules 395
   Texte comme critère de requête 389
Retrait... 145, 208
   Annuler 212
RFP... 52, 129

S

Saisie des données................................... 34
Saut de ligne................................... 125, 197
Saut de page.. 154
   Supprimer 343
Script
   Enregistrer 534
   Modifier 535
   Nom 535

Sélection
- *Annuler* 132
- *Automatique des mots* 58, 116, 130
- *dans une liste* 353
- *de paragraphe* 197

Série 42, 318
- *Créer* 437

Signet 164
- *Atteindre* 165
- *Déplacer* 166
- *Supprimer* 167

Somme automatique 40

Souris
- *Bouton droit de la souris* 11

Statistiques 402
Suite 376
Synonymes 56, 176

T

Tabulation 225
- *Alignement* 229
- *Déplacer* 227
- *Par défaut* 225
- *Points de suite* 230
- *Supprimer* 227

Taille des caractères 326
Taux de transfert 520
Téléphone
- *Composer* 99
- *Paramètres* 522

Index

Terminal	517
Texte forcé	307
Texte rapide	173, 222
Insérer	*174*
Tiret conditionnel	185
Titre	
Figer les titres	*493*
Trame de fond	237, 334
Transmission des données	519
Transmission par câble Null-Modem	537
Tri	304, 490
Alphabétique	*302*
Clé	*303*
Critère	*303*
Hiérarchique	*303*
TTY	517

U

Unité de mesure 211, 203

V

Valeurs nulles
Masquer *60*
Verrouillage des données 459
Vitesse de transmission 519
VT100 517
VT220 517
VT52 517

X

XMODEM 524

Y

YMODEM 524

Z

Zéro inutile 314
ZMODEM 524
Zone
d'impression 494
de césure 184
de texte 107
de travail 51
Zoom 75, 109
Afficher 123

Imprimerie Hérissey - Évreux - N° d'impression : 71740